KB067575
2023. 5

파수꾼

Bleak Night

Bleak Night

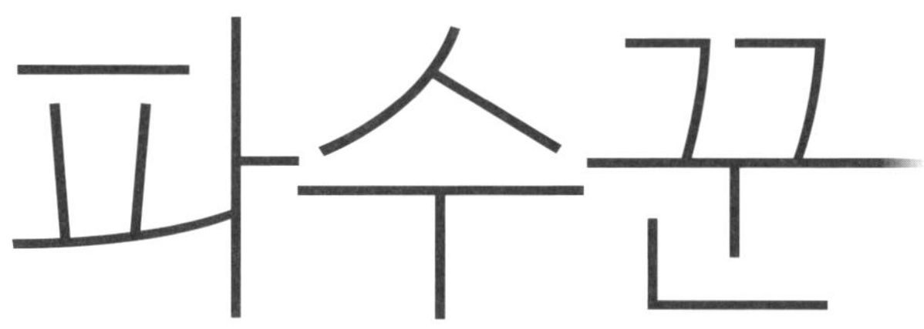

파수꾼

윤성현 각본집

Bleak Night 파수꾼

Foreword by director 감독의 말

각본집 출간을 준비하며 오랜만에 대본을 읽고, 자료들을 찾아보니 그때의 기억과 감정들이 주마등처럼 떠올랐다. 당시의 절박함, 고민, 그리고 꿈이 아직도 생생하다. 그때는 독립영화 특성상, 많은 관객을 만날 수 있는 환경이 아니었다. 그저 한두 분이라도 내 영화를 보고 위로받을 수 있으면 좋겠다는 바람으로 시나리오를 써 내려갔던 기억이 난다.

이렇게까지 많은 분이 작품을 보아주고, 공감해 주고, 기억할 거라고는 상상조차 하지 못했다. 영화를 만드는 사람으로서 시간을 초월해 기억되는 작품을 만날 수 있다는 건 꿈같은 일이다. 운이 좋게도 나에게는 첫 장편인 〈파수꾼〉이 그런 작품이었다. 〈파수꾼〉을 공감하고 사랑해 준 많은 분에게 이 책이 자그마한 선물이 된다면 좋겠다.

2023. 8 윤성현

Bleak Night 파수꾼

Contents

일러두기

• 이 책에 수록된 시나리오와 스토리보드는 윤성현 감독의 영화 〈파수꾼〉의 최종본 시나리오와 스토리보드를 기본으로 하고, 최종 상영본에 맞추어 일부 대사와 지문을 수정했습니다.

• 단어, 표현, 구두점 등이 표준한국어맞춤법과 다르더라도 입말 표현을 살렸습니다.

용어 정리

insert	씬이 진행되는 중간에 삽입한 화면
cut to	컷이 전환되는 것
focus in	화면의 초점이 맞춰지며 선명해지는 것
focus out	화면이 초점이 흐려지는 것
pan	카메라 위치를 고정한 채 왼쪽 또는 오른쪽을 보도록 움직이는 것
tilt up	카메라의 위치를 고정한 채 위를 보도록 움직이는 것
tilt down	카메라의 위치를 고정한 채 아래를 보도록 움직이는 것
frame in	피사체가 화면 밖에서 안으로 들어오는 것
frame out	피사체가 화면을 벗어나는 것
follow	인물을 뒤쫓아 가며 촬영하는 것
v.o(voice over)	인물은 보이지 않고 화면 밖에서 음향이나 대사를 전달할 때 사용
b.s(bust shot)	가슴에서 머리끝까지 상반신을 촬영하는 것
master shot	한 장면에서의 공간, 시간, 인물의 구성 등 전체적인 상황을 보여주는 촬영 기법
고속촬영	정상적인 촬영 속도보다 빠르게 촬영해, 이를 상영할 때 느린 화면으로 보이게 하는 촬영 기법
교차편집	같은 시각, 같은 장소에서 벌어지는 상황 또는 인물을 번갈아 보여주는 편집 방법
부감숏	피사체보다 높은 위치에서 내려다보는 각도로 촬영하는 것
몽타주	편집된 장면들을 짧게 끊어 붙여서 의미를 전달하는 화면

Bleak Night 파수꾼 **Part (1)**

S# 1. 오프닝 몽타주, 고가 공터 (과거) / 낮

검은 무지 위에 가늘고 낮은 전자음이 흐른다. 초점이 흐려 뿌옇게 보이는 광활한 공터의 전경. 공터 한가운데로 걸어오는 사람들 형상… 초점이 나가서 정확한 인물을 파악하기는 힘들다. 꼬물꼬물한 형상이 점차 가까워지면서 초점이 맞자 보이는 교복을 입은 고등학생들. 시끌벅적하게 떠들며 화면 쪽으로 다가온다.

S# 2. 고가 아래 (과거) / 낮

한 아이가 주먹으로 얼굴을 강하게 맞고 바닥에 쓰러진다. 바닥에 쓰러진 아이를 향해 주먹을 날리는 소년은 기태다.
그 주변으로 싸우는 모습을 구경하는 고등학생들. 끊임없이 주먹을 날리는 기태, 주변 아이들은 기태에게 살살하라고 한다. 기태, 쓰러져 있는 아이의 복부를 발로 걷어찬다.

어두운 표정으로 무자비한 장면을 지켜보는 희준과 동윤. 이 둘을 제외한 다른 무리는 기태의 폭력적인 모습에 즐거워한다. 쓰러진 아이를 일으켜 세운 뒤 다시 복부를 차는 기태. 점차 때리는 강도가 세지자 웃던 아이들도 조용해진다. 아이의 얼굴에서 피가 흐르지만 아랑곳하지 않고 때리는 기태.

S# 3. 아파트 / 오후

광활하게 펼쳐지는 잿빛 아파트의 전경. 일렬로 끝없이 늘어선 아파트는 공동묘지의 묘비들을 연상시킨다. 여러 각도로 보이는 회색 아파트들… 형이상학적인 형태다. 첫 장면부터 흐르던 전자음은 여전히 영상 위로 흐른다.

타이틀 〈파수꾼〉이 아파트 전경 위로 오른다.

광대한 아파트의 전경에 이어 한 사람의 얼굴이 화면을 가득 채운다. 인식이다. 아무도 없는 황량한 놀이터… 놀이터 한복판에 있는 그네에 홀로 미동도 하지 않은 채 앉아 있는 인식. 어딘가를 응시하고 있다. 아파트 사이로 비추는 햇빛 때문에 눈이 부시다.

S# 4. 경찰차 안 / 낮

경찰차 내부. 경찰서로 들어가는 모습이 차창을 통해 보인다. 운전석과 조수석에 앉은 두 형사, 잡다한 얘기들을 서로 주고받는다. 차창을 통해 건물 입구 쪽에 서 있는 인식이 보인다.

형사1 어? 저분… 왜 오셨지…?
형사2 누구요?
형사1 …그 있잖아… 얼마 전에 아들이 자살한…
형사2 아… 그분이시구나.
형사1 잠깐 차 세워봐.

차를 세우는 형사2. 형사1, 벨트를 풀고 차에서 내린다. 인식 쪽으로 걸어가 인사를 나누는 형사1의 모습이 차창 너머로 보인다.

S# 5. 경찰서 앞 쉼터 / 낮

자판기에서 커피를 뽑고 있는 형사1. 쉼터 중간에 있는 벤치에 앉아 있는 인식. 형사1이 인식에게 커피를 건넨다.

인식 감사합니다…
형사1 추운데… 들어가서 얘기하시죠…
인식 여기가 답답하지 않고 좋은데요…
형사1 네… 그럼 그러시죠…

옆쪽에 앉는 형사1. 인식의 말을 기다리는 형사. 조용히 커피 한 모금 들이켜는 인식.

인식 제가 찾아온 이유가, 다름이 아니고… 반 친구들하고 얘기 나누신 거… 좀 더 듣고 싶어서 왔습니다…
형사1 네, 그러실 거 같았어요… 그때 전화로 말씀드렸다시피… 혹시나 아드님에게 위해를 가하거나 괴롭힘이 있었다든가 하는 상황이 있을까 싶어, 아드님 반 친구들하고 이야기를 나누어봤지만, 그런 일은 확실히 없었던 거 같고요. 아드님하고 가까웠던 반 친구들 말로는 아드님이 힘들어하는 걸 전혀 내색하지 않았다고 하더라고요.
인식 …

S# 6.　　　교실 (과거) / 낮

교실 뒤에서 말뚝박기하는 아이들. 공격 편의 아이들이 책상 위로 올라가 수비 편이 만든 말 등 위로 점프하여 내리찍어 말 등을 무너뜨린다. 말뚝박기하는 기태와 동윤 등은 그 모습을 보며 좋아한다. 동윤은 즐겁게 웃다가, 반대편에 홀로 자신의 자리에서 책을 읽고 있는 희준에게로 시선이 간다.

동윤　(외치며) 야, 베키! 거기서 혼자 뭐 해. 일루 와, 임마. 같이 놀자!

희준은 동윤에게 됐다는 식으로 손짓한다.

동윤　야! (아이들을 보며) 쟤 왜 안 하던 짓하고 그래?

기태　그냥 냅둬. 혼자 있고 싶은가 보지.

동윤, 의아한 듯 다시 희준 쪽을 살핀다.

S# 7.　　　학교 복도 (과거) / 낮

교실 바깥 복도에 서서 얘기 나누는 동윤과 희준.

동윤　뭔 일 있었어?

희준　뭔 일은…

동윤　근데 왜 그래…? 어?

희준　뭐가 왜 그래야?

동윤 분위기 이상하잖아… 너네끼리 뭔 일 있었던 거 아니야?

희준 그런 거 없어… (쉬는 시간 종료를 알리는 종소리가 난다)

동윤 … (뚫어져라 희준의 눈을 보는 동윤)

희준 (눈을 피하며) 야, 종 쳤어. 너네 반으로 가. 신경 쓰지 말고.

교실 문 쪽으로 걸어가는 희준.

희준 얼른 올라가, 뭐 해?

동윤은 걱정스러운 듯 희준을 본다. 희준은 교실 문을 열고 교실 안으로 들어간다.

(cut to)

교실에 들어온 희준, 자신의 자리로 걸어와 앉는다. 자리에 앉는 희준을 뚫어져라 보는 기태. 주변에서는 선생님 떴다며 자리에 앉으라는 소리로 시끌벅적하다. 기태는 무표정하게 희준을 바라본다.

S# 8. 안경원 / 낮

안경원 문을 잠그는 인식. 셔터를 내리고 자물쇠로 잠근다. 셔터에 며칠부터 며칠까지 쉰다는 내용의 종이를 붙이는 인식. 멀뚱히 고개 숙이고 가만히 있다 결심한 듯 붙어 있는 종이를 떼어버려 구겨서 버린다. 그리고 길을 따라 반대쪽으로 걸어가는 인식.

S# 9. 인식의 집, 베란다 / 낮

창문 너머로 맞은편 아파트의 전경이 보인다. 창을 활짝 열고 베란다 난간에 기대어 밖을 내다보는 인식. 담배를 피우고 있다. 난간 아래를 내려다보는 인식. 저 아래에 있는 화단이 보인다.

S# 10. 인식의 집, 아들 방 / 낮

아들의 방 안 침대에 홀로 우두커니 앉아 있는 인식.

(cut to)

아들의 책들을 뒤적여 본다. 노트들도 뒤적여 보고, 유심히 살펴본다. 책상 서랍, 옷장 등도 뒤지지만 이렇다 할 만한 것은 안 나온다. 그러다 책장 꼭대기에 놓여 있는 무언가가 눈에 들어온다. 물건을 꺼내 보는 인식. 앨범이다. 앨범을 펼치자, 첫 장에 보이는 아들의 어릴 적 사진들. 그리고 그런 어린 아들을 껴안고 활짝 웃는 아내의 모습. 말없이 앨범을 넘겨 보는 인식.

(cut to)

벽면에 걸려 있는 교복을 조심스레 만지며 바라보는 인식.

S# 11. 학교 운동장 / 낮

비가 추적추적 내리는 텅 빈 운동장을 가로질러 걸어가는 인식. 학교 건물에 들어가려 하지만 입구가 잠겨 있다. 중앙 문 쪽으로 걸어간다. 뒤에서 부르는 목소리가 들린다. 뒤돌아보는 인식. 학교 수위다.

수위 무슨 일 때문에 오셨죠?

인식 예…

수위 (이상하다는 듯) 학부모세요?

인식 예… 선생님 뵙고 싶어서 그런데…

수위 지금 방학이라 안 계시죠.

인식 …

수위 행정실로 한번 가보세요. 급한 일이시면 그쪽 가서 한번 통화라도 해보세요.

인식 어디로 가면 되죠…?

S# 12. 학교 건물 안 / 낮

행정실 입구 쪽에 서서 왔다 갔다 하며 통화하는 인식.

인식 예… 제가 몇 가지 궁금한 게 있어서… 예, 의논을 드렸으면… 아니요… 그냥 제가 선생님 댁으로 찾아뵙겠습니다. 아니요… 괜찮습니다, 저는… 괜히 수고스럽게 여기까지 나오실 필요는 없으세요. 예, 예… 감사합니다.

먼 전경으로 보이는 학교 복도 끝에서 통화하고 있는 인식의 모습.

S# 13. 학교 건물 안 (과거) / 낮

인식이 통화하던 복도의 반대편이 보인다. 수업이 끝났는지 아이들이 시끌벅적하게 입구 밖을 나서고 있다. 아이들 사이로 희준이 보인다. 홀로 입구 밖으로 걸어 나간다.

S# 14. 2차선 도로 (과거) / 낮

어딘가를 향해 빠르게 걸어가는 희준. 옆으로 오토바이 소리가 들린다. 희준이 도로를 건너자 뒤로 오토바이 하나가 보인다. 재호가 운전하고 있고 오토바이 뒤에는 기태가 타고 있다. 희준을 뒤따르던 오토바이는 희준이 건너는 쪽으로 방향을 바꾼다. 빠르게 걷는 희준과 속도를 맞추어 나란히 가는 오토바이. 희준은 오토바이 쪽으로 일절 시선을 주지 않은 채 앞으로 걷기만 한다. 순간 오토바이가 희준의 앞길을 막는다. 오토바이를 피해 걸어가는 희준. 오토바이는 어느샌가 다시 희준 옆쪽으로 나란히 간다. 다시 한번 희준의 앞길을 막고 오토바이에서 내리는 재호와 기태. 무시하고 앞으로 걸어가려는 희준을 재호가 막아선다. 재호 뒤에 서서 희준을 보는 기태. 희준은 무시하고 방향을 틀어 걸어가려 하지만 다시 앞을 막는 재호. 희준은 재호를 뚫어져라 본다.

재호 왜 쌩을 까고 그래?

희준 뭐 하는 거야?

재호는 별 반응 없이 미소를 지은 채 희준을 쳐다본다. 희준은 그냥 무시하고 지나치려 한다. 갑자기 희준의 가방을 낚아채는 재호. 희준은 빼앗긴 가방 때문에 재호에게 달려들지만, 희준을 바닥에 넘어뜨리는 재호. 뺏은 가방을 기태에게 넘긴다. 몸을 일으키는 희준.

기태 (일어나는 희준에게) 가방 돌려받고 싶으면 이따 찾으러 와라.

오토바이에 다시 타는 기태와 재호.

기태 저번같이 또 안 오면 이 가방 불 질러버릴 거니까.

오토바이를 타고 떠나는 기태와 재호. 그 모습을 바라보는 희준.

S# 15. 아파트 옆 버려진 테니스장 (과거) / 밤

아파트 주차장을 걷는 희준. 멀리 아파트 단지 구석진 데 보이는 펜스. 그 펜스 넘어 내부에는 버려진 컨테이너와 테니스장이 보인다. 폐테니스장 안에 불을 지핀 채로 모여 있는 아이들. 가만히 서서 아이들이 모여 있는 곳을 응시하는 희준. 잠시 고민하는 듯하다가 펜스로 둘러싸인 테니스장을 향해 걸어가는 희준.

(cut to)

희준이 테니스장 입구 안으로 들어오자, 불 지핀 드럼통에 고구마를 굽던 아이들이 베키가 왔다고 소리친다. 버려진 공간인 듯 의자와 폐가구들이 널브러져 있다. 재호 등 아이들도 덩달아 '베키'를 외치며 희준을 마중한다. 뭔지 모를 덤덤한 표정으로 아이들과 어색하게 인사하는 희준. 기태는 희준을 보자,

기태 베키! 왜 이렇게 늦게 왔어… 안 오는 줄 알았잖아… 어? 계속 기다리게 만들래?

기태는 다가온 희준에게 어깨동무한다.

기태 야, 보고 싶었잖아… 두 번 다시 이렇게 늦지 마. 네 가방 태웠다.

희준 …

기태 뻥이야, 임마. 내가 설마 네 가방을 버렸겠냐? 친구 가방을… 어?

희준 (애써 미소를 지으며) 어… 어…

기태 (웃고 있던 표정이 갑자기 싸늘해진다) 야… 베키…

희준 (기태를 보며) 어…

기태 재밌어?

희준 …

기태 재밌냐고… 왜 실실 쪼개? 어?

희준 아니야…

기태 아니야? 너 존나 싸가지 없다? 아니라니, 지금 목격한 눈이 몇 갠데…? 어? (아이들 눈을 센다) 여기 눈알이 하나, 둘, 셋, 넷, 이 새끼는 안경 꼈으니까 눈알 네 개 해서 여덟…

아이들 웃는다. 희준도 얼핏 미소를 짓는다.

기태 어? 또 쪼개네?

희준 …

기태 내가 웃기냐? 왜 시발, 실실 쪼개냐고? 어?

희준 …

기태 시발, 실실 쪼개지 마… 왜 그래, 내가 웃기는 놈이 된 거 같잖아… 어?

순간 '짝!', 희준의 따귀를 강하게 때리는 기태. 다시 반대쪽 따귀를 때린다. 연속해서 희준의 따귀를 때린다. 희준은 자신의 얼굴을 막으려 하지만 기태가 얼굴을 가린 손을 억지로 내린 뒤, 또다시 따귀를 강하게 때린다.

S# 16. 선생님 집, 거실 / 낮

생각에 잠긴 듯한 인식, 말이 없다. 식탁에 앉아 차를 마시는 선생님과 인식.

선생님 같은 반 친구들하고 면담도 해보고 했지만, 마땅히 추측할 만한 얘기는 없었습니다.

인식 …혹시 제가 반 친구들을 만나볼 수 있을까요?

선생님 아버님 마음은 충분히 이해하지만, 애들이 마음 추스른 지 얼마 안 돼서… 약간은 걱정이 되네요… 이제 조금 있으면 수능이고, 공부도 해야 하는 상황이라…

인식 …

선생님 조금만 양해를 부탁드리겠습니다, 아버님…

인식 (못마땅한 듯 잠시 말이 없다) …기태는 면담했었나요?

선생님 네, 면담도 했고, 평소에도 어려운 점은 없는지 얘기도 나누고 했는데… 담임 선생님으로서 면목이 없습니다. 죄송합니다, 아버님.

인식 …그래도 조금이라도 기태가 달라진 점이… 힘들어하는 부분은 없었나요?

선생님 그런 부분은 느끼지 못했어요. 제가 더 신경 썼어야 하는 건데… 죄송합니다…

인식 죄송하다고만 하지 마시고, 담임 선생님이면 학생이 달라진 부분은 알아야 하는 거 아닙니까?

선생님 (아무 말도 안 한다) … (조용히 차 한 모금을 들이켠다) … 솔직히… 저도 똑같은 얘기를 묻고 싶네요.

인식 …

선생님 제가 실수를 했네요, 아버님. 이번 일 때문에 저도 제정신이 아니라… 저보다 훨씬 힘드실 아버님께 해서는 안 되는 말을 했습니다. 정말 죄송합니다.

조용한 정적이 거실에 흐른다.

S# 17. 아파트 단지 내 농구장 / 오후

어딘가를 향해 걸어가는 인식, 옆으로 꺾으니 철조망 너머의 농구장이 보인다. 텅 빈 아파트 단지 내에 있는 농구 골대 앞에서 홀로 농구공을 튀기고 있는 재호. 문득 인기척을 느낀 재호는 인식을 보고 어색하게 묵례한다.

(cut to)

나란히 벤치에 앉아 있는 인식과 재호. 음료수를 들고 있는 재호.

인식 뭐 해? 마시라고 준 건데…

재호 아, 예… (음료수 뚜껑을 따고 한 모금 한다)

인식 장례식 때 왔었지?

재호 예… 하루… 발인 때 갔습니다.

인식 솔직히 장례식 때는 정신이 없어서 누가 누군지 기억은 못 해. 낯은 익지만…

재호 그렇죠… 애들도 많고 하니까… 근데… 어떻게 저를 알고 이렇게 연락을…

인식 담임 선생님 만나서 반 애들 연락처 물어봤어. 그 중에서 몇 명하고 통화하니까 재호 네가 기태하고 친하다고 하더라고…

재호 …

인식 부담 갖지 않아도 돼… 그냥 편하게 얘기해 줘.

재호 예…

S# 18. 아파트 단지 내 길 / 오후

조용한 아파트 단지의 길을 걷고 있는 인식과 재호.

재호 저한테나 주변 친구들한테 내색하는 편은 아니었어요. 워낙 저희한테 자기 힘든 걸 티 내는 성격은 아니었거든요…

인식 …그래… (걷다가 멈춘다)

재호 (인식이 멈추자 따라 멈춘다) …

인식 기태가 학교를 안 나왔다고 하는데 알고 있지?

재호 예…

인식 너가 기태하고 친했다고 하니까 조금이라도 알 거 아니야… 그때 무슨 일이 있었는지?

재호 저도 기태가 왜 학교에 갑자기 안 나왔는지는 모르겠어요… 어느 날부터 조금 달라지기는 했어요…

인식 달라지다니?

재호 평소보다 말도 없어지고… 그냥 어두워 보이긴 했는데 이유는 잘 모르겠어요…

인식 그래도 뭔가 짐작이라도 가는 게 없어?

재호 저희한테 전혀 내색하지 않았어요… 그냥 너무 갑작스러웠어요. 뭔가 크게 달라진 점도 없었고… 뭐 때문인지 아무리 생각해 봐도 그럴 만한 점은 없었어요… 성적에 대한 부담감을 농담 비슷하게 얘기한 적이 있긴 한데, 그런 게 영향이 있었을 것 같지는 않고…

인식 …

아무 말도 없이 가만히 서서 주변 아파트들을 둘러보는 인식.

재호는 그런 인식을 힐끔힐끔 본다.

재호 아버님, 저한테 핸드폰 잠시 주실 수 있으세요?

인식은 재호에게 핸드폰을 건넨다. 핸드폰에 번호를 찍어주는 재호.

재호 이 번호로 한번 전화해 보세요. 기태 일이 있기 얼마 전에 전학 간 친군데… 이 친구라면 뭔가를 얘기해 줄 거예요.

인식 … (잠시 핸드폰에 찍힌 번호를 보며 생각한다)

S# 19. 인식의 집, 아들 방 / 밤

텅 빈 집 안, 불이 켜진 방. 인식은 아들의 책상 앞에 앉아 아들의 앨범을 둘러보고 있다. 사진을 보니 희준, 기태, 동윤 세 사람이 바닷가로 여행 가서 찍은 사진이다. 즐거운 모습의 세 사람. 정말 친해 보이는 셋. 사진들을 한 장 한 장 보는 인식.

(cut to)

아들의 침대에 누워 있는 인식. 너무나도 고요하다. 방 안도 고요하고 집도 고요하다.

(insert) 어둡고 컴컴한 아파트의 대단지가 먼 전경으로 보인다.

S# 20. 독서실 안 / 낮

어두운 독서실의 칸막이 책상, 군데군데 앉아 공부하고 있는 아이들의 모습. 겨울방학이라 자리가 많이 비어 있다.

S# 21. 독서실 바깥 복도 / 낮

독서실 복도 끝에 있는 큰 창으로 햇빛이 쏟아져 들어온다. 들어온 빛 때문에 실루엣으로 보이는 소년. 창을 통해 창밖 저 아래 거리가 보인다. 길을 건너는 한 남자. 인식이다. 인식이 길을 건너 건물 쪽으로 다가오고 있다. 그 모습을 바라보는 한 소년. 손에는 자판기 커피가 쥐어져 있다. 희준이다. 희준은 생각에 잠긴 듯 무심한 표정으로 창밖을 내다본다.
(이 씬 전까지는 과거 장면에서 베키의 실제 이름이 불린 적이 없어, 누가 기태이고 누가 희준인지 알 수 없다. 그렇기 때문에 관객들은 인식의 아들이 희준일 거라 생각할 것이고, 이 지점에서 관객은 죽은 아들이 희준이 아님을 깨닫게 될 것이다.)

파수꾼

Bleak Night 파수꾼 **Part (2)**

Bleak Night

S# 22. 독서실 바깥 복도 / 낮

독서실 문이 열리며 몇몇 아이들이 떠들썩하게 티격태격하며 나온다. 순간 시끄러워진 복도, 아이들이 복도를 빠져나가자 다시 조용해진다. 텅 빈 독서실 앞 복도의 전경. 저 멀리 창가에 서 있는 인식과 희준.

인식 한창 공부 중인데 이렇게 찾아와서 미안하다.

희준 아닙니다…

인식 이제 고3 올라가니까 많이 바쁠 거 아니야…?

희준 그냥, 괜찮아요.

인식 개학이 언제지…?

희준 한 일주일 정도 남았어요.

인식 기태 사진 보니까 너하고 찍은 사진이 많더라고. 너하고 한 명 더 있었는데… 누군지 모르겠고.

희준 다른 친구는 동윤이일 거예요…

인식 …동윤이?

희준 예…

빈 종이컵을 들고 말없이 서 있는 희준. 그런 희준을 바라보는 인식. 긴 정적이 흐른다. 큰 창을 통해서 쏟아지는 햇빛. 실루엣으로 보이는 두 사람.

S# 23. 기찻길 공터 (과거) / 오후

'깡' 하는 경쾌한 소리. 하늘로 날아가는 공. 희준은 야구 글러브로 날아오는 공을 받는다. 기찻길 옆에 있는 공터다. 옆쪽으로는 폐역사와 새로 지은 아파트들도 보인다. 희준, 공을 동윤에게 던진다. 동윤은 받은 공을 또 기태에게 건넨다.

희준 (멀리 있는 기태를 보며) 야, 이제 내 차례 아니야!?

기태 마지막! 마지막! 진짜!

공을 띄우고 야구 배트로 치는 기태.

(cut to)

미친 듯이 풀숲을 헤치고 있는 기태. 희준과 동윤도 기태하고 조금 떨어진 데서 공을 찾는다.

희준 못 찾겠어~ 그냥 공 새로 사지…

기태는 못 들었는지 몸을 굽히고 계속 수풀을 헤집는다.

동윤 병신아, 그런 소리 하지 마. 기태가 존나 아끼는 거야.

희준 왜? 야구공을? 왜?

'찾았다' 하는 소리가 들린다. 기태가 공을 들고 활짝 웃으며 아이들 쪽으로 걸어온다.

S# 24. 폐역사 기찻길 (과거) / 오후

기태, 동윤은 교복을 입은 채 폐역사에 쪼그리고 앉아 담배를 피운다. 그 맞은편 선로 위에 서 있는 희준. 거대한 아파트 단지 옆으로 기찻길이 보인다. 기태와 동윤은 담배를 피우고 있다.

기태 보경이가 그렇게 좋냐?

희준 아니라고 몇 번을 얘기해.

동윤 (놀리듯) 뭐가 또 아니야… 이 새끼, 계속 아니래.

기태 이번 주에 월미도나 갈래? 다 같이? 보경이하고 걔 친구들도 같이.

동윤 좋지! 가자 가자!

기태 베키, 어때?

희준 가던가…

기태 미친 새끼, 존나 태연한 척하네.

희준 티 나냐?

기태 티 존나 나, 병신아! 으이그~

희준에게 헤드록을 거는 기태. 희준은 엄살부리며 아프다고 외친다.

(cut to)

폐역사의 구석 어딘가에 글러브와 야구 배트 등을 숨겨놓는 기태와 아이들.

동윤 야, 세정이도 오겠지…?

기태 몇 번을 얘기해! 세정이도 올 거라고. 이제 보니까 너 존나 이상하다?

동윤 뭐가, 새끼야?

기태 네 욕심 채우려고 가자는 거 아니야?

동윤 아니야, 임마! 뭐니 뭐니 해도 베키를 위해서지…

희준 웃기지 마! 너 세정이 때문에 그런 거잖아!

동윤 뭐, 나랑 세정이랑 잘돼도 나쁠 거 없잖아…

기태 이 새끼, 이제 본색을 드러내네.

웃는 희준. 아이들, 야구 세트를 숨기고 나서 각자의 가방을 챙겨 역사를 나선다.

(cut to)

기찻길을 따라 걷는 기태와 희준.

기태 적극적으로 나서봐. 우물쭈물하다 보면 기회 놓치는 거야, 임마!

희준 알았어.

기태 동윤이 새끼 봐. 존나 적극적이잖아. 너가 동윤이 반만 해봐. 벌써 성공했지.

희준 알았어… 잔소리 좀 그만해. 네가 엄마냐!

기태 새끼야, 엄마라 불러.

동윤은 한참 앞서서 걷고 있다. 저 멀리서 소리치는 동윤.

동윤 야! 빨리 와!! 늦었다고!!

희준 알았어! 가!

기태 저 새끼, 또 지랄이야!

동윤 쪽으로 빠르게 걸어가는 희준과 기태, 동윤과 합류한다.

동윤 가자고 몇 번을 얘기해.
기태 닥쳐 병신아! 재촉 좀 하지 마, 새끼야!

기찻길을 따라 걸어가는 세 친구. 기찻길과 아파트의 전경이 보인다.

S# 25. 지하철 안 (과거) / 오후

열차 창을 통해 지나가는 인천의 풍경. 열차 안으로 그림자가 길게 늘어진다. 꿈꾸는 듯 몽롱한 느낌의 열차 안. 기태, 희준이 나란히 앉아 있고, 보경, 세정 등 여자아이들은 대각선 맞은편 자리에 앉아 있다. 동윤은 세정 옆에 앉아서 쉴 새 없이 떠들고 있다. 아이들은 빠르게 지나가는 바깥 풍경을 보며 서로 시끄럽게 떠든다. 차이나타운에 가면 중국인이 많을 거라는 둥, 차이나타운 짜장면은 특별할 거라는 둥 여러 이야기를 한다. 시끄럽게 떠들고 있는 아이들과 달리 희준은 별 말없이 한 여자아이를 본다. 보경이다. 보경은 옆에 있는 친구와 얘기하다가 희준의 시선을 느꼈는지 희준 쪽을 본다. 눈을 피하는 희준, 옆에 있는 기태와 눈이 마주친다. 기태, 너무 티 내지 말라는 듯 희준을 장난스럽게 민다.

S# 26. 인천역 (과거) / 오후

인천역에서 나오는 아이들, 신나서 맞은편에 있는 차이나타운 입구 쪽으로 달려간다.

(insert) 중국식의 이국적인 풍경의 차이나타운 골목을 따라 걷는 아이들.

S# 27. 중국집 (과거) / 오후

벽지부터 불빛까지 온통 빨간색 위주의 중국집 실내. 테이블에 둘러앉아 잔뜩 차려진 음식을 먹는 아이들.

기태 야, 이거 뭐 우리 동네 중국집하고 큰 차이 없잖아.

동윤 그냥 닥치고 먹어, 임마. 맛만 있구먼…

기태 이게 맛있냐? 어?

세정 왜? 난 맛있는데…

기태 야, 니네 둘이 이럴 거야? 둘이 그렇고 그렇다 이거야, 뭐야!?

세정 뭔 헛소리야? 아니야!

기태 아니라고? 근데 너 왜 동윤이 옹호해?

세정 내가 언제 동윤이 옹호했는데? 맛있다고밖에 더 했어…

기태 그게 동윤이 옹호한 거지.

동윤 (세정 눈치 보며) 야야! 됐고, 닥치고 빨리 먹고 월미도 가자.

아이들끼리 시끄럽게 떠들며 밥 먹는 상황에서도 희준은 보경을 힐끔힐끔 본다. 보경은 기태가 떠드는 모습을 보며 계속 재밌어하며 웃는다. 서로 정신없이 헐뜯고 장난치는 기태, 동윤, 세정 등…

보경 (떠들고 있는 기태에게) 기태야…

못 들었는지 계속 떠드는 기태.

보경 기태야.

기태 (그제야) 어?

보경 (요리를 종기 그릇에 담아서 주며) 이거 맛있어. 한번 먹어봐.

기태 어… 어… 알았어…

희준 쪽을 힐끔 보는 기태. 희준은 못 들은 척 그냥 짜장면을 먹고 있다.

보경 군만두도 아직 안 먹었지…?

보경, 멀리 있는 군만두를 기태 쪽으로 가지고 온다. 기태, 희준의 눈치를 살핀다. 희준은 그냥 계속 못 들은 척 혼자 먹는다. 불편한 기태.

보경 먹어봐 봐. 군만두는 진짜 괜찮아, 여기…

기태 (보경을 보며) 왜 그래?

보경 …어?

기태 뭐 하는 거야, 지금?

보경 …어?

기태 뭐 하는 거냐고?

보경 …

시끄럽던 자리가 조용해진다.

기태 너 희준이 질투심 느끼라고 나한테 이러는 거야? 어?

보경, 당황한 듯 아무 말도 못 한다. 희준도 놀란 눈으로 기태를 본다. 희준과 눈이 마주치는 기태.

동윤 야, 야, 분위기 왜 이래? 아줌마, 여기 사이다 한 병만요~

기태 (급히 표정 바꾸며) 야, 빨리 먹고 나가자! 이러다 해 지겠다.

다시 시끌벅적해진 자리. 보경은 굳은 얼굴로 가만히 있고, 희준은 그런 보경을 본다.

S# 28. 월미도 (과거) / 해 질 무렵

(insert) 월미도 바이킹 등 여러 가지 놀이기구의 풍경.

월미도 바닷가를 거니는 아이들. 앞서서 걸어가는 기태와 희준. 조금 떨어져서 뒤따라 걸어가는 여자아이들과 동윤.

세정 (앞서 걸어가는 기태와 희준을 보고) 쟤네 둘 사귀어? 뭐야? 계속 둘만 붙어 다녀.

동윤 베키랑 기태?

세정 어… 근데 왜 희준이 보고 베키라고 불러?

동윤 백희준이니까 베키지.

세정 (웃으면서) 뭐야, 그게! 유치하게… 어이없어, 진짜!

앞서서 걷고 있던 기태는 희준에게 어깨동무를 한다.

기태 뭔 헛소리야? 병신아!

희준 진짜로… 보경이 너한테 관심 있는 거 같다고…

기태 (어이없어하며) 야, 너 왜 이렇게 순진하냐? 어?

희준 잘해봐, 이쁘잖아.

기태 야, 걔 완전 여우야. 임마! 일부러 너 질투심 느끼라고 그런 거라니까. 어? 모르겠어?

희준 …모르겠어…

기태 (희준에게 헤드록을 건다) 으이구! 병신아!

희준 (오버스럽게) 아아아아!!! 야야야!! 놔!!

뒤따라 온 동윤과 여자아이들이 둘이 사귀냐고 놀려댄다. 해질 무렵의 인천 바닷가의 풍경을 뒤로 한 채 보이는 즐거운 아이들의 모습.

S# 29. 독서실 바깥 복도 / 낮

희준의 얘기를 듣고 있는 인식.

희준 그냥 제가 부족한 부분이 있으면 챙겨주고 그랬어요. 기태가 공부도 잘하니까 제가 모르는 거 있으면 가르쳐도 주고, 또 힘이 있으니까 기태 덕에 편하게 학교생활 할 수 있었어요. 기태랑 친하니까 아무도 안 건들더라고요…

인식 힘이 있다는 게 무슨 얘기니?

희준 그냥… 애들이 함부로 하지는 못했어요… 다른 애들이 함부로 할 만큼 약하지 않았어요…

인식 기태한테 그런 면이 있었다는 게…

희준 …

인식 솔직히 조금 생소하다. 기태가 보통 집에서는 말이 많거나 하지는 않거든… 그래서 그런지 너가 지금 하는 얘기들이 낯설게 느껴져. 난 도리어 기태가 학교에서 애들하고 잘 지내는지 많이 걱정했었거든. 집에 있을 때 기태가 자기 친구들을 데리고 오는 경우도 본 적이 없고…

희준 저도 가본 적은 없긴 한데… 그냥 불편했던 거 같아요, 친구들이 자기 집에 오는 게… 근데 기태가 저희 집이나 동윤이 집에서는 같이 많이 놀았거든요…

인식 그랬었구나…

희준 저도 부모님하고 있을 때 모습하고 친구들하고 있을 때 모습이 달라요. 기태뿐만 아니라 아마 다 그럴 거예요.

인식 (잠시 말이 없다가) 그럼 기태가 학교에서 전혀 문제는 없었던 거니?

희준 예… 저 전학 가기 전까지는 그럴 만한 일은 전혀 없었어요…

인식 기태 일이 있기 몇 주 전에 전학 갔잖아…

희준 예.

인식 방학도 얼마 남지 않은 상황에서 급하게 이사 갔잖아…

희준 그냥 집안 사정 때문에 이쪽으로 오게 된 거예요. 저는 재호가 아버님께 왜 저한테 가보라고 한 건지 잘 이해가 안 가요… 기태 일이 있기 거의 몇 주 전에 전학 간 거여서 전혀 아는 게 없거든요…

인식 그럼 기태랑은 전학 간 뒤로는 아예 본 적은 없는 거고?

희준 아니요. 저 전학 가고 며칠 뒤에 제가 사는 아파트 앞으로 기태가 저를 찾아왔더라고요. 그때 잠깐 인사하고는 그 뒤로 본 적은 없어요.

인식 그때 뭔가 이상한 점 느낀 건 없었고?

희준 그냥… 이런저런 얘기를 했는데. 별로 달라 보이지는 않았어요. 그냥 짧게 얘기했어요. 제가 전학 가니까. 작별 인사 하려고 온 거 같았어요. 평소하고 똑같았어요.

인식 …

잠시 동안 조용한 두 사람. 복도는 조용하다.

인식 재호 말로는 기태가 성적에 부담을 느꼈다고 하는 거 같던데…

희준 재호가요?

인식 응.

희준 솔직히… 그건 아닌 거 같아요. 그런 걸로 부담 느낄 애는 아니었어요. 저도 기태가 왜 그런 선택을 했는지 정말 이해가 안 갔어요. 그래서 장례식 때 애들한테 물어보기도 했는데 그냥 어느 날 갑자기 학교를 안 나왔다고만 하더라고요. 분명 기태한테 말 못 할 만큼 큰일이 있었을 거란 생각이 들어요. 충동적으로 그런 선택을 할 애는 아니거든요.

인식 사진 속에 있던 다른 친구는…

희준 예…

인식 동윤인가?

희준 예…

인식 그 친구도 장례식 때 있었고?

희준 아니요.

인식 친했다며…

희준 예… 그날도 안 왔고, 잘 모르겠어요… 연락이 안 돼요…

인식 좀 얘기해 줄 수 있니? 그 친구에 대해서…

희준 동윤이는… 기태하고 동윤이는 중학교 때부터 친구였고, 저 같은 경우는 고등학교 와서 기태하고 같은 반 되면서 친해졌고요…

인식 동윤이라는 친구도 같은 반이었고…?

희준 아니요… 그 친구는 이과라서 같은 반이었던 적은 한 번도 없어요. 그냥 기태 소개로 동윤이하고도 친해졌고, 그러면서 셋이 같이 놀게 됐어요. 그렇게 셋이 친해졌지만, 동윤이하고 기태 사이는 특별했어요.

인식 특별하다니?

희준 다른 애들과는 달랐어요. 기태한테 동윤이는… 저 같은 경우는 고등학교 친구고… 그래서 저는 정말 친했어도 아무래도 벽이 있었죠…

인식 …

희준 하지만 동윤이는 기태하고 유일하게 대등하게 얘기할 수 있는 사이였어요.

인식 …

희준 기태랑 동윤이 사이는 저나 다른 애들과는 달랐어요… 동윤이라면 알고 있을 거예요. 동윤이는 아버님이 원하는 이야기를 해줄 수 있을 거예요.

인식 …

인식은 아무 말도 못 하고 희준을 바라본다. 희준은 고개를 돌려 창밖을 내다본다.

S# 30. 희준의 집 (과거) / 밤

음악 소리가 들려온다. 거실을 지나는 동윤의 뒷모습. 그 뒷모습을 따라간다. 안방 안으로 들어와 화장실 문을 두드리는 동윤. 문이 살짝 열리고 변기에 앉아 있는 희준이 보인다. 문 사이로 희준에게 두루마리 휴지를 건네는 동윤.

동윤 (휴지를 건네며) 미친 새끼, 지네 집에서 휴지 달라고 핸드폰으로 전화하냐?

희준 조용히 해, 밖에 애들 있잖아!

동윤 알았으니까 빨리 닦고 나와! 냄새 존나 나.

문을 닫고, 안방을 나와 거실 쪽으로 걸어가는 동윤. 화장실 문 너머로 변기 내리는 소리와 손 닦는 소리가 들린다. 닫혀 있던 화장실 문이 열리고 나오는 희준. 안방을 나와 거실로 향하다가 문득 맞은편 방 안에 누가 있음을 느끼고 방문 앞에 멈추는 희준. 살짝 열린 방문 틈으로 기태와 보경이 얘기를 나누고 있는 모습을 보는 희준. 무슨 얘기를 심각하게 나누는 듯하지만 거실 쪽에서 들려오는 시끄러운 음악 소리 때문에 뭐라고 하는지 들리지 않는다.

S# 31. 희준의 집 (과거) / 밤

맥주를 마시면서 보드게임을 하는 아이들. 동윤은 세정 옆에 바짝 붙어 앉아서 시끄럽게 얘기 중이다. 희준은 보드게임을 하다가 문득 보경 쪽을 본다. 깔깔거리는 아이들과 달리 게임에 전혀 관심 없는 듯한 보경. 어두운 표정이다.

(cut to)

냉장고 문을 열고 음료수를 꺼내는 희준. 희준 옆으로 기태가 온다.

기태 아, 재미없다.
희준 (주스를 내밀며) 마실래?
기태 됐어. 근데 부모님 언제 오시냐?
희준 내일이나 오겠지.

주스를 컵에 따르는 희준.

기태 그럼 오늘 너네 집에서 잔다, 어?

희준 …

기태 대답이 없냐? 야, 뭔 일 있어? 왜 말을 안 해, 새끼야?

희준 알았어…

기태 가서 보경이하고 얘기도 좀 하고 그래.

희준 …

기태 또 말이 없네? 아, 새끼 진짜. 뭔 일 있어?

희준 …아까… 무슨 얘기 한 거야?

기태 응? 뭔 소리야?

희준 아까 보경이하고 방 안에서 얘기하던데…

기태 봤어?

희준 봤으니까 묻지…

기태 아, 그냥 별 얘기 안 했어.

희준 …

기태 너 이상한 생각 하는 거 아니지?

희준 이상한 생각 할 거 뭐 있냐?

기태 야, 오해하지 마라. 진짜!

희준 내가 뭐라고 했어? 왜 도둑이 제 발 저려?

기태 (어이없다는 듯이 웃으면서 희준을 본다) …

희준 (음료 한 모금을 들이켠다) …

기태 (장난스럽게) 생각해 보니까 기분 나쁘네. 도둑이 제 발 저리다니… 뭔 뜻이야?

희준 왜…?

기태 뭔 뜻으로 그런 얘기를 해?

희준 별 뜻 없어…

기태 (장난스럽게 희준의 머리를 만지며) 야, 너 제발 좀 그러지 마라!

희준, '아이씨' 하면서 기분 나쁘다는 듯이 머리를 피한다. 기태, 멈칫한다.

희준 머리 좀 만지지 마, 제발…

기태 …얼~ 많이 컸다? 베키, 많이 컸어.

희준 그런 식으로 얘기하지 마. 내가 네 부하냐?

기태 (황당하다는 듯 희준을 본다) 왜 그래? 장난이야, 임마.

희준 …

희준, 주스가 담긴 컵을 들고 부엌을 나와 아이들이 있는 거실 쪽으로 간다. 그런 희준의 걸어가는 뒷모습을 바라보는 기태.

S# 32. 교실 (과거) / 낮

교실 뒤에서 기태와 재호가 장난으로 가짜 레슬링을 하고 있다. 기태가 재호를 넘어뜨려 헤드록을 건다. 아프다고 엄살 피는 재호. 주위 아이들 막 웃는다. 희준도 보면서 웃는다.

(cut to)

기태와 희준, 아이들이 교실에서 얘기를 나눈다.

희준 그래도 엄마가 공부하라고 하는 거보다는 낫잖아!

현수 넌 학원도 안 다니잖아.

재호 차라리 공부를 하지… 시발. 주말마다 뭐냐, 그게?

희준 돈도 받고 좋지 뭐!

재호 야, 존나 빡쎄. 엄마 꽃가게 일… 존나 짜증 나!

희준 얼마 받는데?

재호 이천 원.

현수 야! 그거 오백 원 더 올려달라고 그래.

레고 무슨 외국인 노동자냐?

낄낄거리는 애들. 웬일인지 아이들 얘기를 계속 듣기만 하고
아무 말 없이 어색하게 웃기만 하는 기태.

희준 앤 몰라, 공부하라는 스트레스 안 겪어봐서…

레고 난 이천 원 받고 차라리 엄마랑 꽃꽂이하고 싶다.

현수 꽃꽂이해, 너랑 존나 잘 어울려~ 딱이야!

희준 그건 그래.

재호 너네들이 정말 덩 싸는 소리 하느라 수고가 많다.

낄낄거리는 애들. 기태는 그냥 미소만 짓는다.

기태 (그제야 다시 입을 연다) 야, 야, 어제 존나 어이없는 일 있었던 거 알아?

현수 뭔데?

기태 굴다리 쪽에서…

현수 어…

기태 중삐리 새끼들이 대낮에 모여서 담배 피는 게 말이 되냐? 새파란 새끼들이 여자 끼고.

현수 진짜? 야, 우린 뭐냐?

레고 가만히 냅뒀어?

기태 존나 봤지!! 근데 새끼들이 존나 꼬라보는 거야?

레고 너를?

기태 어… 어! 근데 쪽수 세어보니까 한 일곱 명쯤 되나? 괜히 잘못했다가 쪽 당할 거 같아서 지나가려고 하는데, 생각해 보니까 존나 열받는 거야, 시발…

기태가 한창 자신의 얘기에 취해 열띠게 떠드는데 그런 기태를 사이에 두고 희준과 재호는 뭔가 공유하는 듯 서로 눈빛을 교환하며 미소 짓는다. 그 순간 기태는 희준과 재호 사이의 눈빛 교환을 눈치채고 이야기를 멈춘다. 순간 조용해진다. 희준은 갑작스레 이야기를 멈춘 기태의 눈치가 보였는지,

희준 그래서 어떻게 됐는데? 그냥 내버려 뒀어?

기태 …

기태는 아무 말도 안 한다.

희준 왜 얘기를 하다 말아? 어? 어떻게 됐는데?

기태 (표정이 굳어서) 잠깐 화장실 갔다 올게.

일어나서 교실 밖으로 나가는 기태. 희준과 재호 등 다른 아이들은 황당하다는 듯 서로를 본다.

S# 33. 학교 건물 뒤 (과거) / 낮

학교 건물 뒤쪽 입구에 서 있는 기태와 재호. 재호는 멀뚱히 서 있고, 기태는 주머니에 손 넣은 채 재호와 마주하고 있다.

재호 …

기태 아까 왜 그런 거야?

재호 뭐가…?

기태 아까 너네끼리 시선 주고받았잖아.

재호 무슨 소리야?

기태 아까 너네끼리 시선 주고받았잖아…

재호 …

기태 내가 바본 줄 아냐?

재호 …

기태 (나지막하게) 여기서 싸대기 맞기 싫으면 그냥 얘기해.

재호 … (주저하는 재호)

기태 (재호를 쳐다보는 눈빛이 강렬하다) …

재호 애들끼리 있을 때 얘기한 거 때문에…

기태 무슨 얘기?

재호 (기어들어 가는 목소리로) 너가 애들끼리 부모님 관련된 얘기가 나오면 아무 말도 안 한다고… 아무 말도 안 하다가 딴말하고 그런다고… 근데 그 얘기한 지 얼마 안 돼서 너가 또 그래서… 그래서…

기태 그래서 너네끼리 눈빛 주고받은 거야? 비웃듯이?

재호 비웃은 거 아니야. 그냥 어쩌다… 진짜 어쩌다…

기태 그래서 희준이랑 눈빛 주고받은 거냐고?

재호 …

기태 (나지막하게) 나 봐봐.

재호 미안해…

기태 나 봐봐. 얘기해 봐.

재호 비웃은 건 아니야.

기태 얘기해 봐, 시발.

재호 눈빛은 주고받았는데, 비웃은 건 아니야.

말을 못 잇는 재호.

S# 34. 골목 (과거) / 늦은 오후

집으로 가는 골목을 나란히 걷는 기태, 동윤, 희준. 이런저런 얘기들을 주고받는 동윤과 희준과 달리 기태는 아무 말도 없이 조용히 걷는다.

희준 세정이 때문에 우리는 아예 신경도 안 쓰잖아. (기태한테) 그치?

기태 …

동윤 무슨 소리야. 똑같애.

희준 야, 최근 일주일 동안 너랑 이렇게 집에 같이 간 적 없잖아.

동윤 알았으니까, 오랜만에 야구나 할래?

희준 됐어. 얼굴에 세정이 보고 싶다고 써져 있어.

동윤 아니야, 임마. 야구하러 가자…?

기태 …

희준 그래, 그럼 간만에 캐치볼 하자.

동윤 (말 없는 기태를 보고) 기태야, 왜 이렇게 말이 없냐? 오늘따라…

기태 (주머니에서 손을 빼며 먼지 같은 것들을 본다) 별로 할 말이 없네.

의아한 동윤과 희준. 걸음을 멈추는 기태. 동윤과 희준도 따라 멈춘다.

기태 한 가지 얘기하고 싶은 게 있긴 있다, 베키.

희준 어?

기태 넌 집에 가면 어머니가 밥해 주고, 공부하라고 얘기해 주지…

희준 …왜 그래?

기태 난 집에 가면 내가 밥해 먹어. 가끔 아버지 얼굴 보면 인사하고. 아침에 눈 떠보면 지각이라서 막 왜 안 깨웠냐고 화내거든. 근데 안 계시잖아, 엄마가.

희준 …왜 그래, 기태야?

기태 아무도 없어.

희준 …

기태 그 정도야, 그 정도가 내가 얘기할 수 있는 우리 집 관련된 얘기야. 됐지?

희준 …

동윤 갑자기 왜 그래…?

희준은 뭔 소린지 영문을 모르겠다는 표정이다.

기태 (희준을 응시하며) 됐냐고?

희준 (당황한 듯) …

기태 나, 일 있어서 먼저 간다.

기태, 희준과 동윤을 뒤로 한 채 왼쪽 갈림길을 향해 걸어간다. 걸어가다 문득 멈춘 기태, 희준과 동윤 쪽으로 뒤돌아보고 잘 가라고 손을 한 번 들고는 다시 갈 길을 간다.

동윤 왜 저래?

희준은 자신도 영문을 모르겠다는 듯이 어깨를 으쓱이며 기태 쪽을 본다. 골목을 따라 멀어지는 기태의 뒷모습.

S# 35. 독서실 건물 / 오후

상가의 층계참에 서서 창밖을 내다보며 담배를 피우는 인식. 무얼 생각하는지 한참 동안 서 있다.

S# 36. 독서실 안 / 오후

조용하고 어두운 독서실 안. 희준, 자신의 책상에 있는 책과 필기도구 등을 가방 안에 넣는다.

옆 칸 친구 (조용히) 벌써 가게?

희준 (짐을 챙기며) 그냥, 오늘은 공부가 안 되네…

옆 칸 친구 내일 올 거지?

희준 그래야지. (짐을 다 챙기고) 갈게, 내일 봐.

옆 칸 친구 어, 가.

S# 37. 독서실 건물 / 오후

계단을 걸어 내려가는 희준. 내려가다 보니, 층계참에 서 있는 인식이 보인다.

희준 (인식에게 다가가) 아버님, 아직 안 가셨어요?

인식 생각보다 금방 나왔네.

희준 그냥, 공부도 안 되고 해서 집에 들어가려고요.

인식 나 때문에 그러니, 미안하다…

희준 아닙니다… 혹시 더 하실 말씀이라도…

인식 다른 건 아니고…

희준 예…

인식 아까 가르쳐준 동윤이라는 친구 핸드폰으로 전화해 봤는데, 꺼져 있더라고…

희준 아, 저도 연락 안 한 지 좀 돼서요…

인식 이런 부탁 해서 정말 미안한데, 동윤이하고 연락할 수 있게 네가 도와줬으면 좋겠다.

희준 …저도 어떻게… 연락할 수 있는 방법이…

인식 주변에 친구들도 있을 거고…

희준 …

인식 부탁할게…

희준 … (머뭇거리다 결심한 듯) 알겠습니다. 제가 한번 알아볼게요.

인식 고맙다.

희준 아니에요. 저도 이대로는 마음이 불편했는데… 걱정하지 마세요. 연락 닿는 대로 바로 아버님께 전화 드릴게요.

S# 38. 희준의 방 / 오후

커튼이 처져 있어 어두운 방. 방 안을 서성거리면서 통화하는 희준.

희준 그래? 학교를? …왜? 언제부터? …어… 그럼, 동윤이랑 연락이 아예 안 되는 거야? 어… 어… 혹시 너랑은 연락이 되나 해서… 아, 집 번호? 아니야, 나도 있어… 그려… 만약에 동윤이 연락되면 나한테도 전화 좀 주라. 부탁할게. 그래, 고맙다. 그래, 응…

전화를 끊는 희준. 책상 서랍을 열어 뭔가를 찾는다. 옛날 핸드폰을 꺼내서 충전기에 꽂는다. 침대에 앉아서 핸드폰 번호를 살피는 희준. 전화를 거는 희준. 한참 동안 핸드폰을 들고 있지만 응답이 없다. 전화를 끊는다. 한숨을 쉬며 침대에 그대로 발라당 뒤로 눕는 희준. 머리가 아픈 듯 손으로 머리를 감싼다.

S# 39. 지하철 / 오후

희준은 두툼한 파카를 입은 채 앉아 있다. 손에는 야구공 하나가 쥐어져 있다. 야구공을 내려다보는 희준. 희준의 뒤쪽으로 지나가는 쓸쓸한 바깥 풍경.

S# 40. 학교 화장실 (과거) / 낮

화장실에서 아이들끼리 서로 담뱃불을 붙여주고 있다. 아이들은 선생이 오는지 망봐야 하니까 가위바위보를 하자고 한다.

기태 베키, 네가 망봐.

희준은 못 들은 척 가만히 있다.

기태 야, 베키 씹냐? 망보라니까.
희준 뭐?
기태 너 어차피 담배도 안 피잖아, 어?
희준 (기태를 쳐다본다) 아, 진짜…
기태 야, 표정 풀고 망봐. 새끼야.

희준은 어이없어하며 화장실 밖으로 나가려고 한다. 기태, 희준을 붙잡는다.

기태 야, 야, 장난이야. (머리를 만진다)
희준 (머리 만진 손을 짜증 난다는 듯이 치운다) …

기태 장난이라니까…

희준 알았다고… (기태가 잡은 팔을 빼며)

희준은 얼굴이 굳어서 화장실 밖으로 나가버린다. 화장실 밖으로 나가는 희준의 뒷모습을 바라보는 기태, 감정을 억누르는 듯하다.

S# 41. 학교 복도 (과거) / 낮

학교 복도에서 얘기 중인 기태와 희준.

기태 야, 삐졌냐? 왜 그래?

희준 됐어…

기태 야, 화 풀어. 미안해…

희준 알았어…

기태 응? 미안해. 진짜.

희준 알았으니까 좀… (기태가 잡은 손을 억지로 푼다)

기태 …

희준 먼저 들어갈게… (가려고 한다)

기태 아, 시발 진짜!

희준 (놀란 눈으로 기태를 본다) …

기태 내가 미안하다고 그랬지.

시끄럽던 복도가 조용해진다.

기태 내가 미안하다고 했잖아. 어? 왜 그런 건데?

희준 알았다고 했잖아.

기태 (희준의 뺨을 툭툭 친다) 알았다고 하면 다냐?

희준 (기태가 얼굴을 툭툭 치자 얼굴이 굳는다) …

기태 인상 안 풀어?

희준 (인상 쓴 채로 가만 있는다) …

기태 인상 풀라고 새끼야!

주변에서 재호와 아이들이 기태를 말린다.

기태 시발, 진짜. 좆같은 새끼가…

교실 쪽으로 기태를 끌고 가는 재호, 현수와 아이들. 홀로 남은 희준. 주변에 구경하던 아이들은 말없이 희준을 지켜본다.

S# 42. 폐역사 기찻길 (과거) / 늦은 오후

기태, 혼자 하늘을 향해 공을 던지고 잡기를 반복한다. 동윤은 역사 한쪽에 앉아 핸드폰으로 어딘가에 전화하고 있다.

동윤 (핸드폰을 끊으며) 전화 안 받는데.

기태 그래?

동윤 베키, 뭔 일 있는 거 아니야?

기태 별일 없겠지…

기태는 계속 하늘을 향해 공을 던지고 받는다. 그러다 공을 동윤에게 던진다. 얼떨결에 공을 받는 동윤.

S# 43. 교실 (과거) / 오전

교실 뒤에서 아이들끼리 시끌벅적하게 떠들고 있다. 기태도 아이들과 함께 웃으며 떠들고 있다. 그때 교실 문이 열리고 들어오는 희준. 기태, 들어오는 희준을 보고는 이쪽으로 오라고 손짓한다. 희준, 기태를 보지만 그냥 무시하고 자신의 자리에 앉는다. 기태, 무안하다는 듯 손을 내린다.

(cut to)

수업하는 풍경. 기태는 창밖을 내다보다가 희준 쪽을 본다. 공부하고 있는 희준의 모습.

S# 44. 교실 (과거) / 낮

희준, 책상에 엎드려 누워 있다. 희준의 뒤통수를 장난스럽게 툭툭 치는 기태. 희준, 깜짝 놀라 일어난다.

기태 뭐 이렇게 하루 종일 자냐? 어?

희준, 기태를 힐끗 보고 그냥 바로 다시 책상에 엎드린다. 엎드려 있는 희준의 머리를 만지는 기태. 희준은 그런 기태의 손이 짜증 난다는 듯 손을 쳐내며 고개를 옆으로 돌린다. 기태, 가만히 서서 엎드려 있는 희준의 뒤통수를 물끄러미 바라본다. 조용히 희준의 앞자리에 앉는 기태.

기태 (희준의 엎드려 있는 머리에 대고 나지막하게) 고개 들어,

이 시발놈아.

희준, 고개를 든다. 기태는 희준을 죽일 듯 노려보고, 희준은 눈을 피하지 않는다.

S# 45. 아파트 복도 / 오후

아파트 복도를 통해 보이는 아파트 단지의 전경. 누군가 전경 안으로 들어온다. 희준이다. 기다란 아파트 복도를 따라 걸어간다. 복도를 따라 걷다가 한곳에 멈추는 희준. 현관문 앞에서 한참 동안 뜸 들이다가 벨을 누른다. 응답이 없자 몇 번이고 다시 누른다. 여전히 응답이 없다.

(cut to)

아파트 전경이 보이고 그 위로 통화하는 희준의 목소리가 들려온다.

희준 (v.o) 예, 지금 와 있거든요. …아니에요, 괜찮아요.

화면이 옆으로 움직이자 복도에서 통화하고 있는 희준이 보인다.

희준 제가 하고 싶어서 이러는 거예요. …아니에요. 아버님, 안 오셔도 돼요. 만나게 되면 바로 연락드릴게요. 예… 예… 걱정하지 마세요. 예… 끊을게요. 예…

전화를 끊는 희준. 복도에 서서 아파트 단지를 내려다본다.

S# 46. 아파트 단지 내 주차장 / 오후

단지 내 주차장을 걸어가는 희준. 주차장 입구에서 오토바이를 타고 오는 재호. 재호의 오토바이가 희준 앞에 선다. 시동을 끄고 내리는 재호. 못마땅한 듯 희준을 바라본다.

희준 오랜만이다.

재호 어, 오랜만이야.

희준 잘 지냈냐?

재호 왜 불렀어?

희준 동윤이 어디 있는 줄 알어?

재호 고작 그거 물어보려고 다짜고짜 불러낸 거야?

희준 동윤이 어디 있는데?

재호 …몰라… 내가 그걸 어떻게 알어, 어?

희준 기태 아버님 만났어… 알지?

재호 …얘기는 잘했냐?

희준 나 전학 갔잖아. 니들 때문에… 어? 근데 내가 뭘 안다고 내 번호를 가르쳐 드려…?

재호 아니, 아버님이 기태에 대해서 오해하고 계신 거 같으니까…

희준 뭘 오해하는데?

재호 기태 일.

희준 기태 일, 뭐? 그게 나랑 상관있어?

재호 너가 제일 잘 알잖아, 기태는…

희준 무슨 소리야?

재호 아버님이 기태에 대해서 오해하고 있는 부분을 제일 잘 풀어줄 수 있는 게 너잖아…기태 때문에 전학 갔고…

희준 그게 기태 죽은 거하고 무슨 상관인데…?

재호 …그냥 아버님 오해 풀어주고 싶었어.

희준 무슨 일이 있었던 거야? 기태한테…

재호 모른다고… 그걸 내가 어떻게 알어…

희준 …너 뭔가 알고 있으면서 왜 숨겨…?

재호 시발, 무슨 근거로 그렇게 얘기해?

희준 그러면 동윤이 번호를 가르쳐 드리지. 왜 내 번호를 가르쳐 드려? 어? 동윤이하고 기태하고 너네끼리 있었던 일들은 왜 숨기고?

재호 숨기는 거 없어… 나도 동윤이 번호 가르쳐 드리려고 했는데… 연락도 안 되는 애 번호 가르쳐 드려서 뭐하냐? 그나마 넌 기태에 관해서 얘기해 줄 수 있는 거라도 있지…

희준 …

재호 동윤이 새끼, 학교도 때려쳤어. 이 동네에서 본 적도 없고… 봤다는 애도 없어…

희준 …

재호 너 가고 나서… 기태, 가관이었다니까. 정상이 아니었어…

희준 …

재호 네가 제일 잘 알 거 아니야? 기태 그런 모습…

희준 너도 마찬가지 아니냐?

재호 (헛웃음을 짓는다) …

희준 …

S# 47. 폐역사 기찻길 / 오후

공터를 지나 텅 빈 폐역사를 걷는 희준. 누가 없는지 주변을 살핀다. 생각에 잠긴 듯 역사의 플랫폼을 따라 걷는다. 텅 빈 역사에 홀로 서 있는 희준의 먼 전경.

S# 48. 고가 아래 (과거) / 오후

피투성이가 된 아이를 향해 주먹을 날리는 기태. S#2와 연결되는 장면. 안 되겠다 싶었는지 기태를 뜯어말리는 아이들. 기태 앞의 아이는 미동도 하지 않은 채 쓰러져 있다. 기태, 눈이 완전히 뒤집혀 있다. 희준은 그런 기태를 본다.

S# 49. 고가 옆 공터 (과거) / 오후

고가 옆 공터를 걷는 아이들. 기태는 한 손에 임시방편으로 하얀 천으로 손을 감고 있다. 피로 물든 하얀 천. 아이들은 기태가 오늘 짱이었다는 식으로 기태를 띄우면서 시끌벅적하게 걷고 있다. 걷고 있던 기태는 희준 쪽을 본다. 혼자 바닥을 보며 걷는 희준.

S# 50. 놀이터 (과거) / 오후

아파트 단지 내 놀이터 그네에 앉아 있는 기태. 손에 난 상처를 하얀 천으로 감싸고 있다. 바들바들 떨고 있는 기태. 동윤은 그런 기태를 바라본다.

기태 아무 일 없다고… 몇 번을 얘기해.

동윤 …진짜지…?

기태 왜 그렇게 생각하는데? 희준이하고 나하고 뭐 있을 거 같애?

동윤 그냥 요즘 좀 달라진 거 같아서… 아까도 베키, 말없이 갔잖아.

기태 … (떨고 있는 기태) 사정이 있겠지.

동윤 …

기태 존나 춥네… 왜 이렇게 춥냐…

동윤 추운 게 아니고 무서운 거 아니야…

기태 …

동윤 병신 새끼, 넌 싸움 같은 거 하지 마. 존나 깜냥도 안 되면서… 항상 싸우기 전에도 그렇고, 싸우고 나서도 그렇고, 이렇게 존나게 떨잖아.

기태 …

동윤 애들이 알면 얼마나 실망하겠어. 어? 네가 이렇게 떨고 있는 거 보면…

기태 그래서 안 보여주잖아…

동윤 그래… 잘났다, 새끼야.

기태 …

동윤 일어나. 집에 가자…

여전히 떨리는 기태의 손. 일어나는 기태.

S# 51. 아파트 복도 / 밤

'띵' 소리가 나며 엘리베이터 문이 열린다. 동윤이 엘리베이터 안에 서 있다. 눈을 감고 있던 동윤, 눈을 뜬다. 엘리베이터 밖으로 나오는 동윤. 복도를 따라 걷는다. 복도 중간쯤에 누군가 쭈그리고 앉아 있다. 동윤의 집 현관문 앞에서 기다리고 있는 희준. 동윤은 희준을 보고 놀랐는지 멈춘 채로 가만히 서 있다. 희준, 동윤을 보고 일어난다. 아무 말 없이 서 있는 둘.

(insert) 바람 소리가 들려오고, 차가운 아파트의 전경이 보인다.

파수꾼

Bleak Night 파수꾼 **Part (3)**

S# 52. 아파트 옆 버려진 테니스장 (과거) / 밤

S#15의 연결이다. 얼굴을 치던 기태, 희준의 복부를 친다. 배를 움켜쥔 채 엎드려 있는 희준, 콜록거린다. 옆으로 보이는 불을 지핀 드럼통의 빛 때문에 희준의 얼굴은 아른거린다. 희준은 발길을 피하려 바닥을 기어간다. 하지만 재호는 희준의 발목을 잡고 다시 아이들 쪽으로 끌고 온다. 웃고 떠드는 소리. 재호, 희준을 일으켜 세운다. 기태는 희준을 뚫어져라 본다.

S# 53. 학교 복도 (과거) / 낮

복도를 걸어가는 희준의 뒷모습. 지나가던 아이들이 놀란 눈으로 희준을 보더니 말없이 길을 비켜준다. 초점이 흐려진 눈, 상처 난 얼굴의 희준. 멍한 얼굴로 복도를 걷는다.

S# 54. 교실 (과거) / 오전

희준의 상처 난 얼굴을 바라보는 동윤의 심각한 표정. 교실 뒤쪽 책상 위에 앉아 있는 동윤. 그리고 희준이 그 맞은편 의자에 앉아서 창밖을 내다보고 있다.

동윤 얼굴 왜 이래?
희준 별일 아니야…
동윤 누가 이런 거야?

희준 …

동윤 누가 그런 거냐고? 얘기해 봐.

여전히 창밖만 내다볼 뿐 대답 없는 희준.

S# 55. 학교 복도 (과거) / 낮

복도를 따라 빠르게 걸어가는 동윤. 복도 끝에 있는 기태, 흥분해서 아이들과 떠들며 얘기하고 있다. 동윤이 걸어오자 아이들 '여, 똥! 동윤!' 하며 반갑게 인사한다.

동윤 … (굳은 얼굴로)

재호는 동윤을 반기며 어깨동무한다. 어깨동무한 팔을 푸는 동윤. 어이없어하는 재호. 굳은 표정으로 기태를 보는 동윤.

동윤 뭐야?

기태 왜 그래?

동윤 뭐 하는 짓거리야?

기태 뭐가, 임마?

재호와 아이들, 서로 눈빛을 주고받는다.

기태 왜 그래… 진짜?

동윤 몰라서 묻냐?

기태 흥분하지 말고.

동윤 (다른 애들을 보며) 좆같은 새끼들아, 뭐 하는 짓거리냐고!?

재호 너… 말이 심하다…?

동윤 닥쳐, 시발!

재호 뭐!?

기태 가만히들 있어!

기태가 한마디 하자, 조용해지는 재호와 아이들.

동윤 어떻게 된 거냐고, 어!?

기태 흥분하지 말고…

동윤 …!

기태 둘이 얘기하자.

S# 56. 학교 층계참 (과거) / 낮

학교 뒤편 계단을 내려가는 동윤과 기태. 둘 다 말이 없다. 둘 사이에 차가운 공기가 흐른다. 동윤이 가다가 멈춰 서자 따라 서는 기태.

동윤 얘기해 봐. 왜 그런 거야?

기태 …

동윤 왜 그런 거냐고? 이유가 뭐냐고!?

기태 베키가 너한테 얘기하디?

동윤 지금 그게 중요해?

기태 …

동윤 왜 그런 거냐고 묻잖아, 어?

기태 내가 뭘 어쨌다고!

동윤 모른 척하지 말고, 새끼야!

기태 왜 그렇게 오바해? 야! 베키가 너한테 그렇게 특별하냐?

동윤 그걸 말이라고 해? 어!?

기태 걔가 자초한 거야.

동윤 좆까지 말고… 너가 베키 얼굴 저따위로 만들 정도로, 베키 걔가 뭘 그렇게 잘못했는데!? 어!?

기태 야! 네가 뭘 아냐?

동윤 모르니까 얘기해 보라는 거 아니야! 이 시발놈아!

대답을 못 하고 고민하다, 겨우 입을 떼는 기태.

기태 그냥 단순해… 애새끼가 존나 가식적이잖아…

동윤 뭐가 어떻게 가식적인데? 어?

기태 마음에 안 든다고, 됐냐?

동윤 장난 까냐? 똑바로 얘기해 보라고!

기태 (순간 감정이 폭발하는) 신경 쓰지 말라고!!! 시발!

동윤 …

기태 (흥분을 가라앉히고) …보통은 내가… 다 얘기하잖아… 어?

동윤 …

기태 근데 이번에는 자세히 얘기 안 해도 넘어가. 설명 못 하는 것들도 있잖아…

쉬는 시간 종료 벨 소리가 들린다. 기태, 그냥 계단을 올라간다. 기태를 부르는 동윤. 기태, 멈추어 계단 아래 동윤을 내려다본다.

동윤 이제 그만해.

기태 …

동윤 한 번만 더 이런 일 있으면 나도 가만히 안 있어…

기태 가만히 안 있으면 어떻게 할 건데?

동윤 두고 봐.

기태 …

기태, 시선을 피한 뒤 다시 계단 위로 올라간다. 동윤은 그대로 서서 계단 위로 올라가는 기태를 본다.

S# 57. 동윤의 집 (과거) / 오후

빨래 더미를 바구니에서 꺼내 세탁기에 넣는 동윤. 베란다 안으로 들어오는 세정이 보인다. 세탁기에 세제를 잔뜩 넣는 동윤.

세정 뭐 하는 거야?!

동윤 왜?

세정 뭐 그렇게 세제를 많이 넣어? 어?

동윤 이 정도면 되는 거 아니야?

세정 줘봐!

동윤의 손에 있는 세제를 뺏는 세정. 세탁기 안을 살피더니 세제가 섞이도록 세탁기 안에 있는 옷들을 만진다.

동윤 오늘같이 우리 집에 와서 해줘라.

세정 헛소리하지 말고.

S# 58. 공원 (과거) / 늦은 오후

공원 벤치에 앉아 있는 동윤과 맞은편에 앉아서 돌멩이 하나를 만지작거리는 세정.

세정 그러게… 둘이 마치 사귀듯이 붙어 다녔었잖아.

동윤 …

세정 너가 한번 잘 얘기해 봐.

동윤 얘기했는데… 베키는 아무 말 안 하고, 기태도 말 안 하고…

세정 사정이 있겠지…

동윤 …

세정 (동윤을 본다) …

세정은 동윤에게 돌을 던진다. 조건반사적으로 돌을 받는 동윤.

세정 웃는 게 어울려.

동윤, 미소를 짓는다.

(cut to)

공원을 걷고 있는 동윤과 세정.

세정 (미소를 짓는다) …낙인찍혀 본 적 있어…?

동윤 낙인이라니…?

세정 (활짝 웃으며) 사람들한테 낙인찍힌 적 있어…?

동윤 그건 왜?

세정 그냥…

동윤 어디 봐봐? (장난스럽게 세정의 목 뒤를 확인한다)

세정 뭐야?

동윤 낙인 같은 거 없는데…

세정 됐네요.

동윤, 장난스럽게 웃는다. 앞서 걸어가는 세정, 뒤돌아서 뒷걸음질로 걷는다.

동윤 똑바로 걸어… 다쳐~

세정 네 얼굴 볼라고.

동윤 잘생긴 얼굴 한 번 더 보고 싶냐?

세정 됐어~ 누가 너 본대?

동윤 그럼 뭔데?

세정 그냥 네가 날 보는 눈이 너무 좋아…

동윤 뭔 헛소리야?

세정 내가 보고 싶은 모습이어서 너무 좋아.

세정, 다시 뒤돌아서 정면으로 걷는다. 세정의 뒷모습.

세정 보고 싶은 모습이어서 좋아.

동윤은 약간은 슬픈 눈으로 세정의 뒷모습을 본다.

S# 59. 공원 (과거) / 밤

어딘가를 향해 걸어가는 동윤. 하얗게 입김이 나온다. 한참 동안 걸어가다 계단을 오르는 동윤. 저 멀리 공원 가로등 밑 벤치에 앉아 있는 기태. 그쪽을 향해 걸어가는 동윤. 가까워지자…

동윤 왜 보자고 한 거야?
기태 …

대답 없는 기태. 기태 앞에 서는 동윤.

동윤 어?
기태 꼭 그딴 식으로 물어야겠냐?
동윤 …
기태 왜 불렀겠냐? 어?
동윤 베키?
기태 …
동윤 (기태 옆에 앉는다) 뭔 일 있었냐? 둘이?
기태 너 새끼가 세정이한테 정신 팔려 있으니까 모르지…
동윤 그러니까 얘기해 보라는 거 아니야?

기태 …

둘이 한동안 아무 말 없이 침묵이 흐른다.

기태 세정이 많이 좋아하냐?

동윤 응?

기태 세정이 많이 좋아하냐고?

동윤 뭔 소리야, 갑자기? 그건 왜?

기태 얘기해 봐…

동윤 미친놈. 물을 걸 물어, 새끼야. 희준이 얘기하려고 불러놓고는 웬 헛소리야?

기태 …대답해 봐…

동윤 (잠시 말이 없다) …왜 갑자기 이래?

기태 세정이 많이 좋아해?

동윤 어… 존나 좋아한다. 됐냐?

기태 … (뭔가 표정이 굳어 있다)

동윤 그건 난데없이 왜 물어? 미친 새끼야!

기태 (미소를 지으며) 그냥 부러워서 물어본 거야. 여자친구도 없고… 어떤 기분인가 해서…

동윤 (그냥 웃는다) 싱거운 놈…

기태 …

동윤 저번에 애들하고 놀 때…

기태 응…

동윤 그때 보경이가 너한테 고백했었잖아. 그때 받아주지 그랬어?

기태 어떻게 알았냐?

동윤 세정이한테 들었어. 그때 받아줬으면 지금 여자

친구도 있고 좋았잖아. 게다가 보경이 예쁘잖아.

기태 …

동윤 왜 안 받아줬냐니까?

기태 …

동윤 베키 때문이지?

기태 뭔 헛소리야?

동윤 맞잖아, 병신아…

기태 …

동윤 그렇게까지 희준이 생각하던 놈이 왜 그런 거야? 어?

기태 …

동윤 왜 그런 거냐고?

기태 뭘 왜 그래?

동윤 기태야… 더 이상 미친 짓 하지 말자.

기태 …

S# 60. 학교 화장실 (과거) / 낮

화장실에서 잡담을 나누는 기태와 아이들. 화장실 문이 열리고 희준이 들어온다. 아이들이 있는 걸 보고 잠시 주저하다 그냥 소변기 쪽으로 걸어간다. 희준을 부르는 재호. 대답 없는 희준. 다시 한번 부르지만 희준은 여전히 대답 없이 소변기 앞에 선다.

재호 시발놈이, 존나 씹네.

재호, 희준 쪽으로 걸어가 희준의 머리칼을 당긴다. 희준은 머리 잡힌 채 아이들 쪽으로 끌려온다. 무심히 바라보는 기태.

재호 그렇게 처맞고 정신 못 차리냐? 시발놈아!

희준, 무표정하게 재호를 바라본다.

재호 좆만 한 새끼가, 어디서 꼬라봐! 어?

희준은 표정 변화 없이 무심히 재호를 본다. 재호, 약간 당황한 듯. 아이들을 보며 어이없다는 듯이 웃는다. 기태는 그런 희준을 뚫어져라 본다. 재호, 갑자기 희준의 멱살을 잡더니 화장실 벽면에 밀어붙인다.

기태 그만해.

순간 정적… 재호를 포함한 아이들, 기태를 본다.

기태 그만하고 가자.

기태, 화장실 문 쪽으로 걸어간다. 재호, 못마땅하지만 희준의 멱살을 풀어준다.

S# 61. 교실 (과거) / 낮

혼자 앉아서 음악 듣고 있는 희준. 맨 뒤 창가 쪽에 앉아 있는 기태. 기태의 주변으로 재호와 아이들이 시끄럽게 떠들고 있지만 기태의 시선은 희준의 뒷모습에 꽂혀 있다. 기태, 갑자기 일어난다. 그리고 희준 쪽으로 걸어간다. 희준 앞에 앉는 기태. 고개를 숙이고 있던 희준은 고개를 들어 기태를 본다. 기태는 희준의 귀에 꽂힌 이어폰을 빼며,

기태 뭐 들어?

또 왔구나 하는 표정으로 아무 말 못 하는 희준. 어느새인가 또 재호와 아이들이 기태와 희준을 삥 둘러싸고 있다.

기태 (둘러싼 아이들을 보고) 나 희준이랑 할 얘기 있으니까… 좀 비켜주라.

재호와 아이들 의아해하며 자리에서 물러난다. 기태, 한참 동안 고민하는 듯하다 입을 뗀다.

기태 무슨 노래 들어? (이어폰을 자기 귀에 잠시 대본다)

희준 (뭐지 하는 눈빛으로) …?

기태 사람이 뭘 물어보면 말을 해…

희준 무슨 말…

기태 그냥… 아무 말…

희준 …

기태 얼… 얼굴에 상처는 괜찮아…?

희준 …왜 이래?

기태 …경계 좀 하지 마. 그냥 얘기하고 싶어서 그런 거니까.

희준 무슨 얘기?

기태 …

기태, 잠시 주저하다 결심한 듯

기태 이제 그만하자…

희준 뭘 그만해?

기태 그냥 이런 거 다…

희준 언제부터 나한테 선택권이 있었어?

기태, 굳은 표정으로 희준을 바라본다.

기태 그래. 그만할게, 내가… 그러니까 너도 더 이상 이러지 마라.

희준 …

기태 미안하다, 희준아…

희준, 놀랍지만 이내 차분한 표정이다.

희준 (한쪽 이어폰도 마저 빼며) 미안하다는 말이 쉽게 나오네…

기태 …

희준 미안해할 필요 없어. 사과받고 싶지도 않고…

너그러웠던 기태의 눈빛이 달라진다.

기태 무슨 소리야?

희준 사과받고 싶지 않다고, 너한테…

어이없어서 헛웃음 짓는 기태. 감정이 끓어오르는 걸 애써 참는다.

기태 뭐? (말을 못 잇다가) 야, 남은 고민 고민해서 얘기하는 건데… 너 태도가 뭐냐? 어?

희준 나도 고민해서 진심으로 얘기하는 거야.

기태 (어이없다) 왜 이러는 거야? 어!?

희준 나 이제 다음 주면 전학 가, 네 덕분에… 그래서 별로 사과받고 싶지 않다고, 너한테. 전학 안 갔으면… 너한테 까이기 싫으니까 받아줬겠지만, 앞으로 볼 사이도 아닌데 뭣 하러 받아줘, 어?

기태 …

뭔가 일이 터질 것 같은 기태와 희준.

기태 (화를 삭이고 다시 차분하게) 장난 까냐? 이렇게까지 하는 이유가 뭐야?

희준 너야말로 이렇게까지 하는 이유가 뭔데…? 어? 내가 네 부하냐? 애새끼들 다 네 부하냐고!?

(cut to)

복도를 걷고 있는 동윤. 아이들이 희준의 교실 주변으로 모여드는 걸 보고 급하게 그쪽으로 달려가는 동윤. 아이들 사이를 비집고 교실 안을 본다. 그 사이로 멀리 보이는 희준과 기태.

(cut to)

기태는 희준을 뚫어져라 본다.

희준 네가 날 친구로 생각해 본 적, 한 번이라도 있냐? 없잖아. 내가 언제까지 네 앞에서 허리 굽히고 꼬리 흔들면서 살 줄 알았는데. 내가 그렇게 까이고 오기로 버틴 이유가 뭔지 알아? 네가 그렇게 중요하게 생각하는 그 알량한 자존심. 나도 한번 부려봤다. 왜? 안 되냐?

기태 (희준을 노려본다) …

희준 지금 네 주변에 있는 새끼들, 다 마찬가지야. 널 친구라고 생각해서 네 옆에 있다고 착각하지 마. 너랑 학교 다니면 편하니까, 좆도 뭐라도 좀 되는 거 같으니까… 그러니까 너한테 붙어 있는 거지. 네 친구는 아무도 없어. 나도 너 친구로 생각해 본 적, 한 번도 없고.

말이 떨어지기 무섭게 희준의 멱살을 잡아끌어 당기는 기태.

희준 치려면 쳐. 원 없이 실컷 패. 나 전학 가면 그러고 싶어도 못 하니까.

희준을 책상 쪽으로 밀어버리는 기태. 책상과 함께 바닥에 나뒹구는 희준. 기태, 바닥에 넘어진 희준의 멱살을 붙잡고 끌어 올린다. 그때 뒤에서 기태를 붙잡는 동윤. 동윤이 기태를 붙잡자 기태도 동윤의 멱살을 잡는다.

동윤 뭐 하는 짓이야, 미친 새끼야!

기태 (흥분해서) 상관 말어, 시발!

동윤과 기태, 서로의 멱살을 잡은 채 한참 동안 서로를 노려 본다. 동윤, 기태의 멱살을 풀고는 넘어져 있는 희준을 일으켜 세운다.

동윤 뭐 하자는 거야? 어?
기태 …
동윤 시발, 좆같은 새끼… 평생 그렇게 살아라.

동윤은 희준을 데리고 교실 밖으로 나가려고 한다. 기태는 감정을 추스르며 가만히 서 있다. 재호는 동윤 쪽을 매섭게 본다.

(cut to)

교실 밖으로 희준을 데리고 나오는 동윤. 재호가 교실 밖으로 나오더니 동윤 앞을 막는다.

재호 왜 남의 반 일에 참견이야, 시발?

동윤, 어이없어한다.

동윤 짜증 나니까 꺼져.
재호 좆만 한 새끼가…
동윤 뭐?
재호 지금 기태 믿고 까부는 거냐?
동윤 그건 내가 할 소리야. 기태 똘마니 새끼야. 똘마니 주제에 어디서 깝쳐.
재호 뭐!? 시발! (동윤의 멱살을 잡는다)

기태 (v.o) 그만해.

기태가 교실 밖으로 나왔다.

기태 내버려 둬…

재호, 기태를 한 번 보고는 동윤의 멱살을 풀며 길을 비켜준다. 재호를 지나치는 동윤과 희준. 동윤은 희준을 데리고 가면서 기태 쪽을 돌아본다.

S# 62. 학교 화장실 (과거) / 오후

기태, 홀로 학교 화장실 변기 칸 하나에 앉아서 담배를 피우고 있다. 무심하게 담배 연기를 천장을 향해 내뿜는다. 어둡고 텅 빈 화장실의 전경. 기태가 있는 칸만 문이 굳게 닫혀 있다.

S# 63. 안경원 (과거) / 오후

기태, 홀로 거리를 걷고 있다. 어딘가 멈추고선 한곳을 응시한다. 인식의 안경원이다. 가게에 홀로 앉아서 안경을 만지고 있는 인식. 마시던 캔 음료를 바닥에 버린 뒤 가던 길을 가는 기태.

S# 64. 학교 복도 (과거) / 오후

동윤과 희준이 복도를 지나간다. 그때 맞은편에서 기태와 아이들과 마주친다. 복도에서 어색하게 마주하는 아이들. 기태는 아무렇지도 않게 희준과 동윤에게 인사한다.

기태 어이~

희준과 동윤은 그냥 못 들은 척 지나친다. 지나가는 동윤의 팔목을 잡는 기태. 동윤, 아무 말 없이 뿌리치고 간다. 무안한 기태…

재호 아, 존나 싸가지 없네.
기태 …
재호 저 새끼들 가만히 내버려 둘 거야? 어?
현수 그래, 조져버리자.
재호 언제까지 참고 봐야 돼? 어?
기태 됐어… 그냥 가자.
재호 … (기태를 본다)
현수 아… 진짜… 저렇게 그냥 내버려 둘 거야?
기태 됐다고… 닥치고 그냥 와…
재호 기태야, 너 너무 동윤이만 싸고도는 거 아니야?
기태 …
재호 안 그래? 넌 왜 동윤이한테만 존나 너답지 않게 행동하냐?
기태 나 같은 게 뭔데?
재호 너가 제일 잘 알 거 아니야? 다른 새끼들이 네 말 그렇게 씹고 지나갔으면 조져놨을 거 아니야… 안 그래?

기태 (들릴 듯 말듯 나지막하게) … 닥쳐…

재호 어?

기태 (재호를 보며) 그만 조잘거리고 닥치라고.…

기태가 재호를 매서운 눈으로 쳐다보자 눈을 내리까는 재호. 기태, 먼저 교실 쪽으로 걸어간다. 재호는 숙였던 고개를 들어 걸어가는 기태의 뒷모습을 노려본다. 옆에 있던 현수와 아이들이 재호를 위로하듯 재호의 어깨를 감싼다.

S# 65. 폐역사 기찻길 (과거) / 오후

화창한 하늘이 보인다. 공 하나가 하늘을 향해 올라갔다가 떨어진다. 공을 받는 기태. 넓은 기찻길 공터에서 홀로 하늘을 향해 공을 던졌다 받기를 반복하는 기태.

(cut to)

홀로 폐역사에 앉아서 손 위의 야구공을 바라보는 기태.

S# 66. 아파트 입구 (과거) / 오후

희준, 아파트 입구를 지나 단지 안으로 들어간다. 다른 학교 교복을 입고 있는 희준. 누군가 희준을 부른다. 기태가 벽에 기대어 야구공을 가볍게 위아래로 던지고 있다. 기태와 눈이 마주치는 희준. 희준, 그냥 기태를 지나치려는 순간,

기태 희준아.

멈추는 희준. 기태, 희준 쪽으로 걸어온다.

기태 새 교복 잘 어울리는데? 그래도 우리 교복이 더 잘 어울린다…

희준은 무표정하게 기태를 본다.

희준 어떻게 알고 왔어?

기태 (미소 짓는다) …힘들게 찾아왔는데 좀 웃어라.

희준 …

기태 이제 못 보겠네… 전학 간 학교에서 잘 지내라.

들고 있던 공을 희준에게 던지고는 갈 길을 가는 기태.

희준 (공을 보며) 뭐야?

기태 선물. 이별 선물.

희준은 공을 바라본다. 아무 말 없이 걸어가는 기태의 뒷모습을 보는 희준. 멀어지는 기태.

S# 67. 동윤의 집, 부엌 / 밤

컵에 주스를 따르는 동윤. 희준은 부엌 식탁에 앉아 있다. 부엌 벽면에 있는 거울에 비친 희준.

동윤 뭐, 과자라도 먹을래?

희준 됐어…

동윤 배고프잖아. 저녁도 안 먹었다며…?

희준 괜찮어…

냉장고 문을 열고 주스를 넣는다.

희준 너 있을 만한 곳 다 찾아봤어. 폐역사도 가보고…

동윤 …그래?

희준 재호도 만났어…

동윤 (냉장고 문 앞에 가만히 서 있다) …

희준 재호 얘기로는 이 동네에서 아예 안 보인다며…?

동윤 …언제는 보였나…

희준 (미소를 지으며) 그러게… 학교는 왜 그만둔 거야…?

동윤 (돌아서며) 그런 좆같은 데 다녀서 뭐 하냐…

희준 그럼 뭐 하는데?

동윤 그냥 뭐, 검정고시 보든지 해야지…

동윤, 주스를 희준 앞에 놓고 식탁에 앉는다.

희준 넌 안 마셔?

동윤 어? 됐어… 전학 간 학교에서는 별일 없고?

희준 그냥 공부만 하고 있어… 어머니는?

동윤 알잖아, 평일날 늦는 거.

희준 잘 계시지?

동윤 그럼…

희준 …

동윤 연락 못 해서 미안하다…

희준 아니야…

동윤 그냥 온 거 아니지?

희준 오늘 기태 아버님 만났다…

동윤 …

희준 너 만나고 싶어 하셔…

동윤 …왜?

희준 그냥 뭐 좀 물어볼 게 있으신 거 같더라고.

동윤 …

희준 너 기태 장례식 때… 왜 안 왔어?

동윤 …

희준 무슨 일 있었어?

동윤 작년 이맘때… 셋이서 놀았던 거 기억나? 우리 집에서 자고…

희준 기억나지…

동윤 그때 너 소파에서 잘 동안에, 기태랑 둘이 이 식탁에서 오랫동안 얘기했었는데…

희준 그래…?

동윤 그때 일들이 생각나네…

한동안 말이 없는 둘. 동윤은 눈을 피한 채 다른 곳을 응시하고 있다.

희준 동윤아… 무슨 일 있었는지 나한테 얘기 안 해도 돼. 근데 기태 아버님하고는 너가 만났으면 좋겠다…

동윤 …

희준 너가 기태 일에 관련돼서 아는 게 있는지 모르겠지만… 아버님은 무슨 얘기든 간에 알 자격이 있잖아. 아버지시잖아…

동윤 …

희준 내가 번호 알려줄 테니까, 연락 한번 드려. 아니면 너 핸드폰 켜놓고 있던지… 핸드폰 켜놓으면 아마 전화가 올 거야. 야… 부탁이니까 피하지만 마라…

동윤 …

희준 (주스 한 모금 마시고는 자리에서 일어난다) 여기까지 와서 이런 얘기밖에 못 해서 미안하다.

동윤 나야말로 미안하다. 오랜만에 봤는데 반갑게 맞아주지도 못하고… 나중에 좀 정리되면 한번 보자.

희준 그래… 예전의 동윤이로 다시 돌아와.

동윤 (희미한 미소를 짓는다) …

희준은 주머니에서 야구공을 꺼내 식탁 위에 놓는다. 야구공을 무표정하게 보는 동윤.

희준 …기태가 마지막으로 나한테 준 거야.

동윤 …

식탁 위에 놓인 야구공.

S# 68. 교실 (과거) / 오후

방과 후 텅 빈 교실에 남아 있는 기태, 재호와 아이들. 그 맞은편에 팔짱 끼고 앉아 있는 동윤.

동윤 베키 전학 가서 좋지?

기태 … (동윤을 무표정하게 응시한다)

동윤 좋잖아?

기태 (고개를 잠시 숙였다 다시 들며) 아주 속 시원하고 좋네.

어처구니없다는 듯이 웃는 동윤.

동윤 이제 좀 나잇값 좀 하고 살자. 조금 있으면 고3인데… 어린애같이 폭력적인 행동 하지 말고. 네가 애냐?

기태 (미소를 짓는다) …

재호 깝치지 마.

동윤 너랑 얘기하는 거 아니잖아.

재호 (어이없어한다) …

기태 그렇게 멋진 충고해 주려고 이렇게 남으라고 한 거야…? 응?

동윤 너 생각해서 해주는 얘기야. 친구잖어…

기태 그래, 고맙다. 충고 잘 받아들일게… 친구로서.

동윤 그래, 임마…

기태 근데 나도 너한테 얘기해 주고 싶은 게 있다.

동윤 뭔데?

기태 이 얘기 할까 말까 고민 되게 많이 했어. 뭐가 널 위한 건가 싶어서… 근데 아무래도 이 얘기 해야 할 거 같아서…

동윤 얘기해 봐. 뭔데?

기태 세정이 있잖아…

동윤 (눈빛이 달라진다) 세정이…?

기태 어…

동윤 세정이, 왜?

기태 걔 너무 진지하게는 만나지 마라.

동윤 … (동요한다) …왜?

기태 얼마 전에 세정이 전 학교에서 어땠는지 우연히 듣게 됐는데, 좀 안 좋더라고… 그날 기억나? 너한테 걔 진심으로 좋아하냐고 물은 날…

동윤 …

기태 원래 그날 이 얘기 해주려고 했는데, 고민되더라고…

동윤 말 길게 하지 말고 본론만 얘기해.

기태 야, 걔 진지하게 만날 애는 아닌 것 같더라고. 애기 들어보니까 그쪽 동네에선 세정이 모르는 사람이 없대. 걔가 거친 남자만 해도 손가락으로 셀 수 없을 정도로 많고. 야… 뭐 낙태를 했다나. 말이 많아서 이쪽 동네로 이사 온 것 같더라고. 야, 동윤아. 세정이 걔 너무 진지하게 생각하지 마. 괜히 너만 상처받으니까…

동윤 (입을 못 열다가 겨우겨우) …이제 와서 이 얘기 하는 이유가 뭐야?

기태 이유라니? 너 걱정돼서 해주는 얘기야, 임마. 친구면 이런 얘기 해줘야 하는 거 아니냐…?

동윤 …

기태 이 얘기 듣고 어떻게 해야 할지 고민했는데… 잘 생각해 보니까, 널 위해서 진실을 얘기해 주는 게 맞다는 생각이 들어서 지금 얘기하는 거야. 나 너가 상처받는 거 싫거든… 부탁이니까, 너가 걔랑 만나지 말던가… 아니면 그냥 만나더라도 가볍게 생각하고 만났으면 좋겠다.

동윤 … (한참 동안 말이 없다가) …

기태 …너가 충격받았을 거 알아. 근데…

동윤 (태연하게 미소를 지으며) 다 알고 있는 애기야.

기태 (멈칫한다) 그래?

동윤 어… 고맙지만… 이미 알고 있는 애기들이야.

기태 (과장된 듯한 말투) 난 너 아는 줄 몰랐지. 다행이다. 내가 괜히 걱정했네…

동윤 걱정 마. 나도 그냥 즐기려고 만나는 거니까.

기태 그래, 임마. 그런 애는 좀 놀다가 버리면 되는 거야.

동윤 …

기태 (웃으면서) 아, 난 또 괜히 걱정했네…

동윤 (아까와 달리 표정 관리가 잘 안 된다) … (복잡하다)

기태 진작 애기할걸. 괜히 나 혼자 끙끙 앓아가지고…

동윤 …

기태와 동윤을 제외한 주변 아이들은 보이지 않는 긴장감 때문에 조용하다.

S# 69. 도로 (과거) / 오후

홀로 횡단보도에 서 있는 동윤. 생각에 잠긴 듯 그 자리에 가만히 서 있다. 반대편 길 건너에 세정이 오는 것이 보인다. 세정은 활짝 웃으며 동윤에게 반갑게 인사한다. 미소를 지으며 인사를 받아주는 동윤.

S# 70. 세정의 아파트 앞 (과거) / 저녁

아파트 입구 쪽으로 걸어가는 동윤과 세정.

세정 걔가 뭐 그렇게 잘못했다고? 안 그래?

동윤 …

세정 너 내 말 안 듣지?

동윤 아니야, 듣고 있어.

아파트 입구에 멈춰 서는 동윤과 세정. 말없이 서 있는 둘.

세정 너 오늘따라 왜 그래?

동윤 왜…? 뭐가?

세정 오늘 이상하잖아… 너…

동윤 아니야. 그냥 머리 좀 아파서 그래…

세정 나한테 혹시 하고 싶은 말 있어?

동윤 무슨 말?

세정 하고 싶은 말 있으면 해. 괜찮으니까…

동윤 (미소 지으며) 그런 거 없어…

세정 있는 거 알어.

동윤 없어…

동윤은 시선을 내린 채 바닥을 발로 긁고 있다. 잠깐의 침묵…

동윤 얼른 들어가. 춥다.

세정 …

동윤 야, 감기 걸려. 들어가…

세정 야.

동윤 왜?

세정 시계 잠깐 풀어봐.

동윤 왜 또?

세정 풀어봐…

동윤, 마지못해 시계를 풀어서 세정에게 준다. 세정, 시계를 물끄러미 보더니 자기 손목에 찬다.

동윤 뭐 하는 거야?

세정 …이거 나 가질래.

동윤 왜 그래? 내가 얼마나 아끼는지 알잖아.

세정 그래서 가질래…

동윤 …갑자기 뭐야…? 어?

세정 나… 이거 가지고 가면… 너 볼 수 있잖아.

동윤 무슨 소리야…? 왜 이상한 소리 하고 그래…

세정 그럼 다음에 줄게… 이거… 응?

동윤 (한숨 쉰다) 알았어… 그럼 다음에… 줘…

세정 응…

동윤 올라가. 늦었다.

세정 응…

세정, 아파트 계단을 올라간다. 동윤은 올라가는 세정을 바라본다. 다시 계단 아래로 내려와 동윤 앞에 선 세정. 자기 손목에 찬 동윤의 시계를 풀어서 동윤의 손목에 다시 채워준다. 고개를 들어 동윤을 보며 미소 짓는 세정.

S# 71. 병실 (과거) / 밤

복도 끝에 있는 의자에 쪼그리고 앉은 채 거칠게 호흡하는 동윤. 괴로운 듯 자기 머리를 싸맨 채 안절부절못하고 있다. 힘들게 겨우 일어나 복도를 걷는다. 병실 쪽으로 걸어가 병실 안을 본다. 여러 사람이 모여 있는 병실 안. 간호사와 사람들 사이로 병실 침대에 누워 있는 한 사람이 얼핏 보인다. 손목에는 붕대가 감겨 있다. 사람들에 둘러싸여 아주 어렴풋이 보이는 세정. 병실 입구에 기대어 그 모습을 보며 괴로워하는 동윤.

S# 72. 아파트 옆 버려진 테니스장 (과거) / 밤

어두운 아파트 단지를 빠르게 걸어가는 동윤의 뒷모습. 아파트 뒤편의 버려진 테니스장을 향해 걸어간다.

(cut to)

펜스 입구를 지나 불 켜진 컨테이너 하우스 쪽으로 걸어가는 동윤. 컨테이너 앞에 모여 있는 몇 명의 아이들이 걸어오는 동윤을 보고 '똥윤' 하면서 반갑게 인사하지만 무시하고 컨테이너 안으로 들어간다. 컨테이너 안에 모여서 담배 피우며 떠들고 있는 기태와 재호 등. 동윤을 보자 기태와 아이들은 조용해진다. 말없이 기태 쪽으로 걸어가는 동윤, 기태 앞에 누을 감은 채로 서 있다.

기태 (당황하며) 왜 그래?

눈을 떠 기태를 내려다보는 동윤.

기태 (옆에 있는 애들을 보며) 야… 분위기 왜 이러냐…?
재호 그러게…

어색한 침묵이 흐른다.

동윤 나와.

동윤은 컨테이너 밖으로 나간다. 의아한 표정의 기태. 피우던 담배를 끄고 일어나 동윤을 뒤따라 나간다. 뒤이어 컨테이너 밖으로 따라 나가는 아이들.

(cut to)

컨테이너를 나와 테니스장 한복판으로 걸어 나가는 동윤과 기태, 그 뒤로 따라오는 아이들. 버려진 테니스장 한복판에 멈추는 동윤. 따라 멈추는 기태. 서로 마주 본다.

기태 뭔 일 있냐? 왜 그래?
동윤 세정이 만났냐?
기태 세정이?
동윤 세정이 만났냐고?
기태 어…
동윤 얘기했냐?
기태 갑자기 뭔 소리야?
동윤 얘기했어…?
기태 (어이없다는 듯이) 난데없이 뭘 얘기해?

동윤 알면서 되묻지 마. 세정이한테 얘기했냐고?

기태 …날 어떻게 보고 그딴 걸 묻는 거냐? 어?

동윤 묻는 말에나 대답해… 얘기했냐고?

기태 너 시발, 지금 그게 나한테 할 소리냐?

동윤 대답해.

기태 … (동윤의 눈을 똑바로 보며) 얘기했다면?

동윤 죽여버린다.

기태 (압도하는 듯한 눈으로) 죽여봐, 이 개새끼야…

동윤, 기태의 얼굴을 주먹으로 친다. 순식간에 동윤과 기태가 뒤엉켜서 바닥에 나뒹군다. 동윤, 쓰러져 있는 기태를 계속해서 후려친다. 재호와 다른 아이들이 순식간에 동윤을 기태로부터 떼어낸다. 반항하는 동윤. 하지만 아이들이 동윤을 뒤에서 꼼짝 못 하도록 붙잡는다. 한 명은 동윤을 뒤에서 붙잡고 재호는 동윤의 복부와 얼굴을 주먹으로 미친 듯이 친다. 바닥에 쓰러지는 동윤을 아이들이 무자비하게 발길질한다. 쓰러져 있던 기태가 겨우 몸을 가누며 일어난다.

기태 (일어나며) 그만해…

멈추지 않는 재호의 발길질.

기태 그만하라고!

점점 허물어져 가는 동윤. 아이들은 너무 흥분해 멈출 기세를 안 보인다. 기태, 재호와 아이들에게 달려든다. 재호의 멱살을 잡고 얼굴을 치는 기태. 바닥에 넘어지는 재호. 그제야 멈추는 아이들.

기태 그만하라고 이 좆같은 새끼들아…

동윤을 붙잡고 있던 아이들은 동윤을 풀어준다. 팔을 풀자 그대로 쓰러지는 동윤. 엎드린 채 콜록거린다.

기태 뭐 하는 짓이야?

괴로운 듯 바닥에서 겨우 일어나는 재호. 아이들 쪽을 보며 어처구니없다는 표정을 짓는다. 아이들도 황당하다는 표정이다.

재호 존나게 처맞길래 도와준 건데, 왜 때리냐?
기태 뒈지고 싶지 않으면 꺼져…

재호, 주머니에 손을 넣고 고개 숙인 채 가만히 있다. 억지로 분을 삭이는 듯 호흡이 가쁘다.

기태 꺼져, 시발.

재호와 아이들, 차가운 표정으로 기태를 바라본다.

재호 시발, 가자. 둘이 내버려 둬.
아이들 어이없네, 시발…

떠나는 재호와 아이들. 기태와 동윤 둘만 남은 공간. 고요하다. 기태, 바닥에 쓰러져 괴로워하는 동윤을 부축하려고 한다.

기태 동윤아… 괜찮아?

신음을 내며 괴로워하는 동윤.

기태 오해야, 동윤아… 오해야.

부축하려는 기태의 손을 뿌리치는 동윤. 하지만 기태는 다시 부축하려 한다.

동윤 (기태의 손을 뿌리치며) 놔…

기태의 부축을 거부하고 끝내 혼자 일어나는 동윤.

동윤 놓으라고!
기태 동윤아, 정말 오해야…

입에 고인 피를 바닥에 뱉는 동윤. 기태를 남겨놓고 절뚝이며 먼저 떠난다. 떠나는 동윤을 바라보는 기태.

기태 동윤아!

S# 73. **아파트 입구 골목 (과거) / 밤**

아파트 입구 쪽으로 걸어가는 동윤. 순간 멈춘다. 가로등 밑에 몇 명이 모여 있다. 재호와 아이들이다. 동윤 쪽으로 천천히 걸어오는 재호.

재호 왜 이렇게 늦게 와…?

재호와 아이들이 동윤을 둘러싼다.

재호 추워 죽겠는데, 한참 기다렸잖아…

(cut to)

쓰러져 있는 동윤. 힘겹게 숨을 뱉어낼 때마다 하얀 입김과 함께 붉은 피가 흘러내린다. 만신창이가 되어 몸을 가누지 못하는 동윤. 재호는 동윤의 배를 강하게 찬다. 아이들의 낄낄거리는 웃음소리가 들린다. 차가운 바닥 위에 몸을 둥글게 말고 쓰러져 있는 동윤. 동윤의 시점으로 걸어가는 아이들의 모습이 초점이 흐려진 채 보인다. 웃고 떠들며 걸어가는 아이들의 뒷모습.

S# 74. 학교 운동장 (과거) / 새벽

트레이닝복 차림으로 벽면에 기대어 담배를 피우는 기태. 슬픈 표정이다. 푸르스름한 새벽이다. 담배를 피우던 기태는 담배꽁초를 튕겨서 버린다. 어디론가 걸어가는 기태. 벽면을 따라 조금 걷다가 모퉁이에서 꺾는 순간, 드넓은 학교 운동장이 펼쳐져 보인다. 텅 빈 운동장을 가로질러 걸어가는 기태. 학교를 향해 걸어간다.

S# 75. 학교 교실 (과거) / 새벽

(insert) 텅 빈 학교의 복도.

푸르스름한 새벽의 어두컴컴한 텅 빈 교실. 홀로 자신의 자리에 미동도 하지 않고 앉아 있는 기태. 추리닝 차림으로 앉아 있다. 교실 안에 홀로 앉아 있는 기태의 모습. 공허한 느낌을 준다.

S# 76. 학교 교실 (과거) / 아침

학생들로 시끌벅적한 복도. 재호와 아이들이 교실 안으로 들어온다. 교실 뒤편 자리에 추리닝 차림으로 앉아 있는 기태가 보인다. 기태 앞으로 걸어오는 재호와 아이들.

재호 옷이 왜 그래?

기태, 대꾸도 없이 일어난다. 그리고 재호 앞에 선다. 상처 난 재호의 얼굴.

기태 얼굴에 상처 뭐냐?
재호 아, 이거… 그냥 뭐…
기태 어젯밤에 뭐 했냐?
재호 뭐 하다니…?
기태 뭐 했냐고?
재호 그런 걸 일일이 너한테 보고해야 되냐?

기태 …따라와.

교실 후문 쪽으로 걸어가는 기태. 재호와 아이들은 예상한 일이라는 듯이 눈빛을 주고받는다.

S# 77. 학교 복도 (과거) / 동 시간

복도를 따라 앞서서 걸어가는 기태. 그리고 그 뒤를 따르는 재호와 아이들.

S# 78. 학교 화장실 (과거) / 동 시간

화장실 문이 열리고 기태가 들어온다. 바로 뒤따라 들어오는 재호와 아이들. 기태, 화장실 문이 닫히기가 무섭게 뒤돌면서 재호의 안면을 팔꿈치로 가격한다. 코를 잡고 쓰러지는 재호를 붙잡고는 화장실 변기 칸 안에 처박아 놓은 뒤, 발로 사정없이 까는 기태. 변기 칸 입구를 양손으로 잡고 미친 듯이 발로 깐다. 워낙 순식간에 일어난 일이라 다른 아이들은 놀란 얼굴로 굳어 있다. 문득, 멈추는 기태. 칸 안쪽이 보이지는 않지만 아무런 인기척이 없다. 아이들은 압도된 분위기에 얼어붙어 있다. 나머지 아이들을 응시하는 기태. 눈이 풀려 있다.

S# 79. 학교 복도 - 교실 (과거) / 낮

복도를 걷는 기태. 아이들이 기태의 차가운 시선을 피해 지나간다. 한 사람, 한 사람의 시선에 공포와 경멸이 담겨 있는 듯하다.

(cut to)

교실로 들어가는 기태, 자신의 자리 쪽으로 걸어간다. 기태 자리의 책상과 의자만 엎어져 있다. 그 앞에 서는 기태. 한참 동안 그 앞에 서 있다. 엎어져 있는 책상에서 구경하고 있는 아이들에게로 시선을 옮기는 기태. 아이들은 기태의 시선에 한순간 조용해진다. 자신의 책상을 들더니, 구경하는 아이들을 향해서 집어 던지는 기태. 순식간에 아수라장이 되는 교실 안. 구경하던 아이들은 교실 밖을 우르르 빠져나온다. 쓰러져 있는 자신의 의자를 제대로 세우는 기태. 그 의자에 앉은 뒤, 주머니에서 담배를 꺼내 담배에 불을 붙인다. 아이들은 교실 밖에서 웅성거리면서 구경한다. 지금 상황이 재밌다는 듯이 킥킥거리는 기태. 주변에 구경하던 아이들은 어리둥절해하며 손가락으로 또라이 아니냐는 표시를 자기들끼리 한다. 복도에는 웅성거림이 가득하고 기태는 홀로 교실에 앉아 있다.

S# 80. 학교 운동장 (과거) / 낮

학교 건물 입구를 나오는 기태. 운동장 쪽으로 걸어간다. 텅 빈 학교 운동장을 가로질러 걷는 기태.

S# 81. 동윤의 집 / 낮 (과거)

현관문이 열리고 기태가 과일 바구니를 들고 들어온다.

기태 안녕하셨어요.

동윤 어머니 뭐 이런 걸 다 사 가지고 왔니?

기태 아니에요…

동윤 어머니 그냥 오지…

집 안으로 들어와 부엌에 과일 바구니를 놓는 기태.

기태 동윤이 안에 있죠?

동윤 어머니 응…

기태는 동윤의 방 쪽으로 걸어간다. 어머니가 기태를 부른다.
뒤돌아보는 기태.

기태 예?

동윤 어머니 잠깐만…

기태, 어머니 앞에 선다.

동윤 어머니 (나지막하게) 동윤이한테 누가 저렇게 했는지 알고 있니?

기태 …죄송합니다…

동윤 어머니 몰라?

기태 죄송해요. 저도 잘 모르겠어요.

동윤 어머니　　그래, 들어가 봐.

기태, 동윤의 방문 쪽으로 걸어가 문 앞에 선다. 잠시 주저하더니 문을 열고 들어가는 기태. 동윤, 침대 위에 앉아 있다. 얼굴은 피멍이 들어 있다.

기태　어이, 몸은 좀 어때?

대꾸도 안 하는 동윤. 텔레비전을 보고 있다. 기태, 방 안으로 들어와 방문을 닫고는 책상에서 의자를 당겨와 동윤 앞에 앉는다.

기태　(TV를 끈다) 친구 왔으면 좀 반가운 척이라도 해줘라.

동윤　…

기태　몸은 많이 좋아졌네…?

동윤　…

기태　학교 안 가니까 심심하지…? 나도 너 입원한 날 이후로 계속 안 가고 있어…

동윤　…

기태　병원 밥 맛 없었을 텐데. 그래도 퇴원하니까 괜찮지…? 그래도 혼자 있으면 심심하겠다.

동윤　용건이 뭐야?

기태　…

동윤은 차갑게 기태를 바라본다.

기태 그냥… 그냥 너 보려고 온 거야.

눈을 지그시 감는 동윤.

동윤 그냥 가.

기태 …

동윤 가라고…

기태 동윤아… 미안해…

동윤 …

기태 부탁이니까 이러지 마라.

동윤 …

기태 너까지 나한테 이러지 마… 응? 부탁이야.

동윤 …

기태 내가 어떻게 해야 돼? 어?

동윤 그냥 나가라고…

기태 …

동윤 …

기태 나 정말 뭔지 모르겠어… 나 정말 미쳐버리기 일보 직전이야. 근데 너까지 이러면 안 돼…

동윤 이상한 소리 하지 말고… 나가…

기태 …

동윤 나가라고…

기태 동윤아… 넌 나한테 이러면 안 돼. 너만큼은 나한테 있어서…

동윤 …나만큼?

기태 …

동윤 나만큼이라니? 내가 뭔데? 어?

기태 …

동윤 착각하지 마.

기태 …

동윤 착각하지 말라고… 시발. 너한테 감정 상해서 이러는 거 아니니까 똑바로 들어.

기태 …

동윤 너가 나한테 진정한 친구다, 이해해 줄 사람은 나뿐이라고 지껄일 때 속으로 얼마나 비웃었는지 알아? 어?

기태 …

동윤 단 한 번이라도 내가 네 진정한 친구였다는 착각은 하지 마라. 그렇게 생각만 해도 역겨우니까…

기태 …진심이야?

동윤 네가 더 잘 알지 않냐?

감정을 억누르며 동윤을 바라보는 기태.

동윤 네가 입버릇같이 하던 말 있잖아. 가식적인 새끼들 존나 싫어한다고. 근데 웃긴 건 뭔지 알아? 네가 제일 가식적이야. 모르겠어? 어떻게 말은 똑바로 하면서 행동은 그따위냐? 그래서 애들이 널 좆같이 보지…

기태 …

동윤 네가 역겨우니까… 네 주변 애들, 다 너 떠나는 거야. 네 옆에 있으면 토할 거 같거든… 알아?

아무 말도 못 한 채 고개를 숙이는 기태.

기태 그거야? 그게 내 모습이야?

동윤 어.

기태 (혼잣말하듯) 뭐가 어디서부터 잘못된 거지? 응? 뭐가 어디서부터 잘못된 걸까?

동윤 아니. 잘못된 건 없어.

기태 …

동윤 잘못된 건 너지… 그냥 너만 없었으면 됐어.

기태를 보던 동윤은 고개를 돌려 창가를 바라본다. 기태, 감정을 애써 누르며 동윤을 한참 동안 바라본다. 일어나는 기태. 말없이 문 쪽으로 가 방문을 연다. 방문 앞에 과일 그릇을 들고 서 있는 동윤의 어머니, 말없이 기태를 바라본다. 기태, 동윤의 어머니께 목례하고는 떠난다. 동윤은 가만히 침대에 앉아 있다. 현관문이 닫히는 소리가 들린다. 괴로운 듯 숨을 거칠게 몰아쉬는 동윤.

S# 82. 기태(인식)의 집, 거실 (과거) / 낮

텅 빈 집 안. TV 위에 접은 종이 하나를 올려놓는다.

기태, 미동도 않고 멍하니 거실 소파에 홀로 앉아 있다. 윗집에서 피아노 연습 소리가 들린다. 고개를 돌려 창 쪽을 본다.

(cut to)

흐릿하게 꿈결같이 보이는 거실 창 앞에 서 있는 기태의 뒷모습. 창밖의 아파트들이 보인다.

(insert) 광활한 아파트의 전경이 보인다. 여러 각도로 보이는 회색 아파트들.

S# 83. 동윤의 방 - 부엌 (과거/현재) / 밤

불 꺼져서 컴컴한 방 안. 흐느끼는 소리가 들린다. 침대에 누워 있는 동윤이 울고 있다. 동윤은 침대에서 일어나, 침대 옆 스탠드 등을 켠다. 흐르는 눈물을 닦고 괴로운지 머리를 감싸는 동윤. 뭔가를 생각하듯 그대로 침대 위에 앉아 있다. 동윤은 겨우 일어나 방문을 연다. 부엌으로 걸어가는데 부엌 불이 켜져 있다. 부엌 식탁에 앉아 있는 기태가 보인다. 동윤은 부엌으로 가 식탁에 앉는다.

동윤 안 잤어?
기태 잠이 안 오네.
동윤 베키는?
기태 소파에서 아주 푹 잔다.
동윤 (기태 앞에 있는 물을 보고) 나도 한 잔 줘.
기태 (자신의 컵에 물을 따르고는 동윤 쪽으로 민다) 왜 안 자고 일어났어, 임마?
동윤 (식탁의 의자를 빼 앉는다) …나도 잠이 안 와…
기태 자, 새끼야.
동윤 너나 자, 병신아. 딸 칠 생각하지 말고.
기태 (낄낄거리며) 병신 새끼.
동윤 뭐? 병신 새끼? 중학교 때는 나한테 그런 소리 못 했는데… 많이 컸어…

기태 야, 그때하고 지금하고 같냐? 지금 네가 내 상대가 되냐?

동윤 얼씨구. 늦바람이 무섭네. 좋냐? 애들 위에서 짱 행세하는 게?

기태 좋지, 내가 짱인데…

동윤 병신…

기태 (웃는다) …

동윤 졸업하면 다 끝이다. 애들 소꿉장난이잖아…

기태 내가 모르는 얘길 해, 새끼야… 확 먹어버리기 전에.

동윤 너머로 보이는 부엌 거울에 비추어진 기태로 초점이 이동한다.

동윤 (웃으며) 미친 새끼.

기태 그전까지는 미친개 노릇 해야지.

동윤 지가 미친개인 줄은 알아요.

기태 애들 앞에서 허세 부려서 좋은 게 아니야. 이렇게 주목받은 적이 없으니까…

동윤 …병신 새끼… 왜 그렇게 남 신경 쓰냐?

기태 그러게… 넌?

동윤 난 안 그래…

기태 잘났다, 새끼야.

동윤 없어질 거에 너무 목매지 마라…

기태 그래도… 다 없어진다고 해도… 나한테는 네가 있잖아. 내 마음 알잖아, 너는…

동윤 지랄한다.

기태 중학교 때도 넌 알아줬잖아. 다시 사람들 사이에서 비참해지더라도… 너만 알아주면 돼. 그럼 됐어… 그럼 된 거야…

동윤 …

기태의 말을 듣고 멍하니 있던 동윤. 고개를 떨군다. 동윤의 방에서 핸드폰 벨 소리가 울린다.

동윤 …

동윤, 식탁에서 일어나 자신의 방으로 간다. 침대 옆 책상 위에서 울리는 동윤의 핸드폰. 번호를 확인하고 누군지 몰라 받을까 말까 고민하다가 전화를 받는 동윤.

동윤 여보세요? 누구세요? 아… 예… 안녕하셨어요… 예, 아버님… 희준이한테 얘기 들었습니다… 예… 예… 지금요? (한참 동안 얘기를 듣다가) 아니요, 괜찮습니다. 알겠습니다.

S# 84. 동윤의 방 / 밤

옷을 챙겨 입는 동윤. 옷장 안에 붙어 있는 거울을 본다. 동윤은 거울 속에 비친 자신의 모습을 본다.

S# 85. 공원 / 밤

두꺼운 파카를 입은 동윤의 뒷모습을 따라간다. 앞서서 동윤이 기태를 만나러 간 S#59와 매우 닮아 있는 장면이다. 한참 동안 어두컴컴한 공원을 따라가다 보니, 가로등 밑의 벤치에 앉아 있는 한 사람이 저 멀리 보인다. 인식이다. 동윤이 가까워지자 동윤 쪽을 보는 인식. 동윤은 인식에게 고개 숙여 인사한다.

S# 86. 술집 / 새벽

이자카야 특유의 노랗고 빨간 조명 아래 앉아 있는 인식과 동윤.

인식 이렇게 늦은 시각에 불러내서 미안하다.

동윤 아니요… 괜찮습니다.

인식 고3인데 이제 공부하느라 바쁘지?

동윤 지금은 검정고시 준비하고 있어요.

인식 학교는 그만뒀고?

동윤 예…

인식 …희준이가 아까 찾아갔지…?

동윤 예… 아버님께 연락 올 거라고… 아버님께서 궁금해하시는 것들이 있으시다고…?

인식 네가 기태하고 제일 가까운 사이였다고 얘기를 하던데…

동윤 희준이가 그러던가요?

인식 중학교 때부터 친구라고…

동윤 예…

인식 처음에 이렇게 사람들 찾아다니고 할 때… 그냥 알고 싶었어. 나한테도 얘기 못 할 정도로 괴로운 일이 뭐였는지… 왜 갑작스레 그런 선택을 할 수밖에 없었는지… 늦었지만, 알고 싶었어…

동윤 …

인식 네가 기태랑 제일 친했잖아… 아무 얘기라도 상관없으니까… 그냥 네 얘기를 듣고 싶어…

동윤 …

(cut to)

동윤의 얘기를 조용히 듣고 있는 인식.

동윤 중학교 때랑은 많이 달라지긴 했는데요… 그렇게 큰 차이가 있지는 않았어요. 고등학교 와서는 한 번도 같은 반이 된 적은 없었어도 계속 셋이 많이 놀았어요…

인식 …

동윤 제가 계속 쓸데없는 얘기 하는 거죠?

인식 아니야… 괜찮으니까 계속 해…

동윤 애들은 뭐래요?

인식 애들도 다 너랑 비슷한 얘기야…

동윤 희준이는 기태가 저랑 친했다는 얘기 말고 다른 얘기는 없었어요?

인식 그건 왜 물어보니?

동윤 그냥 뭐라고 했는지 궁금해서요…

인식 희준이가 얘기해 줬어야 하는 게 있니?

동윤 …

인식 눈치 보지 말고. 희준이가 얘기해 줬어야 하는 게 있는 거야?

동윤 그런 건 아니에요.

인식 애들이 뭐라고 그랬는지 신경 쓰지 마… 그냥 네가 알고 있는 얘기들을 편하게 해주면 돼.

동윤 아버님이야말로 하고 싶은 얘기가 있지 않나요?

인식 …

동윤 편하게 말씀하셔도 돼요.

인식 (인식은 자신의 잔에 소주를 따르고 마신다) …궁금한 게 있다… 제일 친하다는 친구 둘 중에서 한 친구는 전학 가고, 그리고 다른 한 친구는 그냥 학교를 그만두고… 장례식도 안 오고… 기태 일하고 관련이 있을 거란 생각이 들어. 근데 동윤이 너를 포함해서 애들이 다 숨기고 있다는 느낌이 든다…

동윤 …

인식 내가 너무 과도하게 생각하는 거니?

동윤 …

인식 넌 기태가 왜 그런 선택을 했는지 알고 있지?

동윤 …

고개를 들어 인식을 보는 동윤.

S# 87. 술집, 화장실 / 새벽

술집 화장실 안이다. 화장실 변기에 앉아서 고개를 숙인 채 흐느끼고 있는 동윤. 닫힌 문 너머로 흐느끼는 소리가 나지막하게 들린다.

(cut to)

세면대에서 세수하는 동윤. 젖은 얼굴을 자기 옷으로 닦는다. 충혈된 눈으로 거울에 비친 자기 모습을 우두커니 보는 동윤.

S# 88. 술집 / 새벽

화장실 문을 열고 나오다가 문득 멈추는 동윤, 저만치에 홀로 자리에 앉아 있는 인식을 본다. 쓸쓸히 앉아서 동윤을 기다리고 있는 모습이다. 동윤은 그대로 서서 인식의 뒷모습을 한참 동안 바라본다.

S# 89. 거리 / 새벽

푸르스름한 넓은 하늘의 전경. 텅 빈 넓은 4차선 도로에 서 있는 교복을 입은 기태, 희준, 재호와 아이들. 다들 무표정하게 화면을 응시하고 있다. 그들을 향해 다가간다. 화면 안으로 동윤의 걸어가는 뒷모습이 들어온다. 아이들을 향해서 걸어가는 동윤.

(cut to)

텅 빈 4차선 도로의 새벽 거리를 걷는 동윤. 텅 빈 거리를 쓸쓸하게 걷는다… 걸음이 점차 빨라진다. 어딘가를 향해 가는 동윤. 점점 걸음이 빨라지고 호흡도 가빠진다. 숨이 차오른다. 건물들 사이를 걷고 있는 동윤. 텅 빈 도시 어딘가를 향해서 걸어간다.

S# 90.　　폐역사 기찻길 / 아침

(insert) 황량한 아파트의 전경. 이른 아침이다.

아무도 없는 폐역사에 홀로 쓸쓸히 앉아 있는 동윤. 고요하다. 주머니에서 야구공을 꺼내 보는 동윤, 무심히 공을 바라본다. 어디선가 누군가의 목소리가 들려온다.

목소리 그건 아니야… 임마.
동윤 뭐가 아니야…?
목소리 야, 잘 생각해 봐. 그렇게만 볼 건 아니지…
동윤 넌 그게 문제야, 임마! 너무 신경 쓰지 마. 네가 좋으면 좋은 거고 네가 하고 싶으면 하는 거지…

맞은편 철도 위에 서 있는 기태.

기태 너나 잘해, 새끼야…
동윤 난 잘하고 있어, 병신아.
기태 (미소 짓는다) 지랄… 야! 공이나 줘봐!

동윤, 기태에게 공을 던진다. 공을 받는 기태, 공을 한 번 살피더니,

동윤 왜 그렇게 애지중지하냐, 그 공은?

기태 …별로…

동윤 뭐가 별로야? 너 하고 싶은 말만 하고 앞뒤 말 다 생략하면, 어떻게 이해하라고? 어?

기태 …어렸을 때 받은 거니까… 아버지한테.

동윤 그 공, 나 줘. 조만간에 생일이잖아.

기태 꺼져, 새끼야. 이건 안 돼.

동윤 …새끼야, 농담인데 왜 정색하냐?

기태 내가 정색했냐?

동윤 그래 임마. 공 달라는데 정색하고 지랄이야?

기태 아, 존나 시끄럽네. 알았어. 먹고 떨어져, 새끼야!

(공을 동윤에게 던진다)

동윤 (웃으며) 진짜지? 나 이거 진짜 갖는다. 후회하지 마라.

기태 내놔, 새끼야!

동윤 (웃으며) 알았어, 임마.

기태 그 공 받고 어렸을 때 야구 선수 하고 싶어 했는데… 국민 타자.

동윤 국민 타자 같은 소리 하고 있네. 공 받고 타자 하고 싶대, 병신.

기태 결승에서 만루 홈런 치고 MVP 받으면서 인터뷰하고… 그럼, 세상이 날 볼 거 아니야?

동윤 (굳어가는 표정) ……

기태, 한 손을 번쩍 들고 홈런 치는 포즈를 취한다.

기태 (홈런을 친 시늉을 하며) 깡! 장외 홈런. 야, 보이냐?

나를 향한 이 함성소리! 사람들이 모두 나를 향해서 환호하고, 열광하고… 모두가 나를 주목하고!

동윤 (기태를 보지 못하며) ……

기태 동윤아! 존나 보이냐고? 어? 봐봐!

동윤 ……

기태 야, 누가 최고야? 어?

동윤 ……

기태 동윤이! 야! 누가 최고야? 이 새끼, 계속 씹네!

동윤 ……

기태 누가 최고냐고? 어!?

동윤 (어렵게 입을 떼며) ……그래. 네가 최고다, 친구야…

슬픔을 억누르며 애써 미소를 짓는 동윤. 활짝 웃는 기태.

무지. (끝)

Bleak Night 파수꾼 Storyboard

스토리보드

Bleak Night

S# 1

고가 공터 (과거)	(D) (L) CUT : (3)
걸어오는 학생 무리	

C# 1

검은 무지 위에 가늘고 낮은 전자음이 흐른다. 초점이 흐려 뿌옇게 보이는 광활한 공터의 전경.

C# 2

공터 한가운데로 걸어오는 사람들 형상… 초점이 나가서 정확한 인물을 파악하기는 힘들다.

focus out 망원 느낌

C# 3

꼬물꼬물한 형상이 점차 가까워지면서 초점이 맞자 보이는 교복을 입은 고등학생들. 시끌벅적하게 떠들며 화면 쪽으로 다가온다.

S# 2	고가 아래 (과거)	(D) (L) CUT : (8)
	누군가를 구타하고 있는 기태	

C# 1

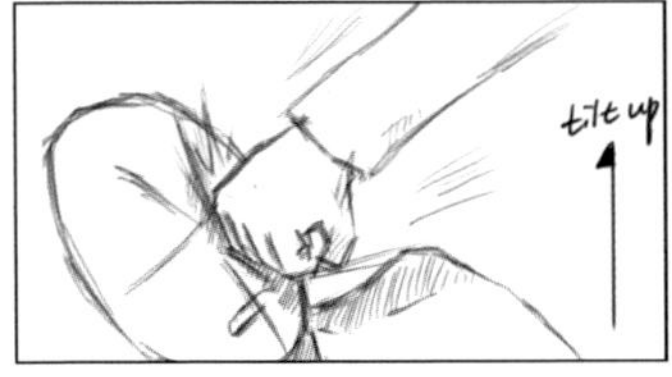

한 아이가 주먹으로 얼굴을 강하게 맞고 바닥에 쓰러진다.

바닥에 쓰러진 아이를 향해 주먹을 날리는 소년은 기태다.

C# 2

그 주변으로 싸우는 모습을 구경하는 고등학생들.

C# 3

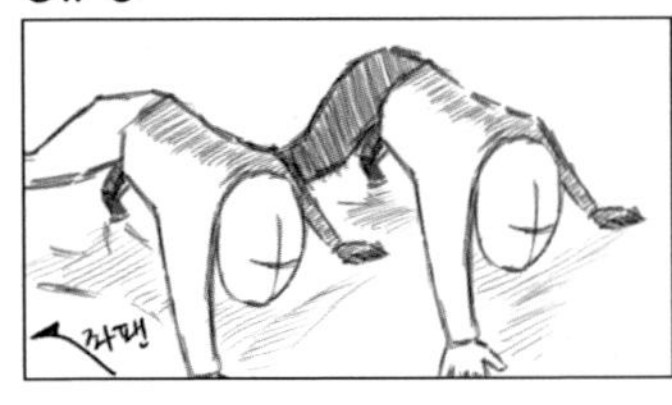

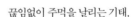

끊임없이 주먹을 날리는 기태,

S# 2	고가 아래 (과거)	(D) (L) CUT : (8)
	누군가를 구타하고 있는 기태	

C# 4

주변 아이들은 기태에게 살살하라고 한다. 기태, 쓰러져 있는 아이의 복부를 발로 걷어찬다.

C# 5

어두운 표정으로 무자비한 장면을 지켜보는 희준과 동윤.

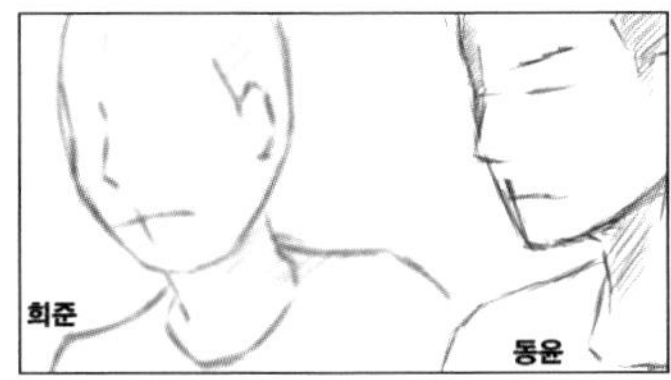

그 주변으로 싸우는 모습을 구경하는 고등학생들.

C# 6

점차 때리는 강도가 세지자 웃던 아이들도 조용해진다.

C# 7

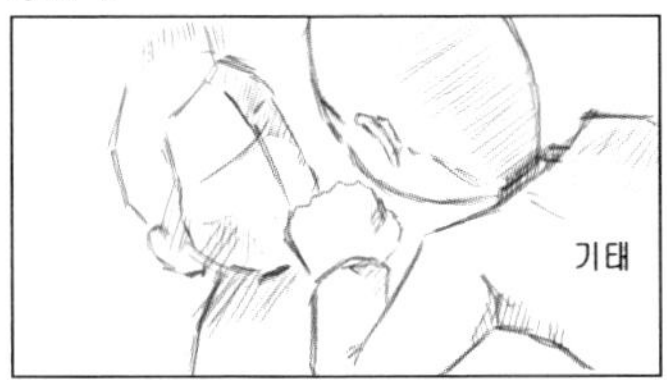

S# 2

고가 아래 (과거)	(D) (L) CUT : (8)
누군가를 구타하고 있는 기태	

C# 8

아이의 얼굴에서 피가 흐르지만 아랑곳하지 않고 때리는 기태.

S# 3

아파트	(D) (L) CUT : (5)
놀이터 그네에 홀로 앉아 있는 인식	

C# 1

광활하게 펼쳐지는 잿빛 아파트의 전경. 일렬로 끝없이 늘어선 아파트는 공동묘지의 묘비들을 연상시킨다. 여러 각도로 보이는 회색 아파트들… 형이상학적인 형태다.

C# 2

광대한 아파트의 전경에 이어 한 사람의 얼굴이 화면을 가득 채운다. 인식이다.

C# 3

아무도 없는 황량한 놀이터… 놀이터 한복판에 있는 그네에 홀로 미동도 하지 않은 채 앉아 있는 인식.

C# 4

어딘가를 응시하고 있다.

C# 5

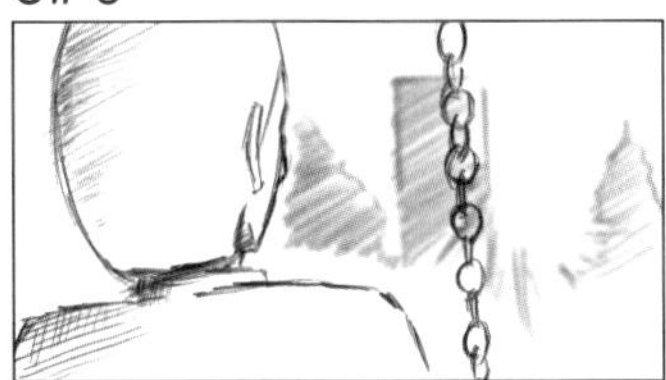

아파트 사이로 비추는 햇빛 때문에 눈이 부시다.

S# 4	경찰서 입구	(D) (L) CUT : (1)
	인식을 발견하는 형사들	

C# 1

경찰차 내부. 경찰서로 들어가는 모습이 차창을 통해 보인다. 운전석과 조수석에 앉은 두 형사, 잡다한 얘기들을 서로 주고받는다.

차창을 통해 건물 입구 쪽에 서 있는 인식이 보인다.

형사1 : 어? 저분… 왜 오셨지…?
형사2 : 누구요?
형사1 : …그 있잖아… 얼마 전에 아들이 자살한…
형사2 : 아… 그분이시구나.
형사1 : 잠깐 차 세워봐.

차를 세우는 형사2. 형사1, 벨트를 풀고 차에서 내린다. 인식 쪽으로 걸어가 인사를 나누는 형사1의 모습이 차창 너머로 보인다.

〈부감도〉

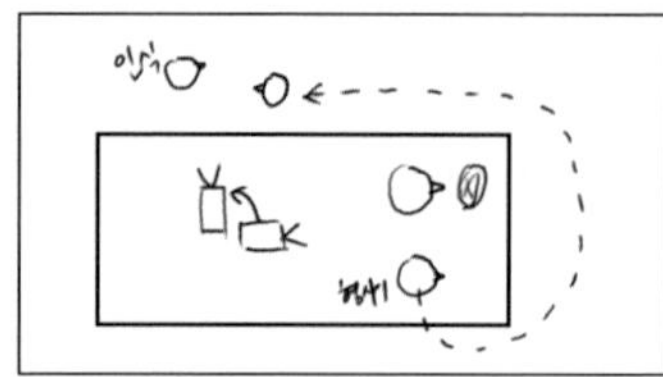

S# 5	경찰서 앞 쉼터	(D) (L) CUT : (4)
	인식과 대화 나누는 형사	

C# 1

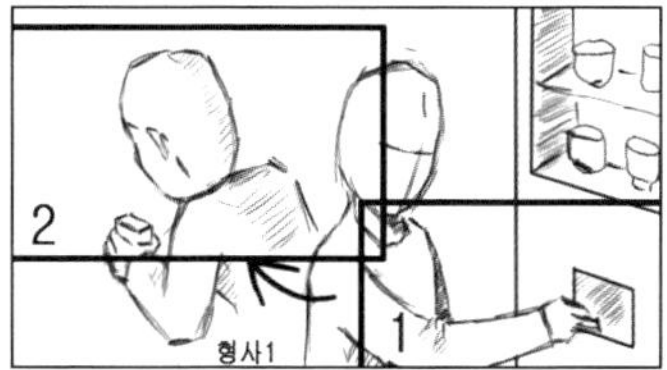

자판기에서 커피를 뽑고 있는 형사1. 쉼터 중간에 있는 벤치에 앉아 있는 인식.

형사1이 인식에게 커피를 건넨다.

인식 : 감사합니다…
형사1 : 추운데… 들어가서 얘기하시죠…
인식 : 여기가 답답하지 않고 좋은데요…
형사1 : 네… 그럼 그러시죠…
옆쪽에 앉는 형사1. 인식의 말을 기다리는 형사. 조용히 커피 한 모금 들이켜는 인식.

C# 2(A Cut)

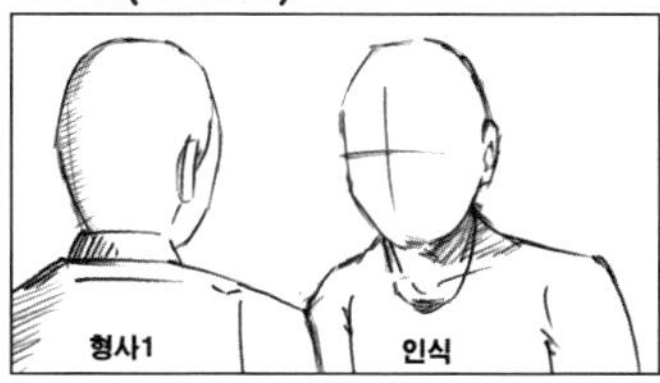

인식 : 제가 찾아온 이유가, 다름이 아니고… 반 친구들하고 얘기 나누신 거… 좀 더 듣고 싶어서 왔습니다…
형사1 : 네, 그러실 거 같았어요… 그때 전화로 말씀드렸다시피… 혹시나 아드님에게 위해를 가하거나 괴롭힘이 있었다든가 하는 상황이 있을까 싶어, 아드님 반 친구들하고 이야기를 나누어봤지만, 그런 일은 확실히 없었던 거 같고요. 아드님하고 가까웠던 반 친구들 말로는 아드님이 힘들어하는 걸 전혀 내색하지 않았다고 하더라고요.

C# 3(B Cut)

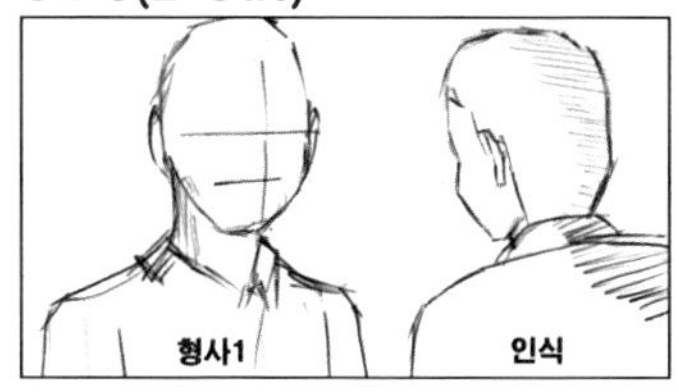

S# 5	**경찰서 앞 쉼터**	(D) (L) CUT : (4)
	형사에게 항의하는 인식	

C# 4

인식 : …

S# 6

교실 (과거)	(D) (L) CUT : (4)
교실에서 장난치는 기태와 그 무리	

C# 1

웃고 떠드는 아이들 몽타주 컷

교실 뒤에서 말뚝박기하는 아이들. 공격 편의 아이들이 책상 위로 올라가 수비 편이 만든 말 등 위로 점프하여 내리찍어 말 등을 무너뜨린다. 말뚝박기하는 기태와 동윤 등은 그 모습을 보며 좋아한다.

C# 2

동윤은 즐겁게 웃다가, 반대편에 홀로 자신의 자리에서 책을 읽고 있는 희준에게로 시선이 간다.

C# 3

동윤 : (외치며) 야, 베키! 거기서 혼자 뭐 해. 일루 와, 임마. 같이 놀자!

희준은 동윤에게 됐다는 식으로 손짓한다.

C# 4

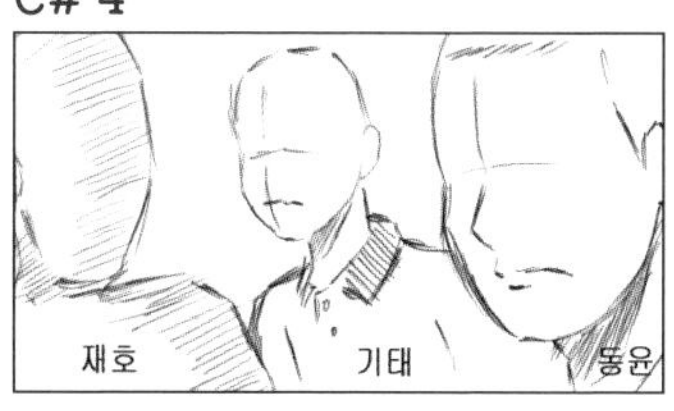

동윤 : 야! (아이들을 보며) 쟤 왜 안 하던 짓하고 그래?
기태 : 그냥 냅둬. 혼자 있고 싶은가 보지.

동윤, 의아한 듯 다시 희준 쪽을 살핀다.

〈부감도〉

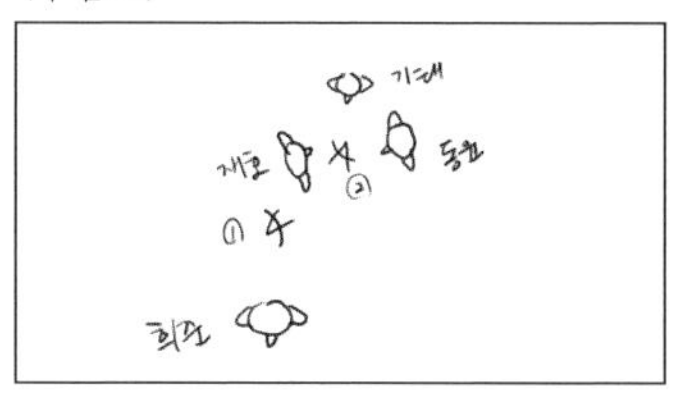

S# 7

학교 복도 (과거)	(D) (L) CUT : (6)
희준에게 무슨 일 있냐고 묻는 동윤	

C# 1

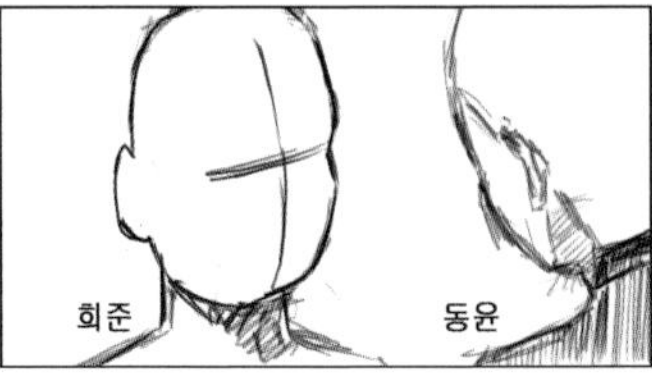

교실 바깥 복도에 서서 얘기 나누는 동윤과 희준.

동윤 : 뭔 일 있었어?
희준 : 뭔 일은…
동윤 : 근데 왜 그래? 어?
희준 : 뭐가 왜 그래야?
동윤: 분위기 이상하잖아… 너네끼리 뭔 일 있었던 거 아니야?
희준: 그런 거 없어… (쉬는 시간 종료를 알리는 종소리가 난다)
동윤: … (뚫어져라 희준의 눈을 보는 동윤)

C# 2

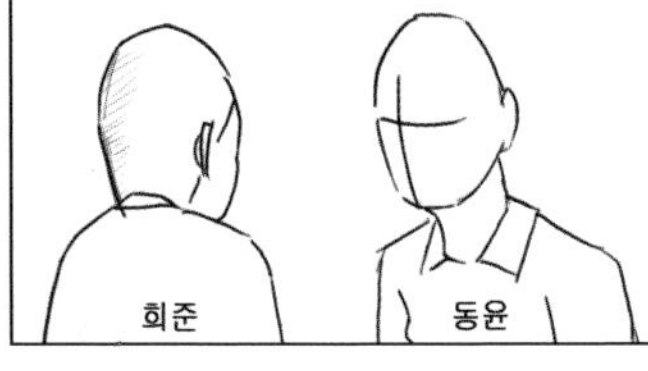

C# 3

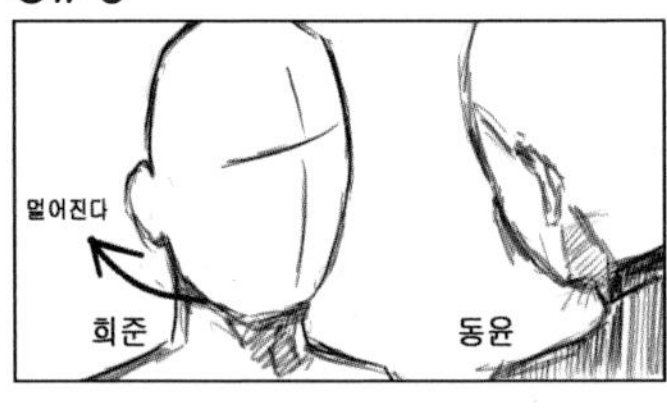

희준 : (눈을 피하며) 야, 종 쳤어. 너네 반으로 가. 신경 쓰지 말고.

교실 문 쪽으로 걸어가는 희준.

희준: 얼른 올라가, 뭐 해?

S# 7	학교 복도 (과거)	(D) (L) CUT : (6)
	희준에게 무슨 일 있냐고 묻는 동윤	

C# 4

동윤은 걱정스러운 듯 희준을 본다. 희준은 교실 문을 열고 교실 안으로 들어간다.

C# 5

C# 6

교실에 들어온 희준, 자신의 자리로 걸어와 앉는다.

자리에 앉는 희준을 뚫어져라 보는 기태. 주변에서는 선생님 떴다며 자리에 앉으라는 소리로 시끌벅적하다. 기태는 무표정하게 희준을 바라본다.

〈부감도〉

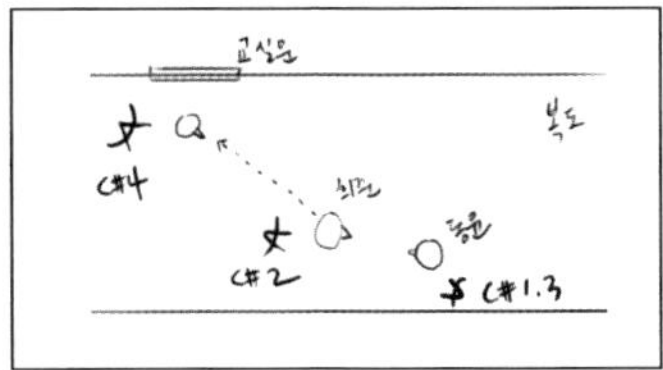

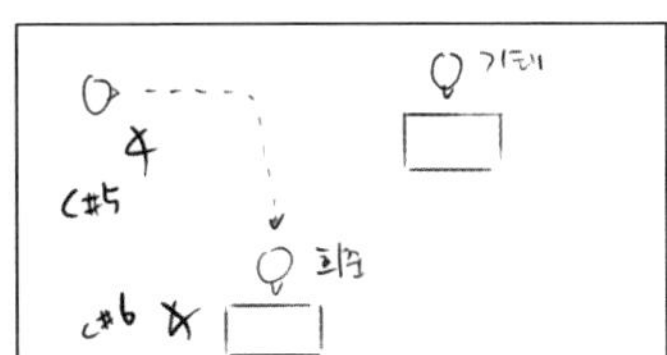

S# 8	**안경원**	(D) (L) CUT : (2)
	문을 잠그는 인식	

C# 1

안경원 문을 잠그는 인식. 셔터를 내리고 자물쇠로 잠근다.

C# 2

셔터에 며칠부터 며칠까지 쉰다는 내용의 종이를 붙이는 인식. 멀뚱히 고개 숙이고 가만히 있다 결심한 듯 붙어 있는 종이를 떼어버려 꾸겨서 버린다.

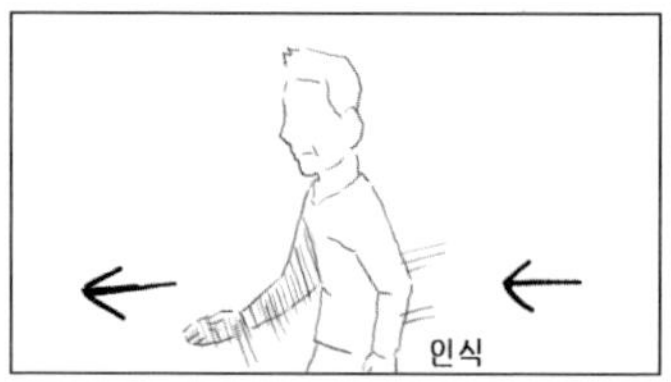

그리고 길을 따라 반대쪽으로 걸어가는 인식.

〈부감도〉

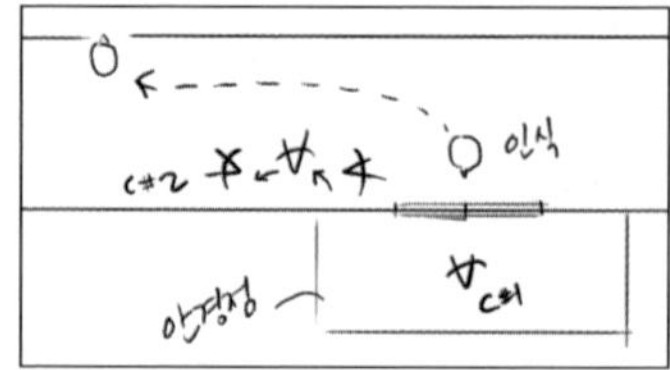

S# 9	인식의 집, 베란다 베란다에 기대어 밖을 보는 인식	(D) (L) CUT : (2)

C# 1

창문 너머로 맞은편 아파트의 전경이 보인다.

창을 활짝 열고 베란다 난간에 기대어 밖을 내다보는 인식. 담배를 피우고 있다. 난간 아래를 내려다보는 인식.

C# 2

저 아래에 있는 화단이 보인다.

S# 10	인식의 집, 아들 방	(D) (L) CUT : (8)
	아들의 물건을 뒤적이다 앨범을 꺼내 보는 인식	

C# 1

아들의 방 안 침대에 홀로 우두커니 앉아 있는 인식.

C# 2

아들의 책들을 뒤적여 본다. 노트들도 뒤적여 보고, 유심히 살펴본다.

C# 3

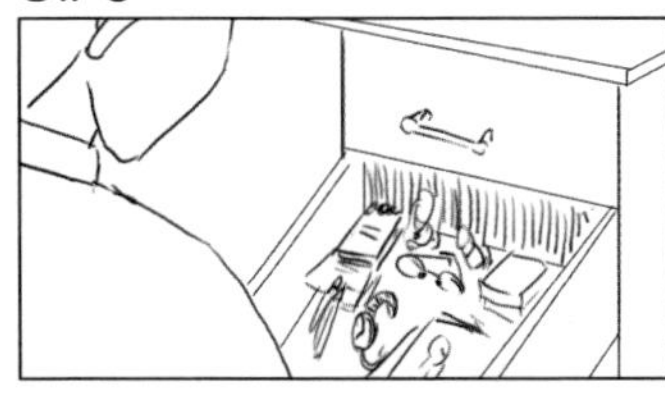

책상 서랍, 옷장 등도 뒤지지만 이렇다 할 만한 것은 안 나온다.

C# 4

그러다 책장 꼭대기에 놓여 있는 무언가가 눈에 들어온다.

S# 10	인식의 집, 아들 방	(D) (L) CUT : (8)
	아들의 물건을 뒤적이다 앨범을 꺼내 보는 인식	

C# 5

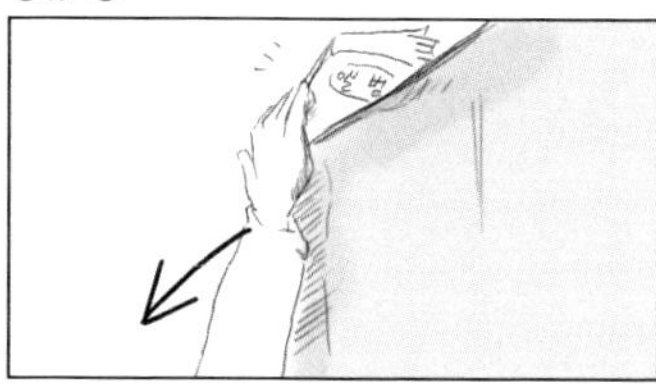

물건을 꺼내 보는 인식.

C# 6

앨범이다.

C# 7

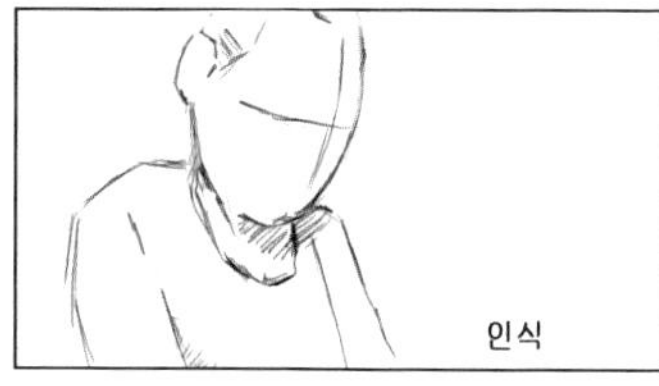

C# 8

앨범을 펼치자, 첫 장에 보이는 아들의 어릴 적 사진들, 그리고 그런 어린 아들을 껴안고 활짝 웃는 아내의 모습. 말없이 앨범을 넘겨 보는 인식.

S# 11	학교 운동장 잠긴 학교 정문에서 수위와 대화하는 인식	(D) (L) CUT : (4)

C# 1

비가 추적추적 내리는 텅 빈 운동장을 가로질러 걸어가는 인식.

C# 2

학교 건물에 들어가려 하지만 입구가 잠겨 있다. 중앙 문 쪽으로 걸어간다.

C# 3

뒤에서 부르는 목소리가 들린다. 뒤돌아보는 인식. 학교 수위이다.

수위 : 무슨 일 때문에 오셨죠?
인식 : 예…
수위 : (이상하다는 듯) 학부모세요?
인식 : 예… 선생님 뵙고 싶어서 그런데…
수위 : 지금 방학이라 안 계시죠.
인식 : …
수위 : 행정실로 한번 가보세요. 급한 일이시면 그쪽 가서 한번 통화라도 해보세요.

C# 4

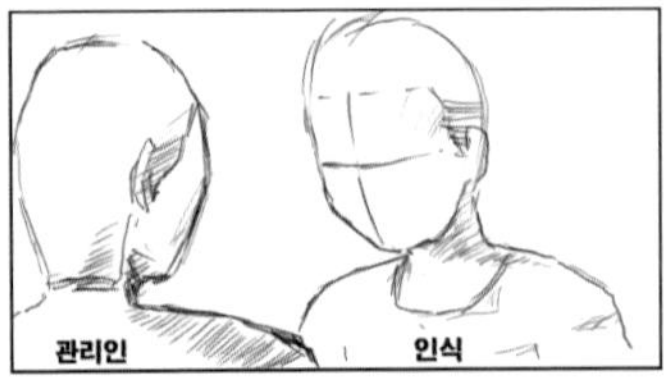

인식 : 어디로 가면 되죠…?

〈부감도〉

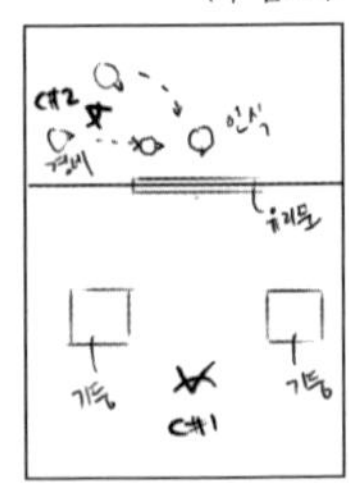

S# 12	학교 건물 안 텅 빈 학교에서 선생님과 통화하는 인식	(D) (L) CUT : (3)

C# 1

insert 빈 교실

C# 2

먼 전경으로 보이는 학교 복도 끝에서 통화하고 있는 인식의 모습.

C# 3

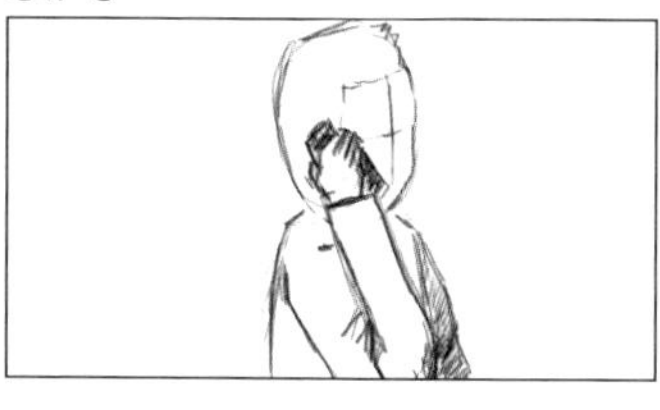

행정실 입구 쪽에 서서 왔다 갔다 하며 통화하는 인식.

인식 : 예…제가 몇 가지 궁금한 게 있어서… 예, 의논을 드렸으면… 아니요… 그냥 제가 선생님 댁으로 찾아뵙겠습니다. 아니요… 괜찮습니다, 저는… 괜히 수고스럽게 여기까지 나오실 필요는 없으세요. 예, 예… 감사합니다.

S# 13	학교 건물 안 (과거)	(D) (L) CUT : (2)
	아이들 사이로 입구 밖으로 걸어 나가는 희준	

C# 1

인식이 통화하던 복도의 반대편이 보인다. 수업이 끝났는지 아이들이 시끌벅적하게 입구 밖을 나서고 있다.

C# 2

아이들 사이로 희준이 보인다. 홀로 입구 밖으로 걸어 나간다.

〈부감도〉

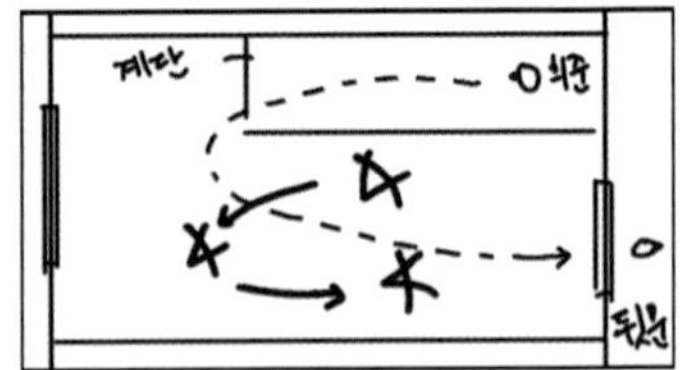

S# 14	2차선 도로 (과거)	(D) (L) CUT : (11)
	희준의 가방을 빼앗아 가는 기태와 재호	

C# 1

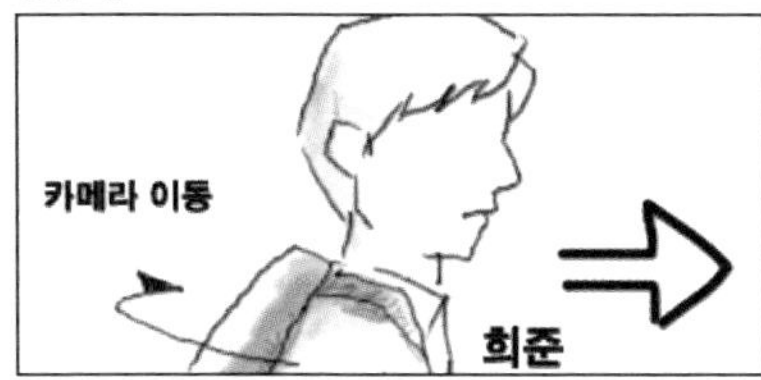

어딘가를 향해 빠르게 걸어가는 희준.
옆으로 오토바이 소리가 들린다.

희준이 도로를 건너자 뒤로 오토바이 하나가 보인다. 재호가 운전하고 있고 뒤에는 기태가 타고 있다.

희준을 뒤따르던 오토바이는 희준이 건너는 쪽으로 방향을 바꾼다. 빠르게 걷는 희준과 속도를 맞추어 나란히 가는 오토바이.

〈부감도〉

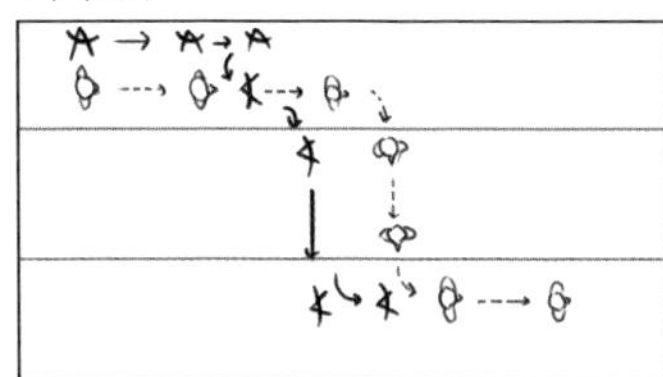

S# 14	2차선 도로 (과거)	(D) (L) CUT : (11)
	희준의 가방을 빼앗아 가는 기태와 재호	

C# 2

희준은 오토바이 쪽으로 일절 시선을 주지 않은 채 앞으로 걷기만 한다.

순간 오토바이가 희준의 앞길을 막는다.

오토바이를 피해 걸어가는 희준.

〈부감도〉

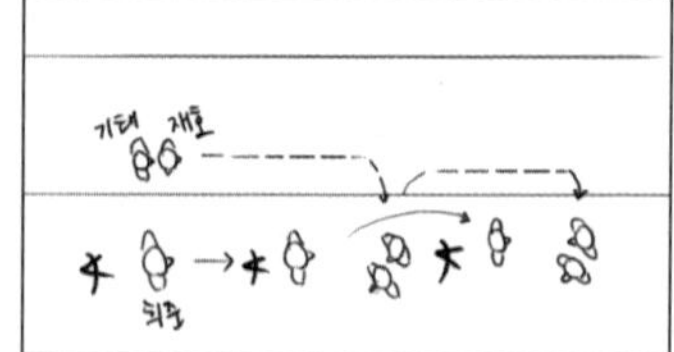

S# 14	2차선 도로 (과거)	(D) (L) CUT : (11)
	희준의 가방을 빼앗아 가는 기태와 재호	

C# 3 (A Cut)

다시 한번 희준의 앞길을 막고 오토바이에서 내리는 재호와 기태.

C# 4 (B Cut)

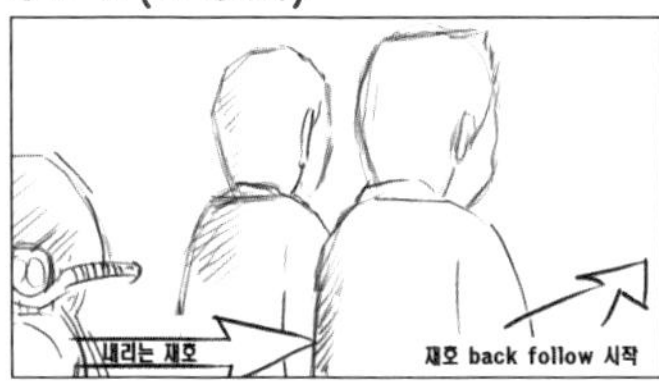

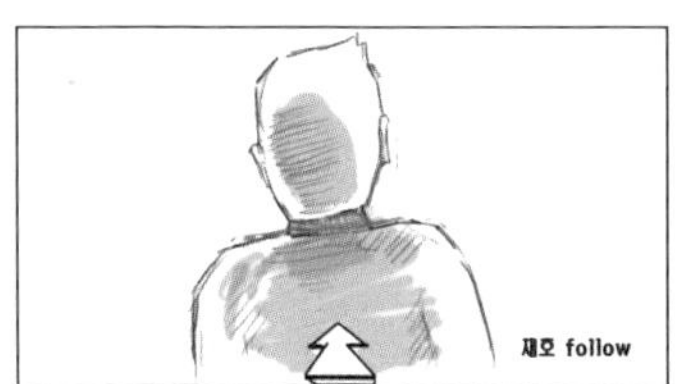

무시하고 앞으로 걸어가려는 희준을 재호가 막아선다.

S# 14	2차선 도로 (과거)	(D) (L) CUT : (11)
	희준의 가방을 빼앗아 가는 기태와 재호	

C# 5 (C Cut)

재호 뒤에 서서 희준을 보는 기태. 희준은 무시하고 방향을 틀어 걸어가려 하지만 다시 앞을 막는 재호. 희준은 재호를 뚫어져라 본다.

재호 : 왜 쌩을 까고 그래?
희준 : 뭐 하는 거야?

C# 6 (A Cut)

재호는 별 반응 없이 미소를 지은 채 희준을 쳐다본다. 희준은 그냥 무시하고 지나치려 한다.

C# 7 (B Cut)

갑자기 희준의 가방을 낚아채는 재호.

C# 8

희준은 빼앗긴 가방 때문에 재호에게 달려들지만, 희준을 바닥에 넘어뜨리는 재호.

S# 14	2차선 도로 (과거)	(D) (L) CUT : (11)
	희준의 가방을 빼앗아 가는 기태와 재호	

C# 9 (C Cut)

뺏은 가방을 기태에게 넘긴다.
몸을 일으키는 희준.

기태 : (일어나는 희준에게) 가방 돌려받고 싶으면 이따 찾으러 와라.

오토바이에 다시 타는 기태와 재호.

기태 : 저번같이 또 안 오면 이 가방 불 질러버릴 거니까.

C# 10 (A Cut)

오토바이를 타고 떠나는 기태와 재호.

C# 11

그 모습을 바라보는 희준.

S# 15

아파트 옆 버려진 테니스장 (과거)	(N) (L) CUT : (13)
기태에게 맞는 희준	

C# 1

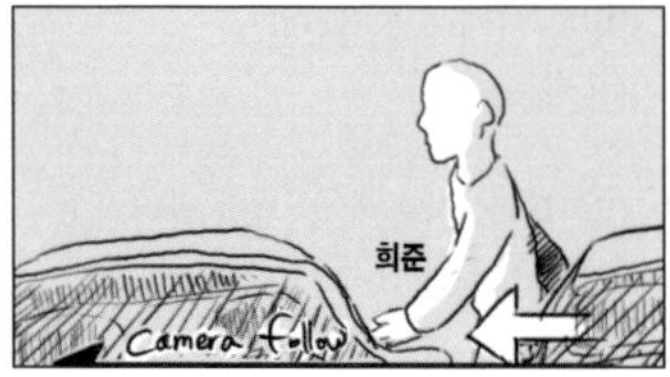

아파트 주차장을 걷는 희준.

C# 2

C# 3

멀리 아파트 단지 구석진 데 보이는 펜스. 그 펜스 넘어 내부에는 버려진 컨테이너와 테니스장이 보인다.

C# 4

폐테니스장 안에 불을 지핀 채로 모여 있는 아이들.

C# 5

가만히 서서 아이들이 모여 있는 곳을 응시하는 희준. 잠시 고민하다가 쇠창살 입구를 올라타 넘어간다. 펜스로 둘러싸인 테니스장을 향해 걸어가는 희준.

S# 15	아파트 옆 버려진 테니스장 (과거)	(N) (L) CUT : (13)
	기태에게 맞는 희준	

C# 6

희준이 테니스장 입구 안으로 들어오자, 불 지핀 드럼통에 고구마를 굽던 아이들이 베키가 왔다고 소리친다. 버려진 공간인 듯 의자와 폐가구들이 널브러져 있다. 재호 등 아이들도 덩달아 '베키'를 외치며 희준을 마중한다.

C# 7

뭔지 모를 덤덤한 표정으로 아이들과 어색하게 인사하는 희준.

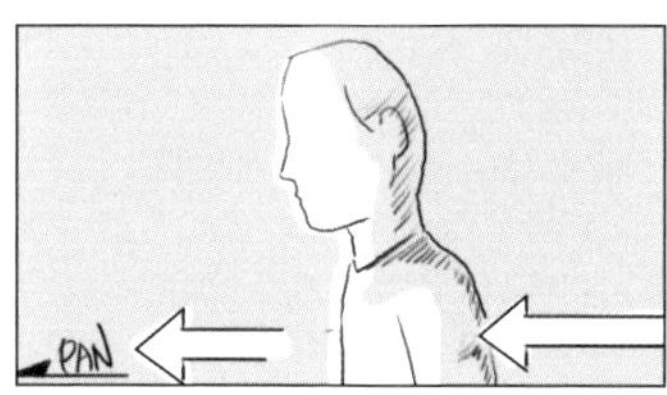

기태는 희준을 보자,

기태 : 베키! 왜 이렇게 늦게 왔어… 안 오는 줄 알았잖아… 어? 계속 기다리게 만들래?

S# 15	아파트 옆 버려진 테니스장 (과거)	(N) (L) CUT : (13)
	기태에게 맞는 희준	

C# 8

기태는 다가온 희준에게 어깨동무한다.

기태 : 야, 보고 싶었잖아… 두 번 다시 이렇게 늦지 마. 네 가방 태웠다.
희준 : …
기태 : 뻥이야, 임마. 내가 설마 네 가방을 버렸겠냐? 친구 가방을… 어?

C# 9

희준 : (애써 미소를 지으며) 어… 어…
기태 : (웃고 있던 표정이 갑자기 싸늘해진다) 야… 베키…
희준 : (기태를 보며) 어…

C# 10 (A Cut)

기태 : 재밌어?
희준 : …
기태 : 재밌냐고… 왜 실실 쪼개? 어?
희준 : 아니야…
기태 : 아니야? 너 존나 싸가지 없다? 아니라니, 지금 목격한 눈이 몇 갠데…? 어? (아이들 눈을 센다) 여기 눈알이 하나, 둘, 셋, 넷, 이 새끼는 안경 꼈으니까 눈알 네 개 해서 여덟…

C# 11 (B Cut)

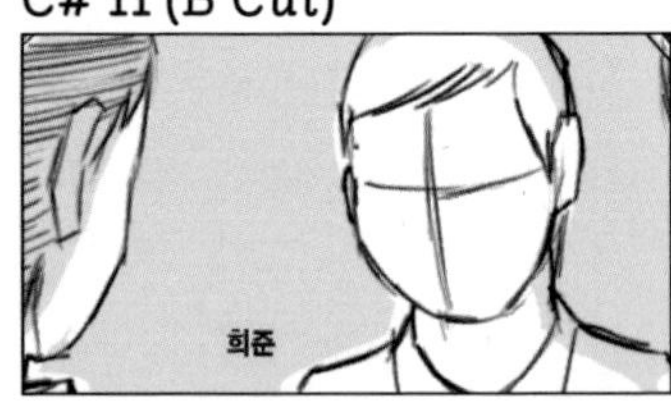

아이들 웃는다. 희준도 얼핏 미소를 짓는다.

C# 12 (C Cut)

기태 : 어? 또 쪼개네?
희준 : …
기태 : 내가 웃기냐? 왜 시발, 실실 쪼개냐고? 어?
희준 : …
기태 : 시발, 실실 쪼개지 마… 왜 그래, 내가 웃기는 놈이 된 거 같잖아… 어?

S# 15	아파트 옆 버려진 테니스장 (과거)	(N)	(L)	CUT : (13)
	기태에게 맞는 희준			

C# 13 (A Cut)

순간 '짝!', 희준의 따귀를 강하게 때리는 기태. 다시 반대쪽 따귀를 때린다. 연속해서 희준의 따귀를 때린다. 희준은 자신의 얼굴을 막으려 하지만 기태가 얼굴을 가린 손을 억지로 내린 뒤, 또다시 따귀를 강하게 때린다.

〈부감도〉

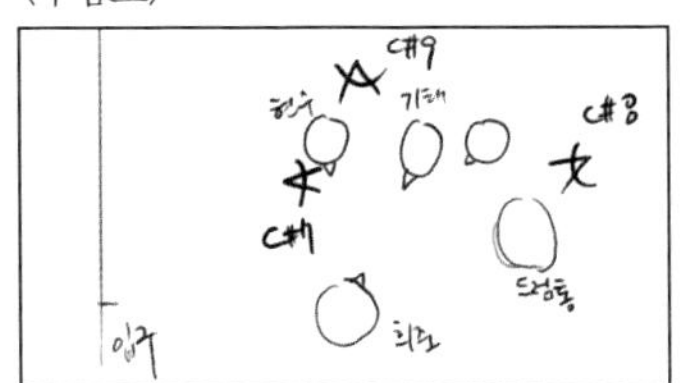

S# 16	선생님 집, 거실	(N) (L) CUT : (9)
	기태에 대해 대화하는 선생님과 인식	

C# 1

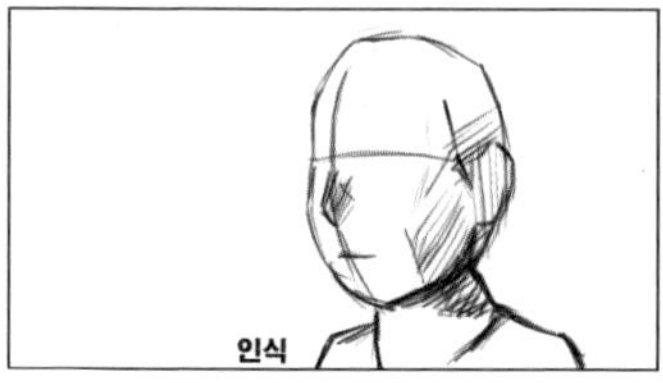

생각에 잠긴 듯한 인식, 말이 없다.

C# 2

식탁에 앉아 차를 마시는 선생님과 인식.

C# 3 (A Cut)

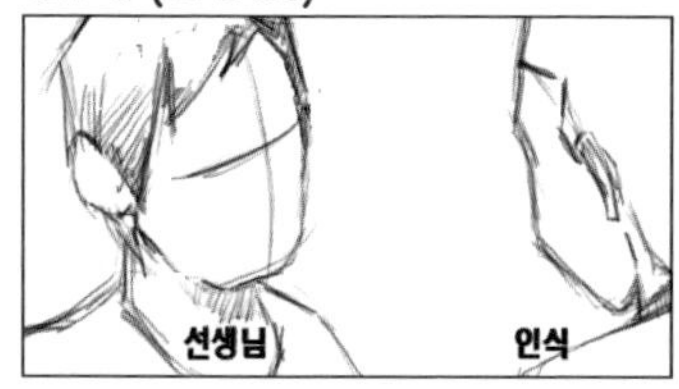

선생님 : 같은 반 친구들하고 면담도 해보고 했지만, 마땅히 추측할 만한 얘기는 없었습니다.

C# 4 (B Cut)

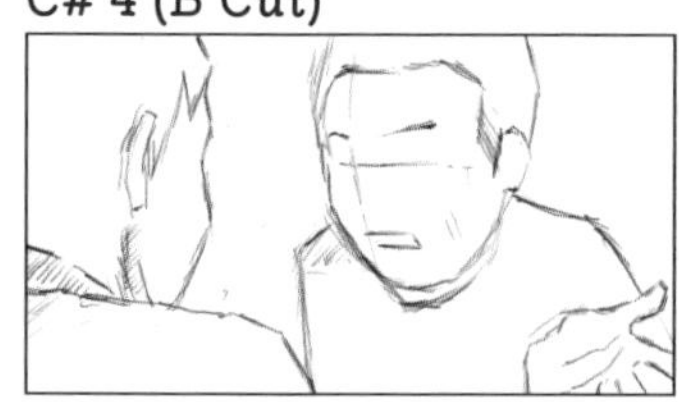

인식 : …혹시 제가 반 친구들을 만나볼 수 있을까요?

C# 5 (A Cut)

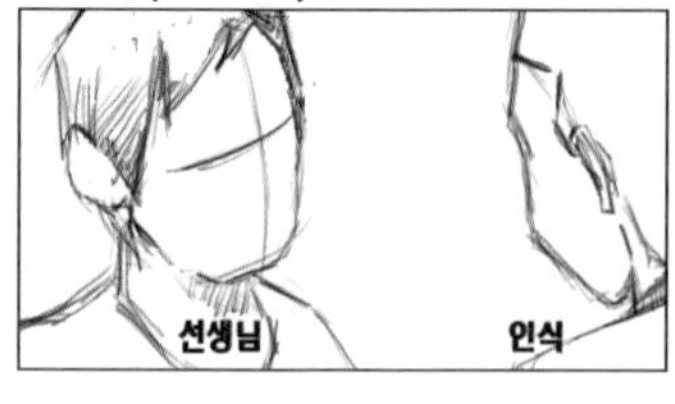

선생님 : 아버님 마음은 충분히 이해하지만, 애들이 마음 추스른 지 얼마 안 돼서… 약간은 걱정이 되네요… 이제 조금 있으면 수능이고, 공부도 해야 하는 상황이라…
인식 : …
선생님 : 조금만 양해를 부탁드리겠습니다, 아버님…

S# 16	선생님 집, 거실	(N) (L) CUT : (9)
	기태에 대해 대화하는 선생님과 인식	

C# 6

인식 : (못마땅한 듯 잠시 말이 없다) …기태는 면담했었나요?

선생님 : 네, 면담도 했고, 평소에도 어려운 점은 없는지 얘기도 나누고 했는데… 담임 선생님으로서 면목이 없습니다. 죄송합니다, 아버님.

인식 : …그래도 조금이라도 기태가 달라진 점이… 힘들어하는 부분은 없었나요?

선생님 : 그런 부분은 느끼지 못했어요. 제가 더 신경 썼어야 하는 건데… 죄송합니다…

인식 : 죄송하다고만 하지 마시고, 담임 선생님이면 학생이 달라진 부분은 알아야 하는 거 아닙니까?

선생님 : (아무 말도 안 한다) … (조용히 차 한 모금을 들이켠다) …솔직히… 저도 똑같은 얘기를 묻고 싶네요.

인식 : …

선생님 : 제가 실수를 했네요, 아버님. 이번 일 때문에 저도 제정신이 아니라… 저보다 훨씬 힘드실 아버님께 해서는 안 되는 말을 했습니다. 정말 죄송합니다.

C# 7 (B Cut)

C# 8 (A Cut)

C# 9

조용한 정적이 거실에 흐른다.

〈부감도〉

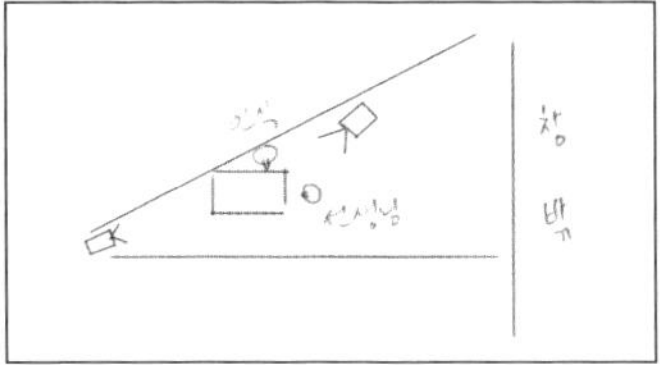

S# 17	아파트 단지 내 농구장	(D) (L) CUT : (4)
	홀로 농구를 하는 재호, 인식을 발견한다	

C# 1

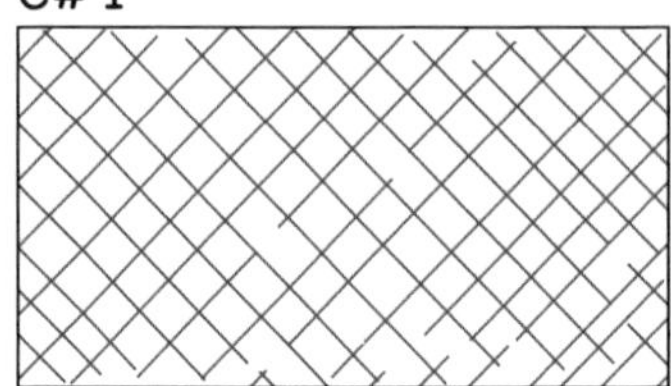

어딘가를 향해 걸어가는 인식, 옆으로 꺾으니 철조망 너머의 농구장이 보인다.

텅 빈 아파트 단지 내에 있는 농구 골대 앞에서 홀로 농구공을 튀기고 있는 재호. 문득 인기척을 느낀 재호는 인식을 보고 어색하게 묵례한다.

〈부감도〉

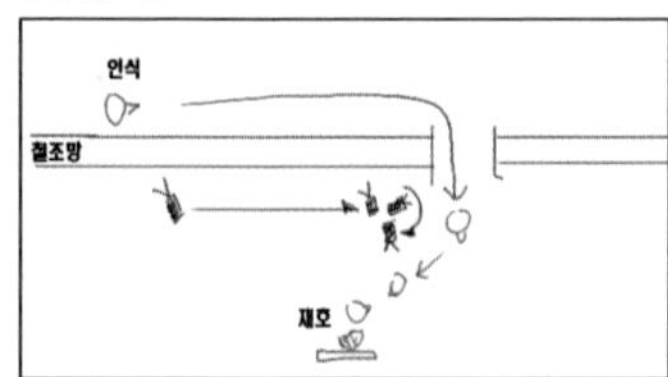

S# 17	아파트 단지 내 농구장	(D) (L) CUT : (4)
	벤치에 앉아 대화하는 인식과 재호	

C# 2 (A Cut)

나란히 벤치에 앉아 있는 인식과 재호.
음료수를 들고 있는 재호.

인식 : 뭐 해? 마시라고 준 건데…

C# 3 (B Cut)

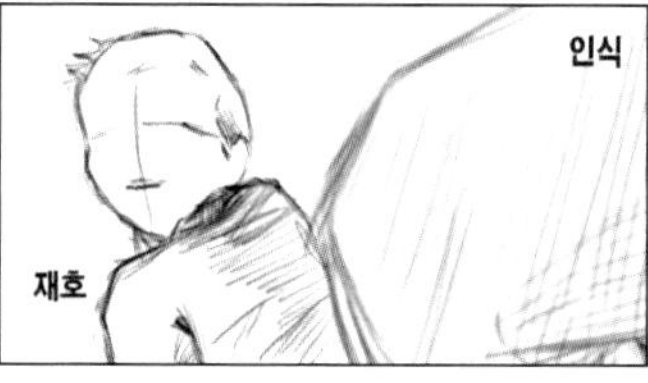

재호 : 아, 예… (음료수 뚜껑을 따고 한 모금 한다)
인식 : 장례식 때 왔었지?
재호 : 예… 하루… 발인 때 갔습니다.
인식 : 솔직히 장례식 때는 정신이 없어서 누가 누군지 기억은 못 해. 낯은 익지만…
재호 : 그렇죠… 애들도 많고 하니까…
근데… 어떻게 저를 알고 이렇게 연락을…
인식 : 담임 선생님 만나서 반 애들 연락처 물어봤어. 그중에서 몇 명하고 통화하니까 재호 네가 기태하고 친하다고 하더라고…
재호 : …
인식 : 부담 갖지 않아도 돼… 그냥 편하게 얘기해 줘.
재호 : 예…

C# 4

〈측면도〉

〈부감도〉

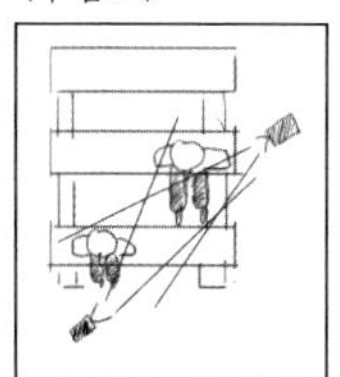

S# 18	아파트 단지 내 길	(D) (L) CUT : (7)
	인식에게 전화번호를 알려주는 재호	

C# 1

조용한 아파트 단지의 길을 걷고 있는 인식과 재호.

재호 : 저한테나 주변 친구들한테 내색하는 편은 아니었어요. 워낙 저희한테 자기 힘든 걸 티 내는 성격은 아니었거든요…
인식 : …그래… (걷다가 멈춘다)

C# 2 (A Cut)

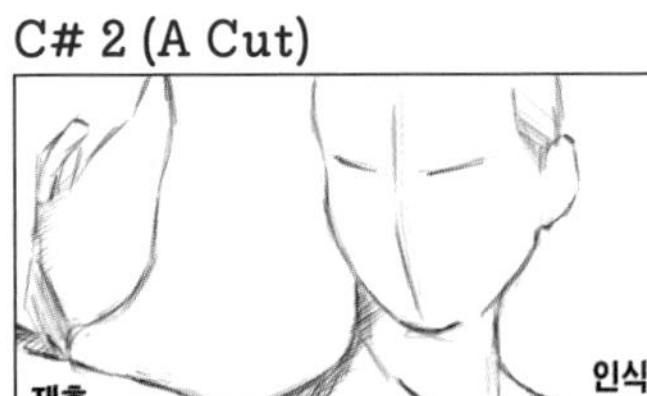

재호 : (인식이 멈추자 따라 멈춘다) …
인식 : 기태가 학교를 안 나왔다고 하는데 알고 있지?
재호 : 예…
인식 : 너가 기태하고 친했다고 하니까 조금이라도 알 거 아니야… 그때 무슨 일이 있었는지?

C# 3 (B Cut)

재호 : 저도 기태가 왜 학교에 갑자기 안 나왔는지는 모르겠어요… 어느 날부터 조금 달라지기는 했어요…

C# 4

인식 : 달라지다니?
재호 : 평소보다 말도 없어지고… 그냥 어두워 보이긴 했는데 이유는 잘 모르겠어요…

C# 5 (A Cut)

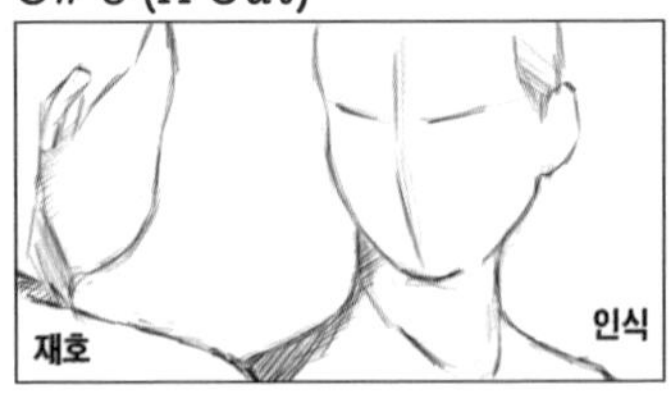

인식 : 그래도 뭔가 짐작이라도 가는 게 없어?

S# 18	아파트 단지 내 길	(D) (L) CUT : (7)
	인식에게 전화번호를 알려주는 재호	

C# 6 (B Cut)

재호 : 저희한테 전혀 내색하지 않았어요… 그냥 너무 갑작스러웠어요. 뭔가 크게 달라진 점도 없었고… 뭐 때문인지 아무리 생각해 봐도 그럴 만한 점은 없었어요… 성적에 대한 부담감을 농담 비슷하게 얘기한 적이 있긴 한데, 그런 게 영향이 있었을 것 같지는 않고…

인식 : …

아무 말도 없이 가만히 서서 주변 아파트들을 둘러보는 인식. 재호는 그런 인식을 힐끔힐끔 본다.

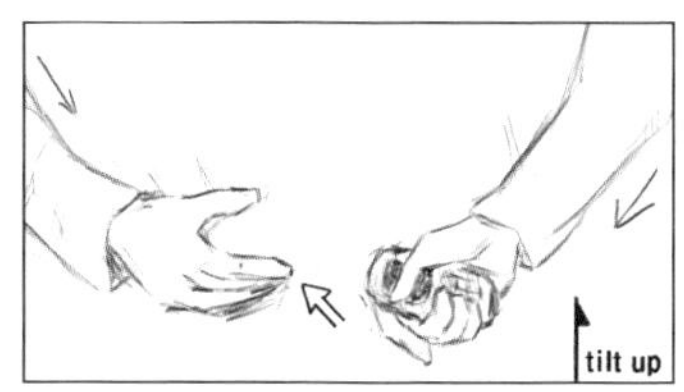

재호 : 아버님, 저한테 핸드폰 잠시 주실 수 있으세요?

인식은 재호에게 핸드폰을 건넨다.

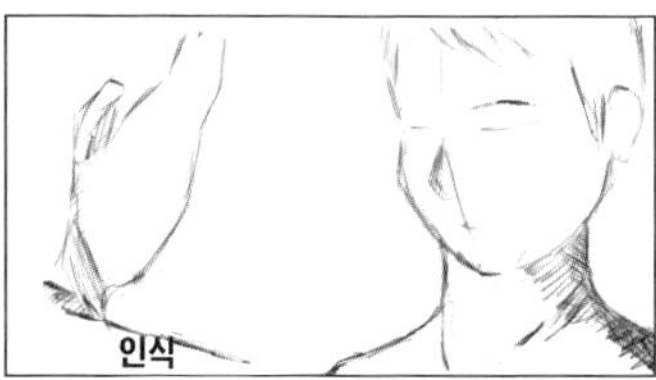

핸드폰에 번호를 찍어주는 재호.

재호 : 이 번호로 한번 전화해 보세요. 기태 일이 있기 얼마 전에 전학 간 친군데… 이 친구라면 뭔가를 얘기해 줄 거예요.

C# 7

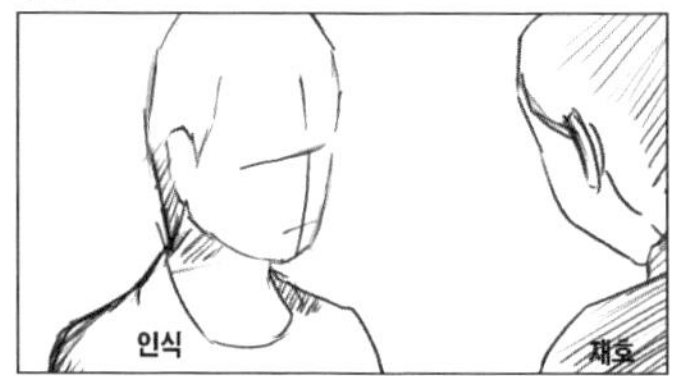

인식 : … (잠시 핸드폰에 찍힌 번호를 보며 생각한다)

S# 19	인식의 집, 아들 방	(N) (L) CUT : (9)
	앨범을 꺼내 보는 인식	

C# 1

텅 빈 집 안, 불이 켜진 방.

C# 2

인식은 아들의 책상 앞에 앉아 아들의 앨범을 둘러보고 있다.

C# 3

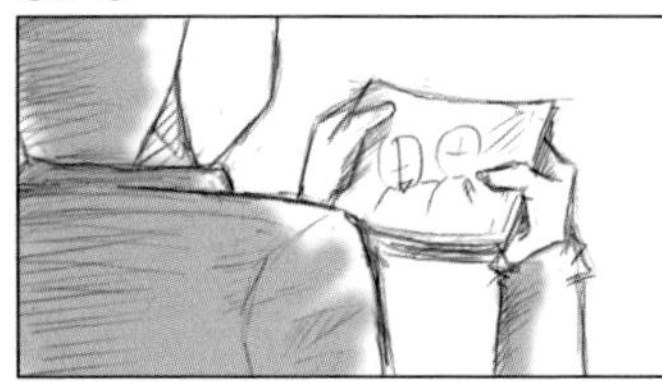

사진을 보니 희준, 기태, 동윤 세 사람이 바닷가로 여행 가서 찍은 사진이다.

C# 4

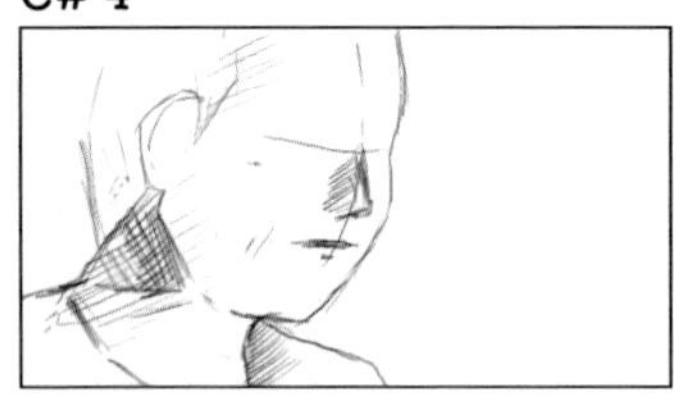

C# 5

즐거운 모습의 세 사람. 정말 친해 보이는 셋. 사진들을 한 장 한 장 보는 인식.

S# 19	인식의 집, 아들 방	(N) (L) CUT : (9)
	앨범을 꺼내 보는 인식	

C# 6

아들의 침대에 누워 있는 인식.

C# 7

너무나도 고요하다.

C# 8

방 안도 고요하고 집도 고요하다.

C# 9

insert 어둡고 컴컴한 아파트의 대단지가 먼 전경으로 보인다

S# 20	독서실 안	(D) (L) CUT : (1)
	공부하는 아이들 모습	

C# 1

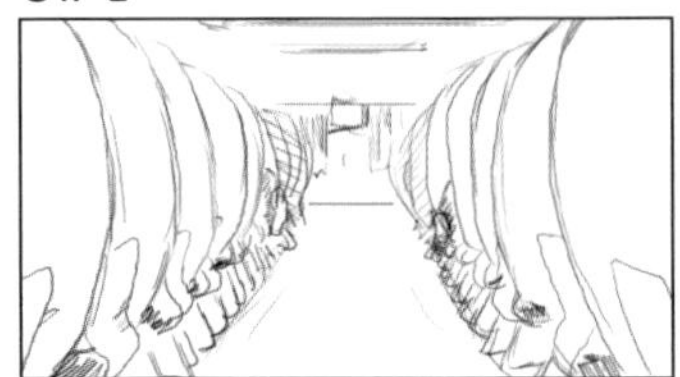

어두운 독서실의 칸막이 책상, 군데군데 앉아 공부하고 있는 아이들의 모습. 겨울방학이라 자리가 많이 비어 있다.

S# 21	독서실 바깥 복도	(D) (L) CUT : (3)
	창밖으로 인식을 보는 희준	

C# 1

독서실 복도 끝에 있는 큰 창으로 햇빛이 쏟아져 들어온다. 들어온 빛 때문에 실루엣으로 보이는 소년.

C# 2

창을 통해 창밖 저 아래 거리가 보인다. 길을 건너는 한 남자. 인식이다.

C# 3

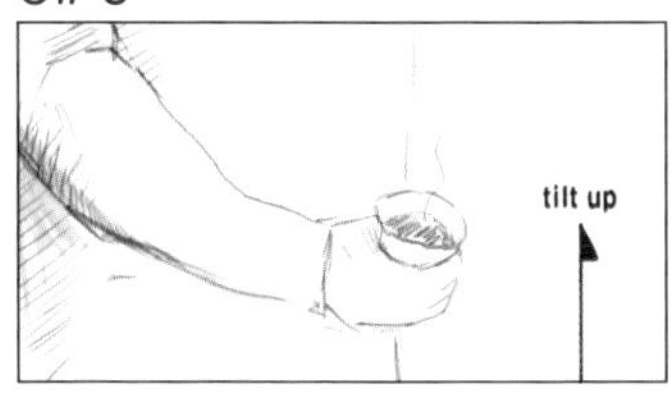

인식이 길을 건너 건물 쪽으로 다가오고 있다. 그 모습을 바라보는 한 소년. 손에는 자판기 커피가 쥐어져 있다. 희준이다.

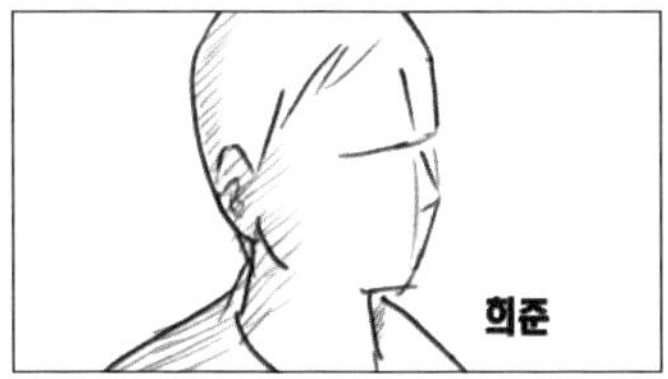

희준은 생각에 잠긴 듯 무심한 표정으로 창밖을 내다본다.

S# 22	독서실 바깥 복도	(D) (L) CUT : (6)
	복도에서 대화하는 희준과 인식	

C# 1

독서실 문이 열리며 몇몇 아이들이 떠들썩하게 티격태격하며 나온다.

C# 2

순간 시끄러워진 복도, 아이들이 복도를 빠져나가자 다시 조용해진다.
텅 빈 독서실 앞 복도의 전경. 저 멀리 창가에 서 있는 인식과 희준.

C# 3

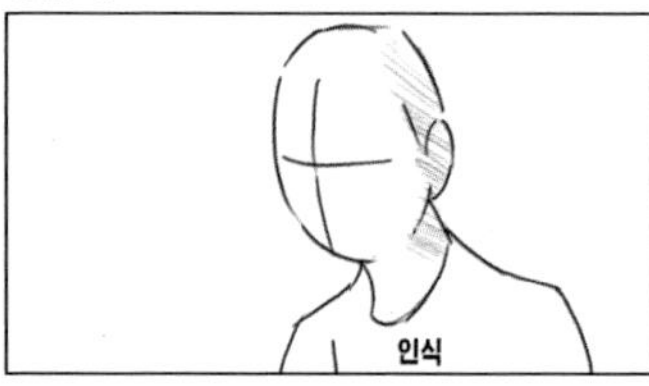

C# 4

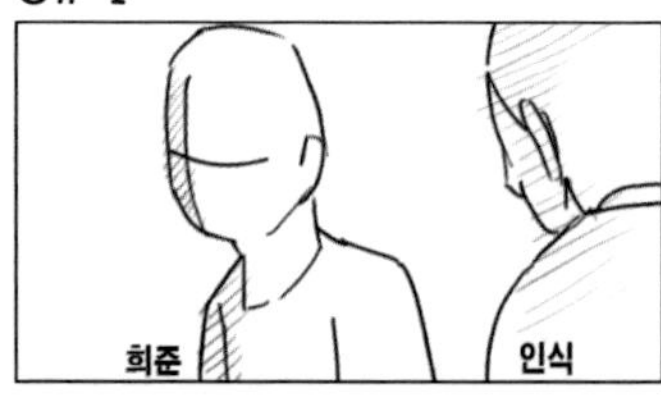

인식 : 한창 공부 중인데 이렇게 찾아와서 미안하다.
희준 : 아닙니다…
인식 : 이제 고3 올라가니까 많이 바쁠 거 아니야…?
희준 : 그냥, 괜찮아요.
인식 : 개학이 언제지…?
희준 : 한 일주일 정도 남았어요.
인식 : 기태 사진 보니까 너하고 찍은 사진이 많더라고. 너하고 한 명 더 있었는데… 누군지 모르겠고.
희준 : 다른 친구는 동윤이일 거예요…

C# 5

인식 : …동윤이?
희준 : 예…

S# 22	독서실 바깥 복도	(D) (L) CUT : (6)
	복도에서 대화하는 희준과 인식	

C# 6

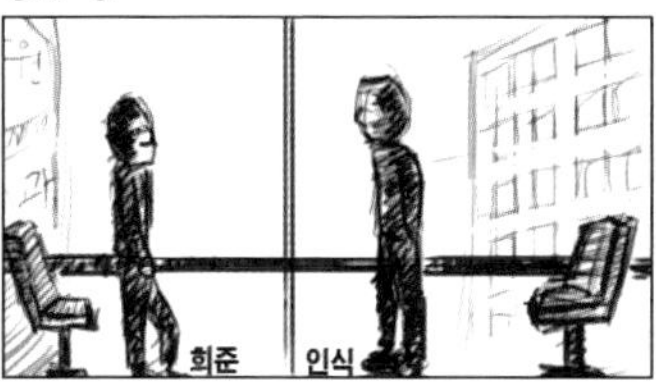

빈 종이컵을 들고 말없이 서 있는 희준. 그런 희준을 바라보는 인식. 긴 정적이 흐른다. 큰 창을 통해서 쏟아지는 햇빛. 실루엣으로 보이는 두 사람.

〈부감도〉

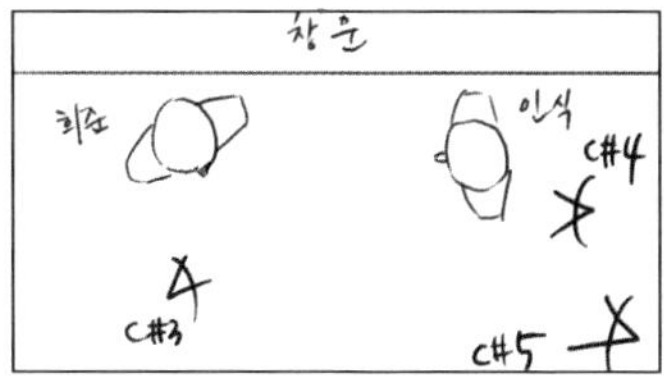

S# 23	기찻길 공터 (과거) 캐치볼 하는 동윤, 희준, 기태	(D) (L) CUT : (7)

C# 1

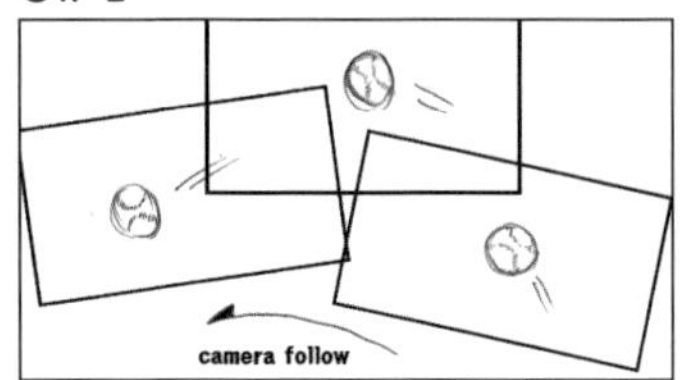

'깡' 하는 경쾌한 소리. 하늘로 날아가는 공.

C# 2

희준은 야구 글러브로 날아오는 공을 받는다.

희준, 공을 동윤에게 던진다.

C# 3

기찻길 옆에 있는 공터다. 옆쪽으로는 폐역사와 새로 지은 아파트들도 보인다. 동윤은 받은 공을 또 기태에게 건넨다.

희준 : (멀리 있는 기태를 보며) 야, 이제 내 차례 아니야!?
기태 : 마지막! 마지막! 진짜!

C# 4

공을 띄우고 야구 배트로 치는 기태.

S# 23	기찻길 공터 (과거)	(D) (L) CUT : (7)
	캐치볼 하는 동윤, 희준, 기태	

C# 5

미친 듯이 풀숲을 헤치고 있는 기태.

C# 6

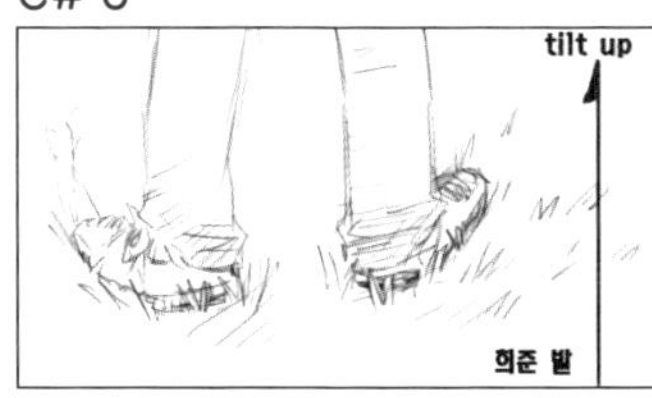

희준과 동윤도 기태하고 조금 떨어진 데서 공을 찾는다.

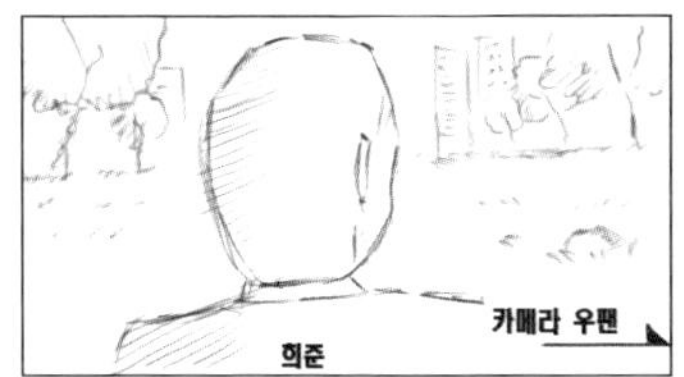

희준 : 못 찾겠어~ 그냥 공 새로 사지…

기태는 못 들었는지 몸을 굽히고 계속 수풀을 헤집는다.

동윤 : 병신아, 그런 소리 하지 마. 기태가 존나 아끼는 거야.

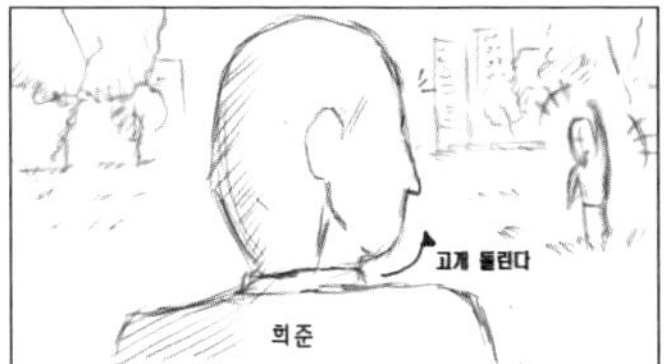

희준 : 왜? 야구공을? 왜?

S# 23	기찻길 공터 (과거)	(D) (L) CUT : (7)
	캐치볼 하는 동윤, 희준, 기태	

'찾았다' 하는 소리가 들린다.

C# 7

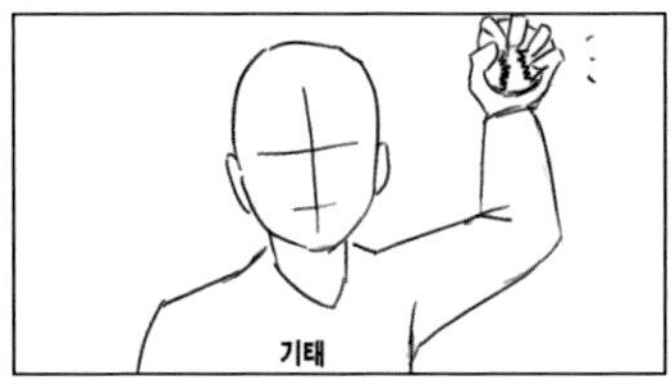

기태가 공을 들고 활짝 웃으며 아이들 쪽으로 걸어온다.

S# 24

폐역사 기찻길 (과거)	(D) (L) CUT : (8)
월미도 얘기 하는 세 사람	

C# 1

기태, 동윤은 교복을 입은 채 폐역사에 쪼그리고 앉아 담배를 피운다. 그 맞은편 선로 위에 서 있는 희준. 거대한 아파트 단지 옆으로 기찻길이 보인다. 기태와 동윤은 담배를 피우고 있다.

C# 2 (A Cut)

C# 3 (B Cut)

기태 : 보경이가 그렇게 좋냐?
희준 : 아니라고 몇 번을 얘기해.
동윤 : (놀리듯) 뭐가 또 아니야… 이 새끼, 계속 아니래.
기태 : 이번 주에 월미도나 갈래? 다 같이? 보경이하고 걔 친구들도 같이.
동윤 : 좋지! 가자 가자!
기태 : 베키, 어때?
희준 : 가던가…
기태 : 미친 새끼, 존나 태연한 척하네.
희준 : 티 나냐?
기태 : 티 존나 나, 병신아! 으이그~

희준에게 헤드록을 거는 기태.
희준은 엄살 부리며 아프다고 외친다.

S# 24	폐역사 기찻길 (과거)	(D) (L) CUT : (8)
	월미도 얘기 하는 세 사람	

C# 4

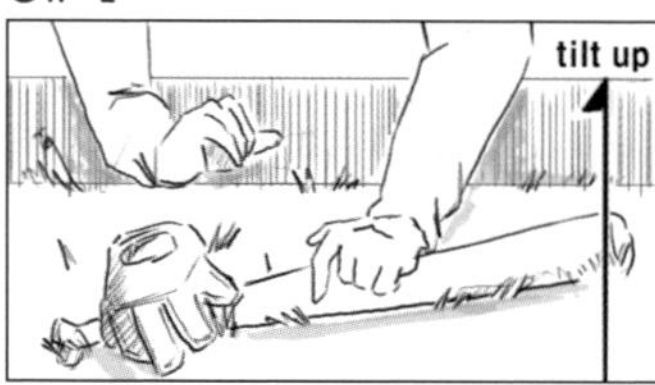

폐역사의 구석 어딘가에 글러브와 야구 배트 등을 숨겨놓는 기태와 아이들.

동윤 : 야, 세정이도 오겠지…?

기태 : 몇 번을 얘기해! 세정이도 올 거라고. 이제 보니까 너 존나 이상하다?

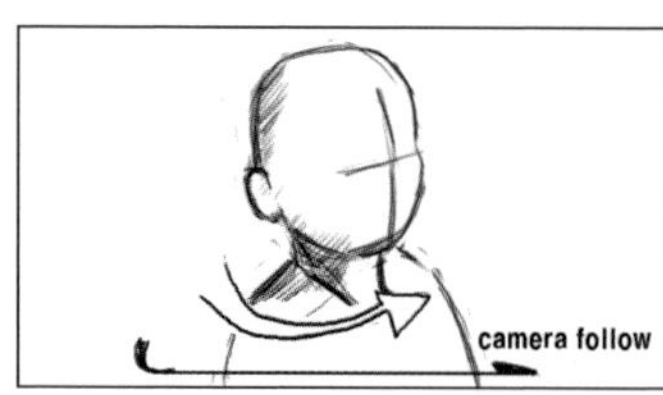

S# 24	폐역사 기찻길 (과거)	(D) (L) CUT : (8)
	월미도 얘기 하는 세 사람	

C# 5

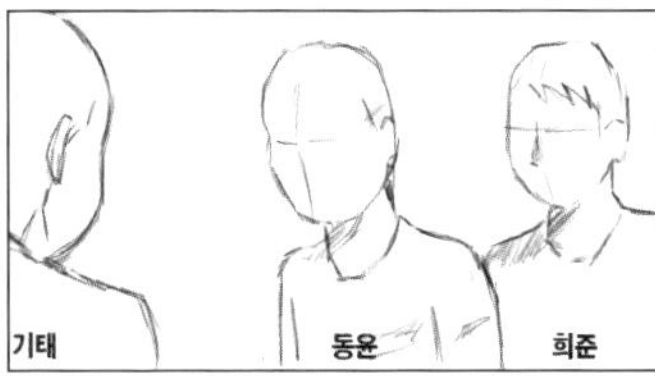

동윤 : 뭐가, 새끼야?
기태 : 네 욕심 채우려고 가자는 거 아니야?
동윤 : 아니야, 임마! 뭐니 뭐니 해도 베키를 위해 서지…
희준 : 웃기지 마! 너 세정이 때문에 그런 거잖아!
동윤 : 뭐, 나랑 세정이랑 잘돼도 나쁠 거 없잖아…
기태 : 이 새끼, 이제 본색을 드러내네.

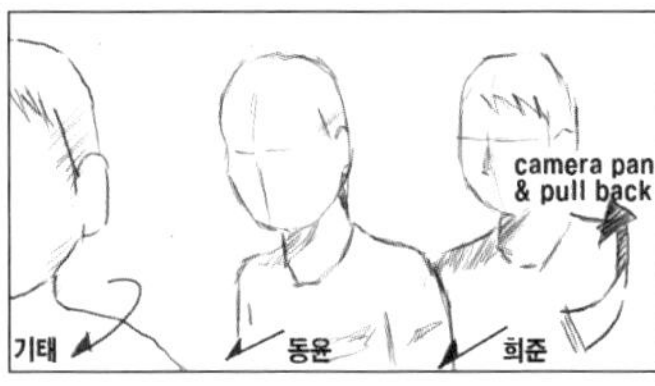

웃는 희준. 아이들, 야구 세트를 숨기고 나서 각자의 가방을 챙겨 역사를 나선다.

〈부감도〉

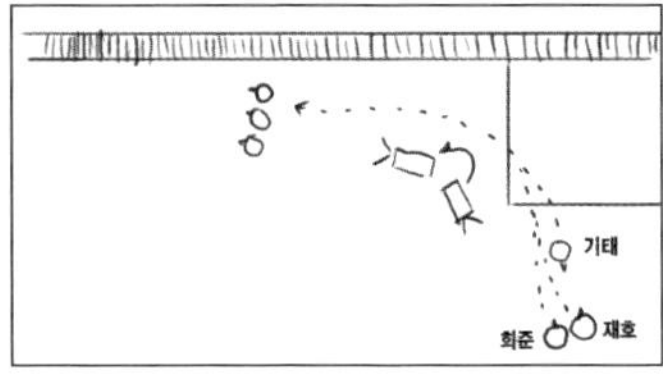

S# 24	폐역사 기찻길 (과거)	(D) (L) CUT : (8)
	월미도 얘기 하는 세 사람	

C# 6

기찻길을 따라 걷는 기태와 희준.

기태 : 적극적으로 나서봐. 우물쭈물하다 보면 기회 놓치는 거야, 임마!
희준 : 알았어.
기태 : 동윤이 새끼 봐. 존나 적극적이잖아. 너가 동윤이 반만 해봐. 벌써 성공했지.
희준 : 알았어… 잔소리 좀 그만해. 네가 엄마냐!
기태 : 새끼야, 엄마라 불러.

동윤은 한참 앞서서 걷고 있다. 저 멀리서 소리치는 동윤.

동윤 : 야! 빨리 와!! 늦었다고!!
희준 : 알았어! 가!
기태 : 저 새끼, 또 지랄이야!

동윤 쪽으로 빠르게 걸어가는 희준과 기태, 동윤과 합류한다.

S# 24	폐역사 기찻길 (과거)	(D) (L) CUT : (8)
	월미도 얘기 하는 세 사람	

C# 7

동윤 : 가자고 몇 번을 얘기해.
기태 : 닥쳐 병신아! 재촉 좀 하지 마, 새끼야!

C# 8

기찻길을 따라 걸어가는 세 친구. 기찻길과 아파트의 전경이 보인다.

S# 25	지하철 안 (과거)	(D) (L) CUT : (8)
	인천 가는 지하철	

C# 1

열차 창을 통해 지나가는 인천의 풍경.

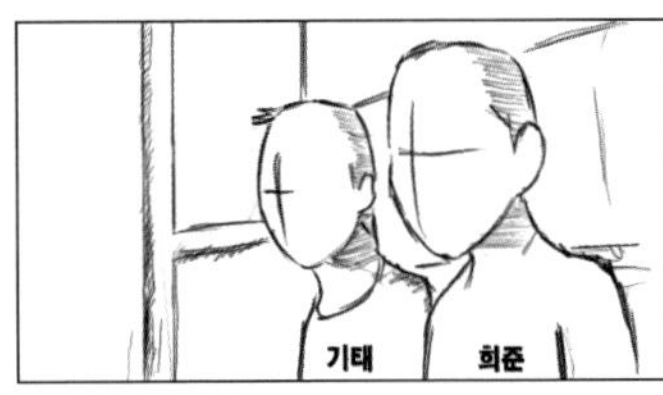

열차 안으로 그림자가 길게 늘어진다.
꿈꾸는 듯 몽롱한 느낌의 열차 안.

C# 2

기태, 희준이 나란히 앉아 있고, 보경, 세정 등 여자아이들은 대각선 맞은편 자리에 앉아 있다.

C# 3

동윤은 세정 옆에 앉아서 쉴 새 없이 떠들고 있다. 아이들은 빠르게 지나가는 바깥 풍경을 보며 서로 시끄럽게 떠든다.

C# 4

차이나타운에 가면 중국인이 많을 거라는 둥, 차이나타운 짜장면은 특별할 거라는 둥 여러 이야기를 한다.

S# 25	지하철 안 (과거)	(D) (L) CUT : (8)
	인천 가는 지하철	

C# 5

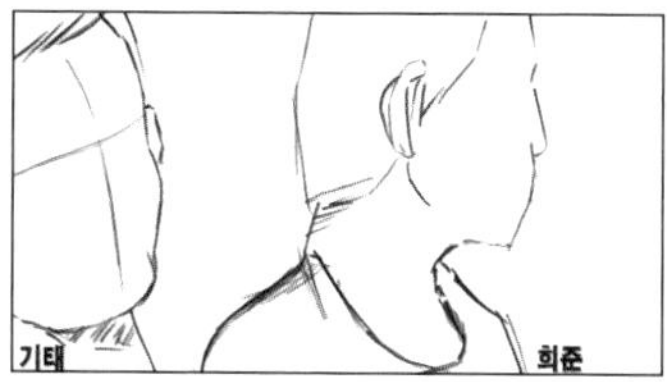

시끄럽게 떠들고 있는 아이들과 달리 희준은 별 말없이 한 여자아이를 본다. 보경이다.

C# 6

보경은 옆에 있는 친구와 얘기하다가 희준의 시선을 느꼈는지 희준 쪽을 본다.

C# 7

눈을 피하는 희준, 옆에 있는 기태와 눈이 마주친다.

C# 8

기태, 너무 티 내지 말라는 듯 희준을 장난스럽게 민다.

S# 26	인천역 (과거)	(D) (L) CUT : (2)
	차이나타운을 향해 가는 아이들	

C# 1

인천역에서 나오는 아이들, 신나서 맞은편에 있는 차이나타운 입구 쪽으로 달려간다.

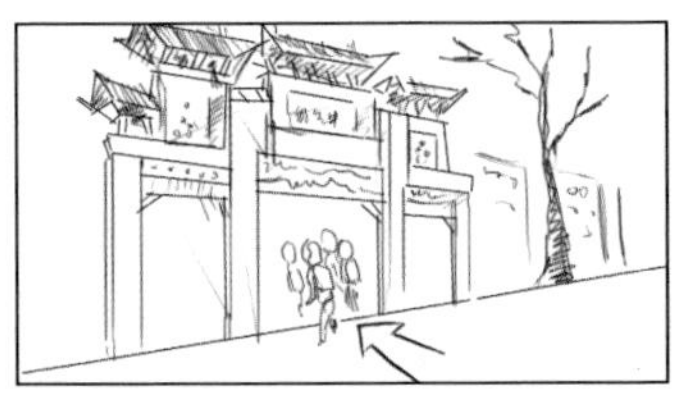

C# 2

insert 이국적인 풍경의 차이나타운 골목을 따라 걷는 아이들

S# 27

중국집 (과거)

기태에 대한 보경의 남다른 태도

(D) (L) CUT : (20)

C# 1

벽지부터 불빛까지 온통 빨간색 위주의 중국집 실내. 테이블에 둘러앉아 잔뜩 차려진 음식을 먹는 아이들.

C# free

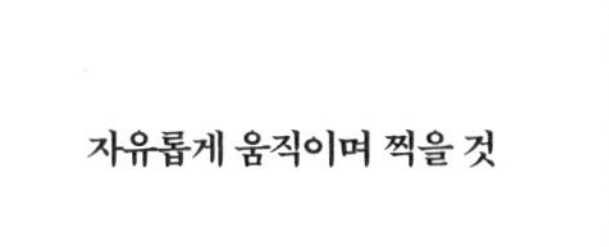

기태 : 야, 이거 뭐 우리 동네 중국집하고 큰 차이 없잖아.
동윤 : 그냥 닥치고 먹어, 임마. 맛만 있구먼…
기태 : 이게 맛있냐? 어?
세정 : 왜? 난 맛있는데…
기태 : 야, 니네 둘이 이럴 거야? 둘이 그렇고 그렇다 이거야, 뭐야!?
세정 : 뭔 헛소리야? 아니야!
기태 : 아니라고? 근데 너 왜 동윤이 옹호해?
세정 : 내가 언제 동윤이 옹호했는데? 맛있다고밖에 더 했어…

C# 2

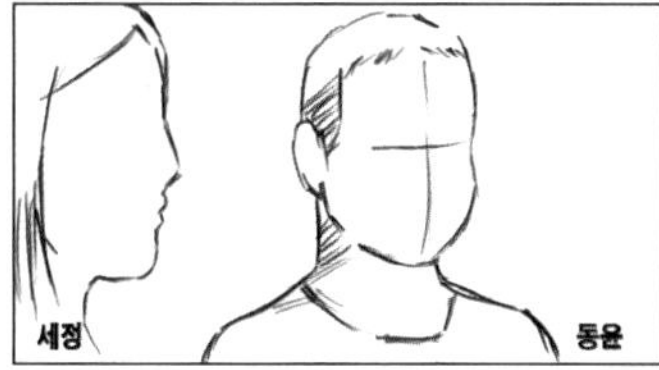

C# 3

기태 : 그게 동윤이 옹호한 거지.
동윤 : (세정 눈치 보며) 야야! 됐고, 닥치고 빨리 먹고 월미도 가자.

C# 4

애들끼리 시끄럽게 떠들며 밥 먹는 상황에서도 희준은 보경을 힐끔힐끔 본다.

S# 27	중국집 (과거)	(D) (L) CUT : (20)
	기태에 대한 보경의 남다른 태도	

C# 5

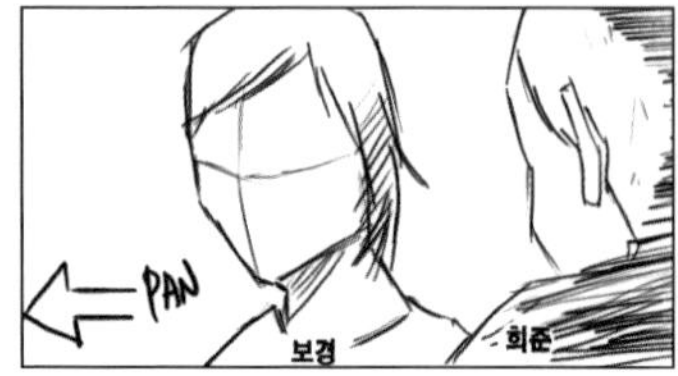

보경은 기태가 떠드는 모습을 보며 계속 재밌어하며 웃는다. 서로 정신없이 헐뜯고 장난치는 기태, 동윤, 세정 등…

보경 : (떠들고 있는 기태에게) 기태야…

못 들었는지 계속 떠드는 기태.

C# 6

보경 : 기태야.
기태 : (그제야) 어?
보경 : (요리를 종기 그릇에 담아서 주며) 이거 맛있어. 한번 먹어봐.
기태 : 어… 어… 알았어…

C# 7

희준 쪽을 힐끔 보는 기태.

S# 27	중국집 (과거)	(D) (L) CUT : (20)
	기태에 대한 보경의 남다른 태도	

C# 8

희준은 못 들은 척 그냥 짜장면을 먹고 있다.

보경 : 군만두도 아직 안 먹었지…?

보경, 멀리 있는 군만두를 기태 쪽으로 가지고 온다.

C# 9

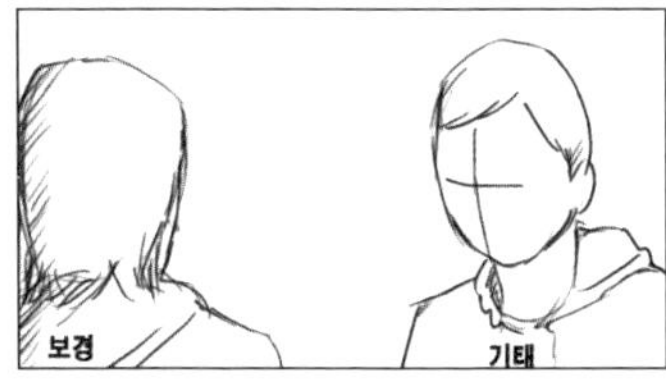

기태, 희준의 눈치를 살핀다. 희준은 그냥 계속 못 들은 척 혼자 먹는다. 불편한 기태.

보경 : 먹어봐 봐. 군만두는 진짜 괜찮아, 여기…
기태 : (보경을 보며) 왜 그래?

C# 10

보경 : …어?
기태 : 뭐 하는 거야, 지금?
보경 : …어?
기태 : 뭐 하는 거냐고?
보경 : …

C# 11

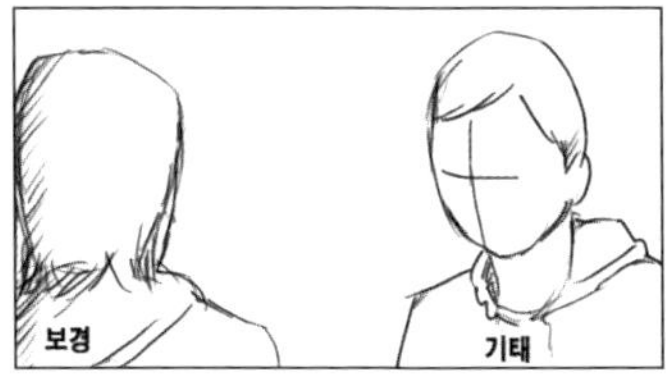

시끄럽던 자리가 조용해진다.

기태 : 너 희준이 질투심 느끼라고 나한테 이러는 거야? 어?

S# 27	중국집 (과거)	(D) (L) CUT : (20)
	기태에 대한 보경의 남다른 태도	

C# 12

보경, 당황한 듯 아무 말도 못 한다.

C# 13

희준도 놀란 눈으로 기태를 본다.

C# 14

희준과 눈이 마주치는 기태.

C# 15

어색해진 분위기.

C# 16

동윤 : 야, 야, 분위기 왜 이래? 아줌마, 여기 사이다 한 병만요~

S# 27	중국집 (과거)	(D) (L) CUT : (20)
	기태에 대한 보경의 남다른 태도	

C# 17

기태 : (급히 표정 바꾸며) 야, 빨리 먹고 나가자! 이러다 해 지겠다.

C# 18

다시 시끌벅적해진 자리.

C# 19

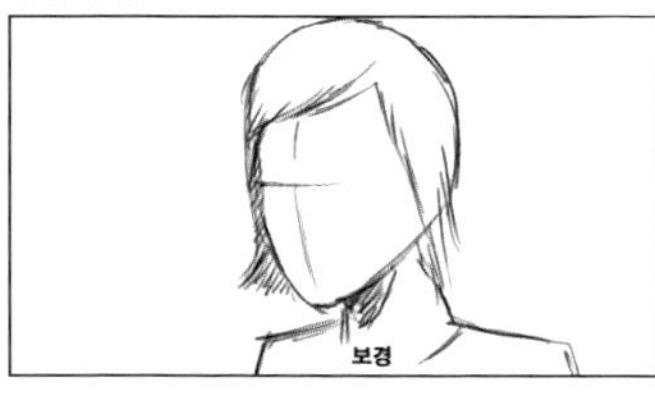

보경은 굳은 얼굴로 가만히 있고,

C# 20

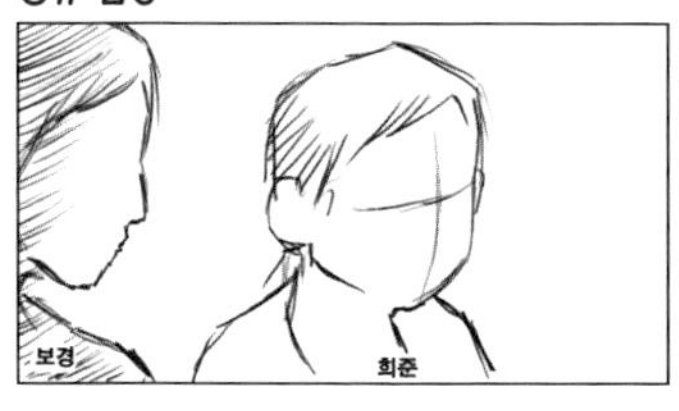

희준은 그런 보경을 본다.

〈부감도〉

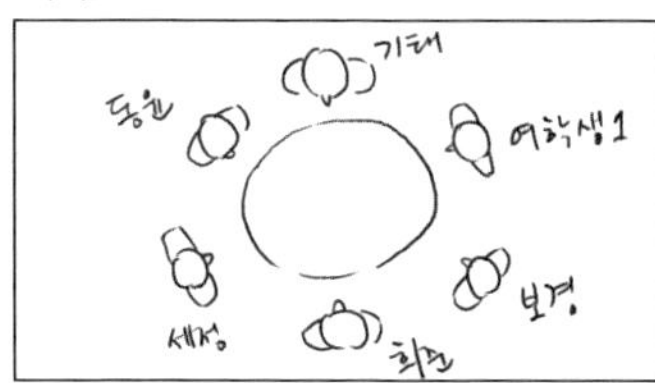

S# 28	월미도 (과거)	(D) (L) CUT : (5)
	해 질 무렵의 월미도	

C# 1

insert 월미도 바이킹 등 여러 가지 놀이기구의 풍경

C# 2

월미도 바닷가를 거니는 아이들. 앞서서 걸어가는 기태와 희준. 조금 떨어져서 뒤따라 걸어가는 여자아이들과 동윤.

C# 3

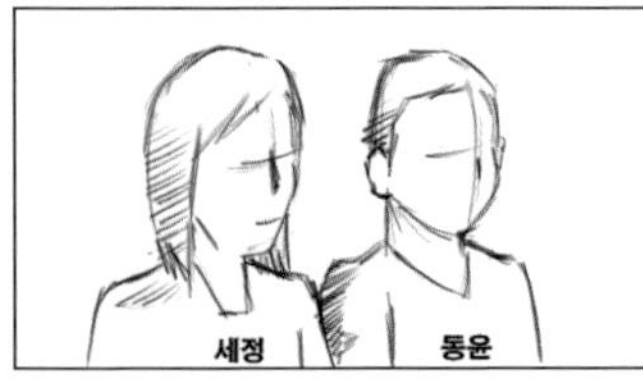

세정 : (앞서 걸어가는 기태와 희준을 보고) 걔네 둘 사귀어? 뭐야? 계속 둘만 붙어 다녀.
동윤 : 베키랑 기태?
세정 : 어… 근데 왜 희준이 보고 베키라고 불러?
동윤 : 백희준이니까 베키지.
세정 : (웃으면서) 뭐야, 그게! 유치하게… 어이없어, 진짜!

C# 4

앞서서 걷고 있던 기태는 희준에게 어깨동무를 한다.

기태 : 뭔 헛소리야? 병신아!
희준 : 진짜로… 보경이 너한테 관심 있는 거 같다고…
기태 : (어이없어하며) 야, 너 왜 이렇게 순진하냐? 어?

(…)

희준 : (오버스럽게) 아아아아!!! 야야야!! 놔!!

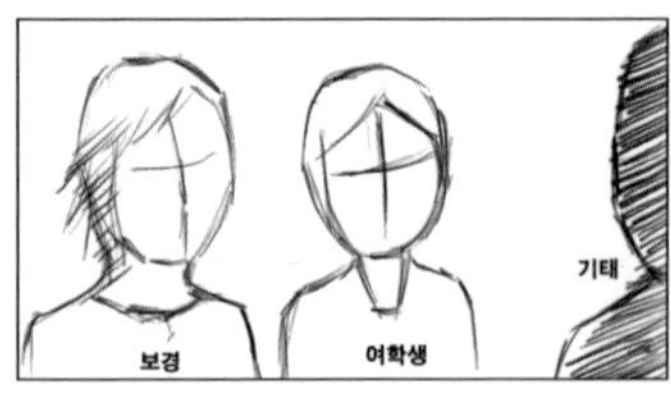

뒤따라 온 동윤과 여자아이들이 둘이 사귀냐고 놀려댄다.

S# 28	월미도 (과거)	(D) (L) CUT : (5)
	해 질 무렵의 월미도	

C# 5

해 질 무렵의 인천 바닷가의 풍경을 뒤로 한 채 보이는 즐거운 아이들의 모습.

S# 29	독서실 바깥 복도	(D) (L) CUT : (3)
	기태에 대해 이야기하는 희준	

C# 1

희준의 얘기를 듣고 있는 인식.

희준 : 그냥 제가 부족한 부분이 있으면 챙겨주고 그랬어요.

(…)

잠시 동안 조용한 두 사람. 복도는 조용하다.

C# 2 (A Cut)

(…)

희준 : 기태랑 동윤이 사이는 저나 다른 애들과는 달랐어요… 동윤이라면 알고 있을 거예요. 동윤이는 아버님이 원하는 이야기를 해줄 수 있을 거예요.

인식 : …

C# 3 (B Cut)

인식은 아무 말도 못하고 희준을 바라본다. 희준은 고개를 돌려 창밖을 내다본다.

S# 30	희준의 집 (과거)	(N) (L) CUT : (3)
	기태와 보경의 대화를 엿듣는 희준	

C# 1

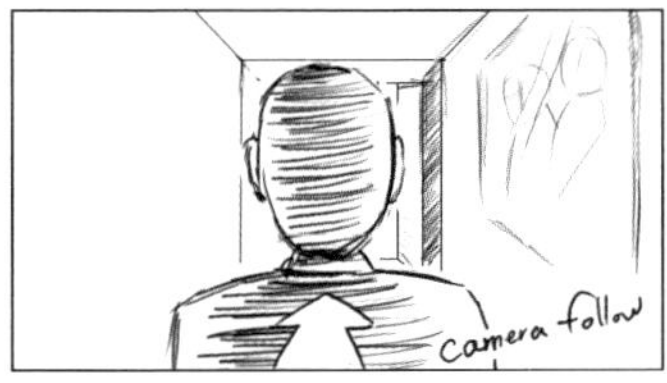

음악 소리가 들려온다. 거실을 지나는 동윤의 뒷모습. 그 뒷모습을 따라간다.

안방 안으로 들어와 화장실 문을 두드리는 동윤. 문이 살짝 열리고 변기에 앉아 있는 희준이 보인다.

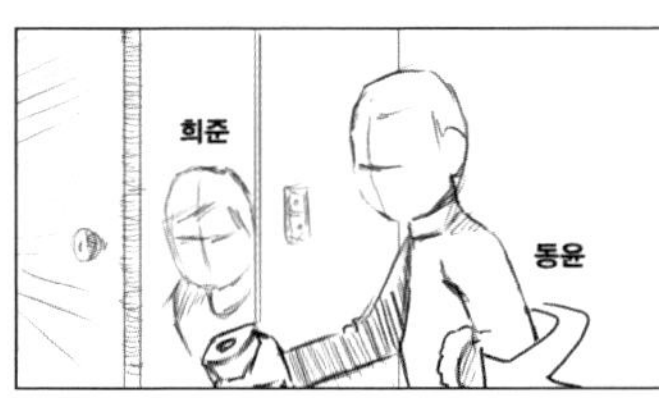

문 사이로 희준에게 두루마리 휴지를 건네는 동윤.

동윤 : (휴지를 건네며) 미친 새끼, 지네 집에서 휴지 달라고 핸드폰으로 전화하냐?
희준 : 조용히 해, 밖에 애들 있잖아!
동윤 : 알았으니까 빨리 닦고 나와! 냄새 존나 나.

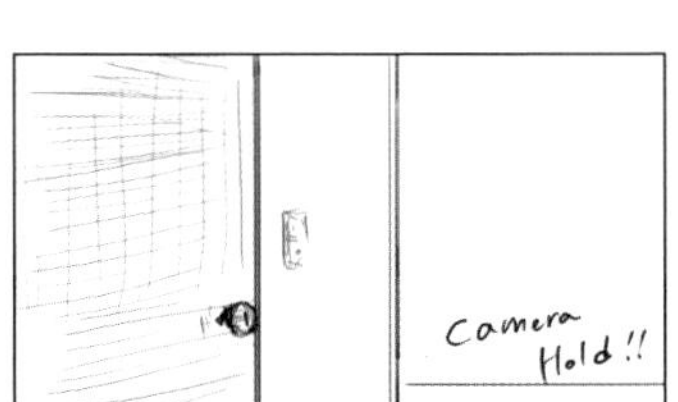

문을 닫고, 안방을 나와 거실 쪽으로 걸어가는 동윤. 화장실 문 너머로 변기 내리는 소리와 손 닦는 소리가 들린다.

닫혀 있던 화장실 문이 열리고 나오는 희준. 안방을 나와 거실로 향하다가 문득 맞은편 방 안에 누가 있음을 느끼고 방문 앞에 멈추는 희준. 살짝 열린 방문 틈으로 기태와 보경이 얘기를 나누고 있는 모습을 보는 희준.

S# 30	희준의 집 (과거)	(N) (L) CUT : (3)
	기태와 보경의 대화를 엿듣는 희준	

C# 2

무슨 얘기를 심각하게 나누는 듯하지만

C# 3

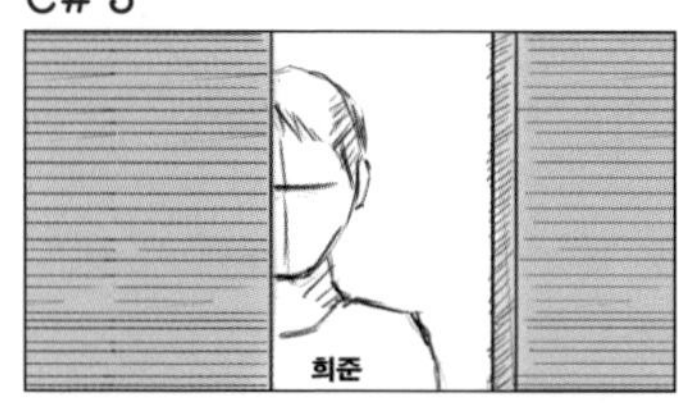

거실 쪽에서 들려오는 시끄러운 음악 소리 때문에 뭐라고 하는지 들리지 않는다.

〈부감도〉

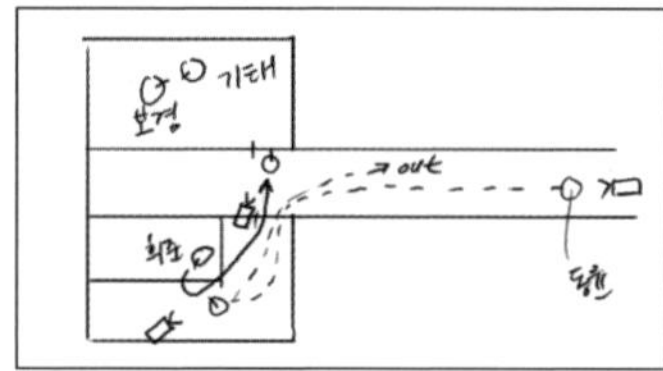

S# 31	희준의 집 (과거)	(N) (L) CUT : (7)
	게임 하는 아이들. 보경 눈치 보는 희준	

C# 1

맥주를 마시면서 보드게임을 하는 아이들. 동윤은 세정 옆에 바짝 붙어 앉아서 시끄럽게 얘기 중이다.

자유 셋팅 : follow위주로
master shot

C# 2

희준은 보드게임을 하다가 문득 보경 쪽을 본다.

C# 3

깔깔거리는 아이들과 달리 게임에 전혀 관심 없는 듯한 보경. 어두운 표정이다.

S# 31	희준의 집 (과거)	(N) (L) CUT : (7)
	게임 하는 아이들. 보경 눈치 보는 희준	

C# 4

냉장고 문을 열고 음료수를 꺼내는 희준.

희준 옆으로 기태가 온다.

기태 : 아, 재미없다.
희준 : (주스를 내밀며) 마실래?
기태 : 됐어. 근데 부모님 언제 오시냐?
희준 : 내일이나 오겠지.

C# 5 (A Cut)

주스를 컵에 따르는 희준.

기태 : 그럼 오늘 너네 집에서 잔다. 어?
희준 : …
기태 : 대답이 없냐? 야, 뭔 일 있어? 왜 말을 안 해, 새끼야?

(…)

C# 6 (B Cut)

희준 : 그런 식으로 얘기하지 마. 내가 네 부하냐?
기태 : (황당하다는 듯 희준을 본다) 왜 그래? 장난이야, 임마.
희준 : …

S# 31	희준의 집 (과거)	(N) (L) CUT : (7)
	게임 하는 아이들. 보경 눈치 보는 희준	

C# 7

희준, 주스가 담긴 컵을 들고 부엌을 나와 아이들이 있는 거실 쪽으로 간다.

그런 희준의 걸어가는 뒷모습을 바라보는 기태.

〈부감도〉

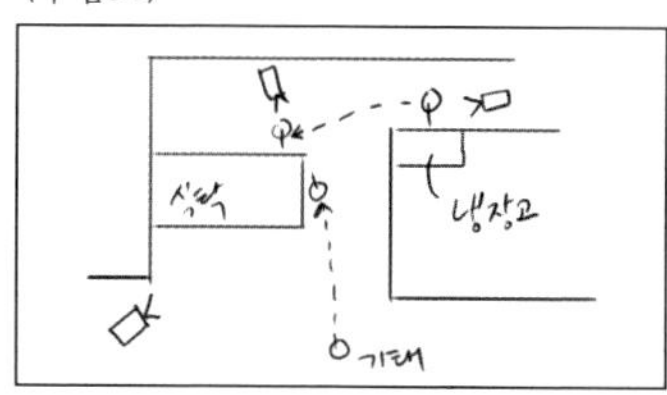

S# 32	교실 (과거)	(D) (L) CUT : (15)
	눈빛을 주고받는 희준과 재호	

C# 1

자유 follow cut

교실 뒤에서 기태와 재호가 장난으로 가짜 레슬링을 하고 있다. 기태가 재호를 넘어뜨려 헤드록을 건다. 아프다고 엄살 피는 재호. 주위 아이들 막 웃는다. 희준도 보면서 웃는다.

C# 2

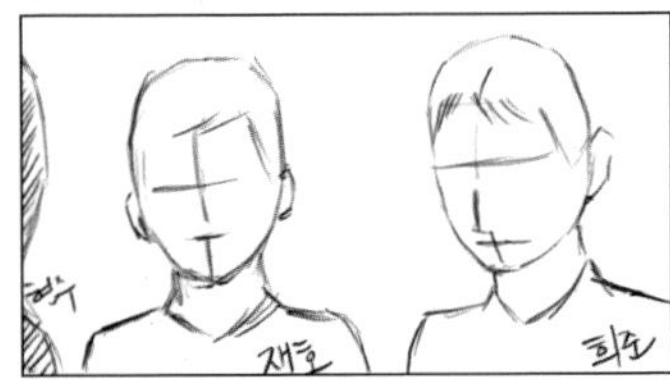

기태와 희준, 아이들이 교실에서 얘기를 나눈다.

희준 : 그래도 엄마가 공부하라고 하는 거보다는 낫잖아!
현수 : 넌 학원도 안 다니잖어.
재호 : 차라리 공부를 하지… 시발. 주말마다 뭐냐, 그게?
희준 : 돈도 받고 좋지 뭐!
재호 : 야, 존나 빡쎄. 엄마 꽃가게 일… 존나 짜증나!

(…)

C# 3

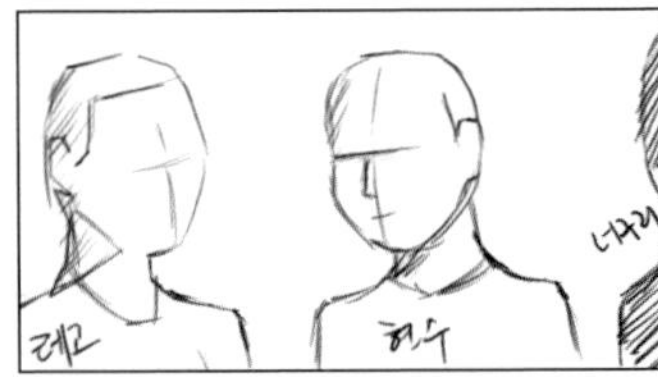

C# 4

웬일인지 애들 얘기를 계속 듣기만 하고 아무 말 없이 어색하게 웃기만 하는 기태.

C# 5

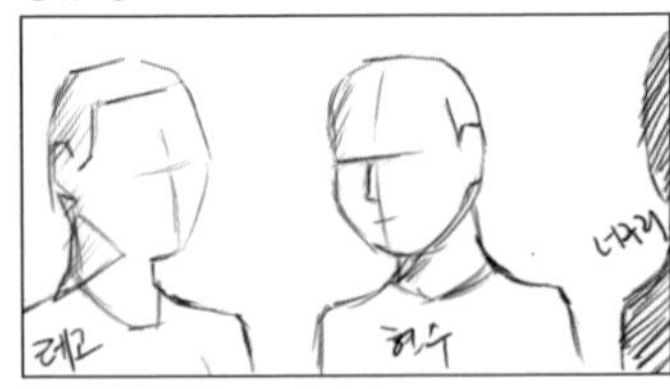

희준 : 앤 몰라, 공부하라는 스트레스 안 겪어봐서…

(…)

S# 32	교실 (과거)	(D) (L) CUT : (15)
	눈빛을 주고받는 희준과 재호	

C# 6

낄낄거리는 애들. 기태는 그냥 미소만 짓는다.

기태 : (그제야 다시 입을 연다) 야, 야, 어제 존나 어이없는 일 있었던 거 알아?
현수 : 뭔데?

C# 7

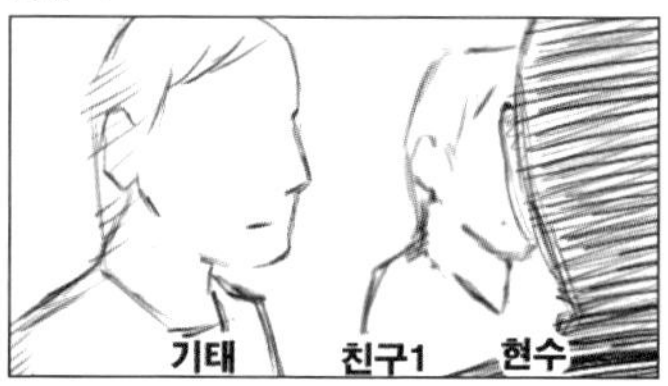

기태 : 굴다리 쪽에서…
현수 : 어…
기태 : 중삐리 새끼들이 대낮에 모여서 담배 피는 게 말이 되냐? 새파란 새끼들이 여자 끼고.

C# 8

현수 : 진짜? 야, 우린 뭐냐?
레고 : 가만히 냅뒀어?

C# 9

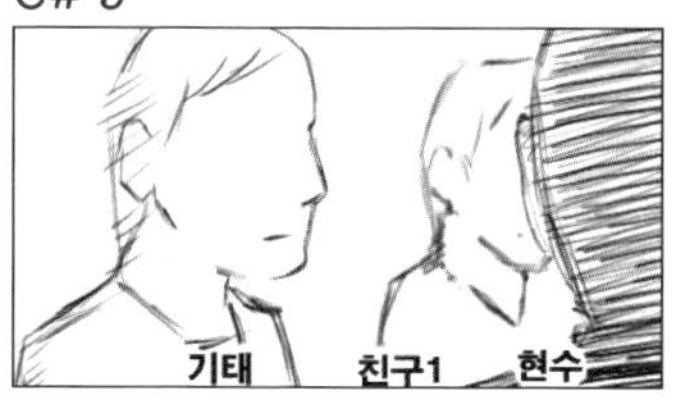

기태 : 존나 봤지!! 근데 새끼들이 존나 꼬라보는 거야?
레고 : 너를?
기태 : 어… 어! 근데 쪽수 세어보니까 한 일곱 명 되나? 괜히 잘못했다가 쪽 당할 거 같아서 지나가려고 하는데, 생각해 보니까 존나 열받는 거야, 시발…

C# 10

기태가 한창 자신의 얘기에 취해 열띠게 떠드는데 그런 기태를 사이에 두고 희준과 재호는 뭔가 공유하는 듯 서로 눈빛을 교환하며 미소 짓는다.

S# 32	교실 (과거)	(D) (L) CUT : (15)
	눈빛을 주고받는 희준과 재호	

C# 11

C# 12

그 순간 기태는 희준과 재호 사이의 눈빛 교환을 눈치채고 이야기를 멈춘다.

C# 13

순간 조용해진다. 희준은 갑작스레 이야기를 멈춘 기태의 눈치가 보였는지,

희준 : 그래서 어떻게 됐는데? 그냥 내버려 뒀어?
기태 : …

C# 14

기태는 아무 말도 안 한다.

희준 : 왜 얘기를 하다 말아? 어? 어떻게 됐는데?
기태 : (표정이 굳어서) 잠깐 화장실 갔다 올게.

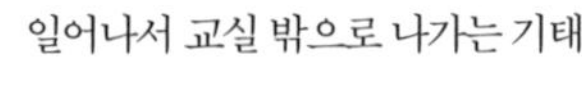
일어나서 교실 밖으로 나가는 기태.

S# 32	교실 (과거)	(D) (L) CUT : (15)
	눈빛을 주고받는 희준과 재호	

C# 15

희준과 재호 등 다른 아이들은 황당하다는 듯 서로를 본다.

〈부감도〉

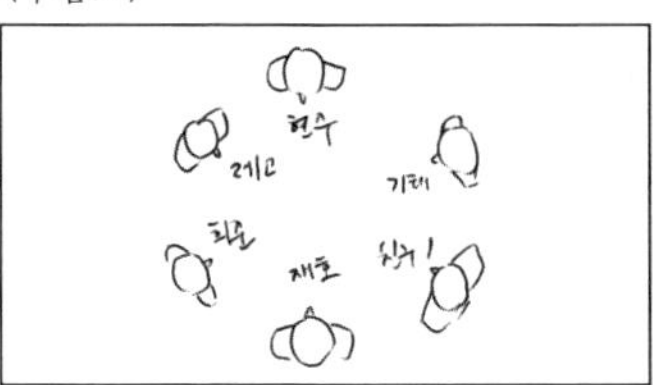

S# 33	학교 건물 뒤 (과거)	(D) (L) CUT : (6)
	재호에게 눈빛 교환을 따지는 기태	

C# 1

학교 건물 뒤쪽 입구에 서 있는 기태와 재호. 재호는 멀뚱히 서 있고, 기태는 주머니에 손 넣은 채 재호와 마주하고 있다.

C# 2

재호 : …
기태 : 아까 왜 그런 거야?
재호 : 뭐가…?

(…)

기태 : (나지막하게) 여기서 싸대기 맞기 싫으면 그냥 얘기해.

C# 3

C# 4

재호 : … (주저하는 재호)
기태 : (재호를 쳐다보는 눈빛이 강렬하다)
…
재호 : 애들끼리 있을 때 얘기한 거 때문에…
기태 : 무슨 얘기?
재호 : (기어들어 가는 목소리로) 너가 애들끼리 부모님 관련된 얘기가 나오면 아무 말도 안 한다고… 아무 말도 안 하다가 딴말하고 그런다고… 근데 그 얘기한 지 얼마 안 돼서 너가 또 그래서… 그래서…
기태 : 그래서 너네끼리 눈빛 주고받은 거야? 비웃듯이?

C# 5

재호 : 비웃은 거 아니야. 그냥 어쩌다… 진짜 어쩌다…
기태 : 그래서 희준이랑 눈빛 주고받은 거냐고?

(…)

S# 33	학교 건물 뒤 (과거)	(D) (L) CUT : (6)
	재호에게 눈빛 교환을 따지는 기태	

C# 6

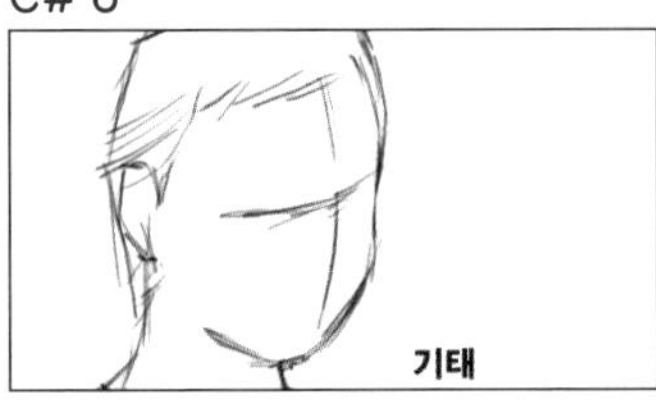

기태 : (나지막하게) 얘기해 봐, 시발.
재호 : 눈빛은 주고받았는데, 비웃은 건 아니야.

S# 34	골목 (과거)	(D) (L) CUT : (11)
	자신의 집안 사정을 희준에게 털어놓는 기태	

C# 1

C# 2

C# 3

집으로 가는 골목을 나란히 걷는 기태, 동윤, 희준. 이런저런 얘기들을 주고받는 동윤과 희준과 달리 기태는 아무 말도 없이 조용히 걷는다.

희준 : 세정이 때문에 우리는 아예 신경도 안 쓰잖아. (기태한테) 그치?
기태 : …
동윤 : 무슨 소리야. 똑같애.
희준 : 야, 최근 일주일 동안 너랑 이렇게 집에 같이 간 적 없잖아.
동윤 : 알았으니까, 오랜만에 야구나 할래?
희준 : 됐어. 얼굴에 세정이 보고 싶다고 써져 있어.
동윤 : 아니야, 임마. 야구하러 가자…?
기태 : …
희준 : 그래, 그럼 간만에 캐치볼 하자.

C# 4

동윤 : (말 없는 기태를 보고) 기태야, 왜 이렇게 말이 없냐? 오늘따라…
기태 : (주머니에서 손을 빼며 먼지 같은 것들을 본다) 별로 할 말이 없네.

의아한 동윤과 희준. 걸음을 멈추는 기태. 동윤과 희준도 따라 멈춘다.

S# 34	골목 (과거)	(D) (L) CUT : (11)
	자신의 집안 사정을 희준에게 털어놓는 기태	

C# 5 (A Cut)

기태 : 한 가지 얘기하고 싶은 게 있긴 있다, 베키.
희준 : 어?
기태 : 넌 집에 가면 어머니가 밥해 주고, 공부하라고 얘기해 주지…

C# 6 (B Cut)

희준 : …왜 그래?
기태 : 난 집에 가면 내가 밥해 먹어. 가끔 아버지 얼굴 보면 인사하고. 아침에 눈 떠보면 지각이라서 막 왜 안 깨웠냐고 화내거든. 근데 안 계시잖아, 엄마가.
희준 : …왜 그래, 기태야?
기태 : 아무도 없어.
희준 : …

C# 7 (C Cut)

기태 : 그 정도야, 그 정도가 내가 얘기할 수 있는 우리 집 관련된 얘기야. 됐지?
희준 : …
동윤 : 갑자기 왜 그래…?

희준은 뭔 소린지 영문을 모르겠다는 표정이다.

C# 8 (A Cut)

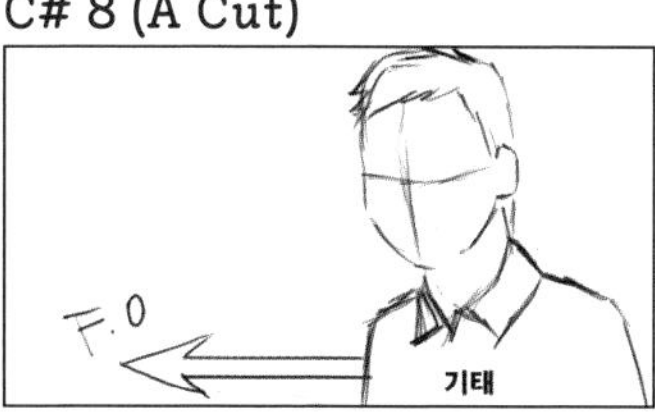

기태 : (희준을 응시하며) 됐냐고?
희준 : (당황한 듯) …
기태 : 나, 일 있어서 먼저 간다.

S# 34

골목 (과거)	(D) (L) CUT : (11)
자신의 집안 사정을 희준에게 털어놓는 기태	

C# 9

기태, 희준과 동윤을 뒤로 한 채 왼쪽 갈림길을 향해 걸어간다. 걸어가다 문득 멈춘 기태, 희준과 동윤 쪽으로 뒤돌아보고 잘 가라고 손을 한번 들고는 다시 갈 길을 간다.

C# 10

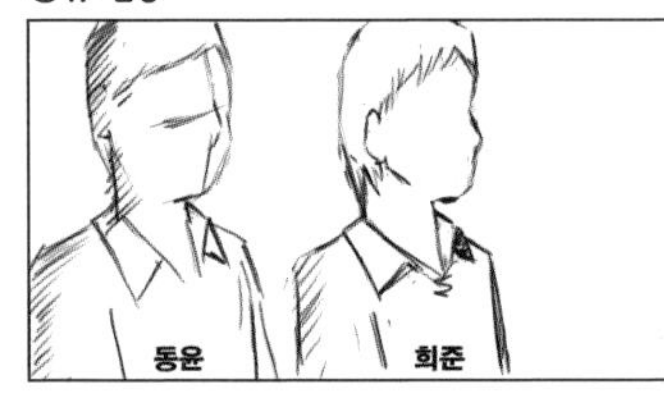

동윤 : 왜 저래?

희준은 자신도 영문을 모르겠다는 듯이 어깨를 으쓱이며 기태 쪽을 본다.

C# 11

골목을 따라 멀어지는 기태의 뒷모습.

S# 35	독서실 건물	(D) (L) CUT : (1)
	상가 층계참에서 기다리는 인식	

C# 1

상가의 층계참에 서서 창밖을 내다보며 담배를 피우는 인식. 무얼 생각하는지 한참 동안 서 있다.

S# 36	독서실 안	(D) (L) CUT : (1)
	짐을 챙겨 나가는 희준	

C# 1

조용하고 어두운 독서실 안. 희준, 자신의 책상에 있는 책과 필기도구 등을 가방 안에 넣는다.

옆 칸 친구 : (조용히) 벌써 가게?

희준 : (짐을 챙기며) 그냥, 오늘은 공부가 안 되네…
옆 칸 친구 : 내일 올 거지?
희준 : 그래야지. (짐을 다 챙기고) 갈게, 내일 봐.
옆 칸 친구 : 어, 가.

S# 37	**독서실 건물**	(D) (L) CUT : (4)
	층계참에서 인식과 만나는 희준	

C# 1

계단을 걸어 내려가는 희준.

내려가다 보니, 층계참에 서 있는 인식이 보인다.

C# 2

희준 : (인식에게 다가가) 아버님, 아직 안 가셨어요?

S# 37	독서실 건물	(D) (L) CUT : (4)
	층계참에서 인식과 만나는 희준	

C# 3 (A Cut)

인식 : 생각보다 금방 나왔네.
희준 : 그냥, 공부도 안 되고 해서 집에 들어가려고요.
인식 : 나 때문에 그러니, 미안하다…

(…)

C# 4 (B Cut)

희준 : 아니에요. 저도 이대로는 마음이 불편했는데… 걱정하지 마세요. 연락 닿는 대로 바로 아버님께 전화 드릴게요.

S# 38	희준의 방	(D) (L) CUT : (5)
	서랍을 열어 옛날 핸드폰을 찾는 희준	

C# 1

커튼이 처져 있어 어두운 방. 방 안을 서성거리면서 통화하는 희준.

희준 : 그래? 학교를? …왜? 언제부터? …어… 그럼, 동윤이랑 연락이 아예 안 되는 거야?

(…)

C# 2

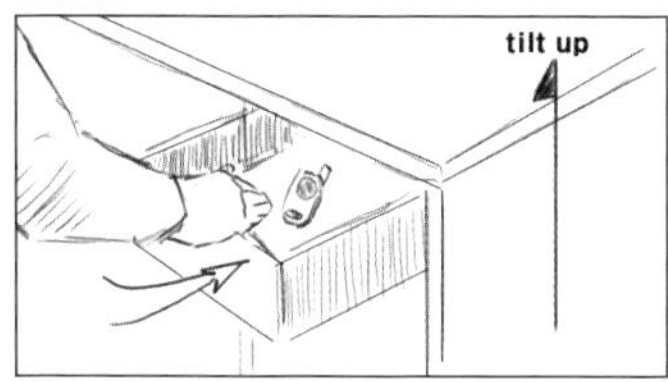

전화를 끊는 희준. 책상 서랍을 열어 뭔가를 찾는다. 옛날 핸드폰을 꺼내서 충전기에 꽂는다.

침대에 앉아서 핸드폰 번호를 살피는 희준. 전화를 거는 희준. 한참 동안 핸드폰을 들고 있지만 응답이 없다. 전화를 끊는다.

C# 3

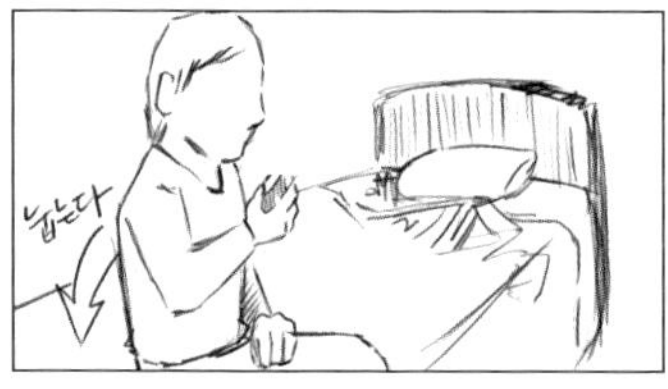

한숨을 쉬며 침대에 그대로 발라당 뒤로 눕는 희준.

S# 38	희준의 방	(D) (L) CUT : (5)
	서랍을 열어 옛날 핸드폰을 찾는 희준	

C# 4

C# 5

머리가 아픈 듯 손으로 머리를 감싼다.

S# 39	지하철 안	(D) (L) CUT : (2)
	야구공을 보는 희준	

C# 1

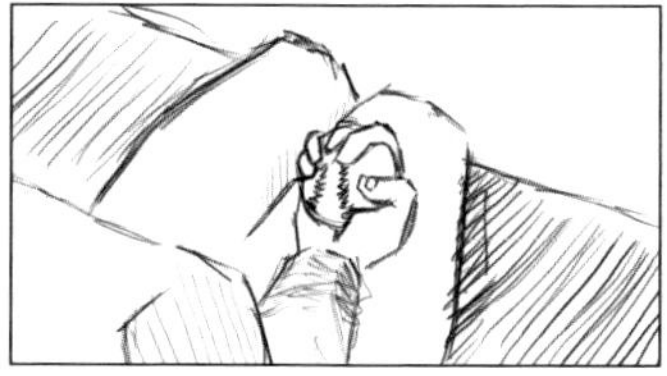

희준은 두툼한 파카를 입은 채 앉아 있다. 손에는 야구공 하나가 쥐어져 있다.

C# 2

야구공을 내려다보는 희준. 희준의 뒤쪽으로 지나가는 쓸쓸한 바깥 풍경.

S# 40

학교 화장실 (과거)	(D) (L) CUT : (4)
희준에게 망보라고 하는 기태, 맘 상한 희준	

C# 1

화장실에서 아이들끼리 서로 담뱃불을 붙여주고 있다. 아이들은 선생이 오는지 망봐야 하니까 가위바위보를 하자고 한다.

C# 2

기태 : 베키, 네가 망봐.

희준은 못 들은 척 가만히 있다.

기태 : 야, 베키 씹냐? 망보라니까.
희준 : 뭐?

C# 3

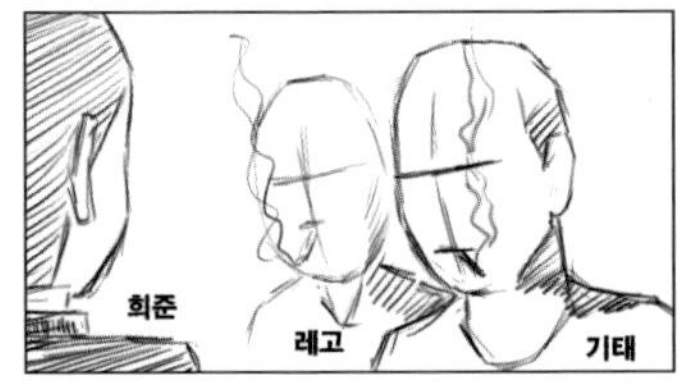

기태 : 너 어차피 담배도 안 피잖아, 어?
희준 : (기태를 쳐다본다) 아, 진짜…
기태 : 야, 표정 풀고 망봐. 새끼야.

희준은 어이없어하며 화장실 밖으로 나가려고 한다. 기태, 희준을 붙잡는다.

기태 : 야, 야, 장난이야. (머리를 만진다)
희준 : (머리 만진 손을 짜증 난다는 듯이 치운다) …

S# 40	학교 화장실 (과거)	(D) (L) CUT : (4)
	희준에게 망보라고 하는 기태, 맘 상한 희준	

C# 4

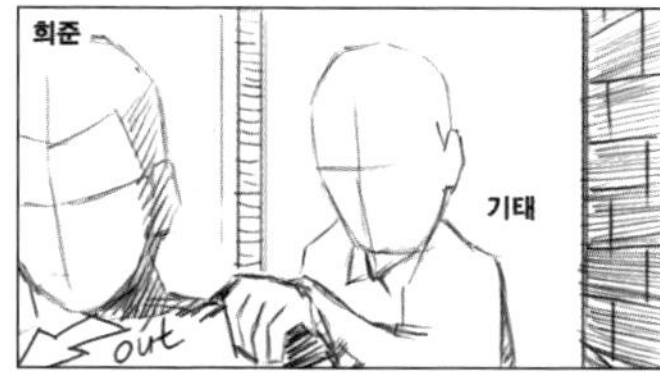

기태 : 장난이라니까…
희준 : 알았다고… (기태가 잡은 팔을 빼며)

희준은 얼굴이 굳어서 화장실 밖으로 나가버린다.

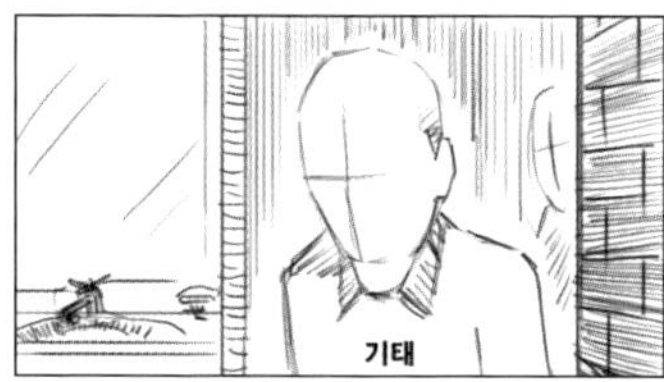

화장실 밖으로 나가는 희준의 뒷모습을 바라보는 기태, 감정을 억누르는 듯하다.

〈부감도〉

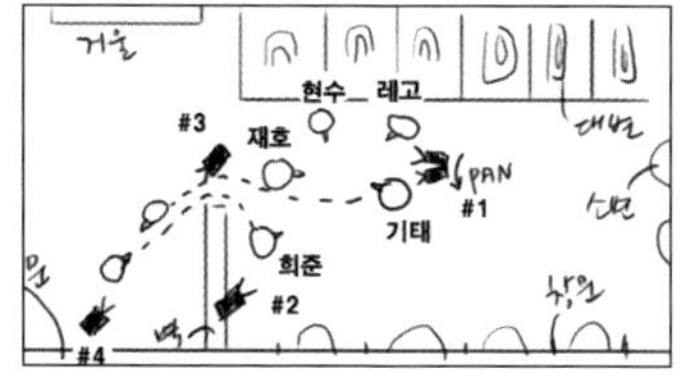

S# 41	학교 복도 (과거)	(D) (L) CUT : (6)
	사과하던 기태의 태도가 돌변한다	

C# 1

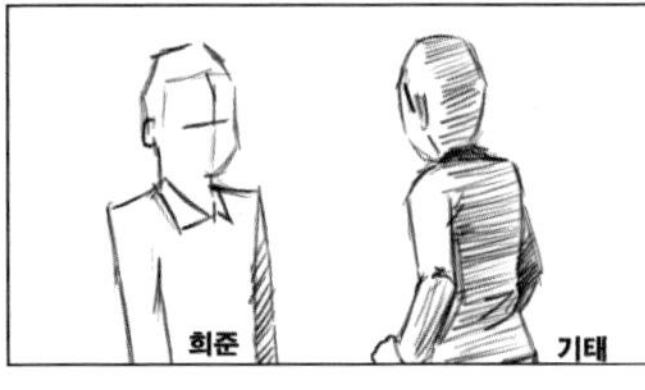

학교 복도에서 얘기 중인 기태와 희준.

기태 : 야, 삐졌냐? 왜 그래?
희준 : 됐어…
기태 : 야, 화 풀어. 미안해…
희준 : 알았어…
기태 : 응? 미안해. 진짜.

C# 2 (A Cut)

희준 : 알았으니까 좀… (기태가 잡은 손을 억지로 푼다)
기태 : …
희준 : 먼저 들어갈게… (가려고 한다)
기태 : 아, 시발 진짜!
희준 : (놀란 눈으로 기태를 본다) …

C# 3 (B Cut)

기태 : 내가 미안하다고 그랬지.

시끄럽던 복도가 조용해진다.

기태 : 내가 미안하다고 했잖아. 어? 왜 그런 건데?

C# 4

희준 : 알았다고 했잖아.
기태 : (희준의 뺨을 툭툭 친다) 알았다고 하면 다냐?
희준 : (기태가 얼굴을 툭툭 치자 얼굴이 굳는다) …
기태 : 인상 안 풀어?
희준 : (인상 쓴 채로 가만 있는다) …
기태 : 인상 풀라고 새끼야!

S# 41

학교 복도 (과거)	(D) (L) CUT : (6)
사과하던 기태의 태도가 돌변한다	

C# 5

주변에서 재호와 아이들이 기태를 말린다.

기태 : 시발, 진짜. 좆같은 새끼가…

교실 쪽으로 기태를 끌고 가는 재호, 현수와 아이들.

C# 6

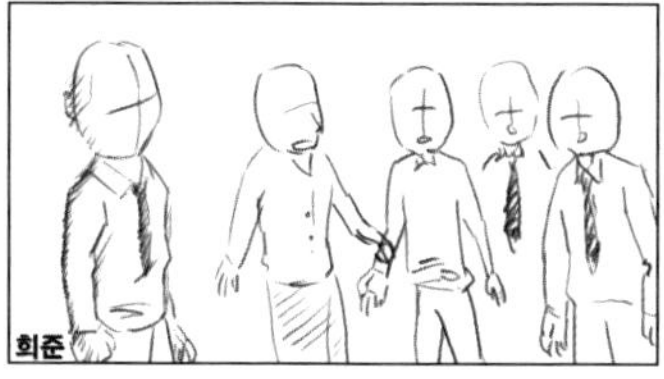

홀로 남은 희준. 주변에 구경하던 아이들은 말없이 희준을 지켜본다.

S# 42

폐역사 기찻길 (과거)	(D) (L) CUT : (5)
전화 받지 않는 희준이 걱정되는 동윤	

C# 1

기태, 혼자 하늘을 향해 공을 던지고 잡기를 반복한다. 동윤은 역사 한쪽에 앉아 핸드폰으로 어딘가에 전화하고 있다.

C# 2

동윤 : (핸드폰을 끊으며) 전화 안 받는데.
기태 : 그래?
동윤 : 베키, 뭔 일 있는 거 아니야?
기태 : 별일 없겠지…

C# 3

기태는 계속 하늘을 향해 공을 던지고 받는다. 그러다 공을 동윤에게 던진다.

C# 4

얼떨결에 공을 받는 동윤,

C# 5

공을 바라본다.

S# 43	교실 (과거)	(D) (L) CUT : (10)
	희준에게 무시당하는 기태	

C# 1

교실 뒤에서 아이들끼리 시끌벅적하게 떠들고 있다.

C# 2

기태도 아이들과 함께 웃으며 떠들고 있다.

C# 3

그때 교실 문이 열리고 들어오는 희준.

C# 4

기태, 들어오는 희준을 보고는 이쪽으로 오라고 손짓한다.

C# 5

희준, 기태를 보지만 그냥 무시한다.

S# 43	교실 (과거)	(D) (L) CUT : (10)
	희준에게 무시당하는 기태	

C# 6

기태, 무안하다는 듯 손을 내린다.

C# 7

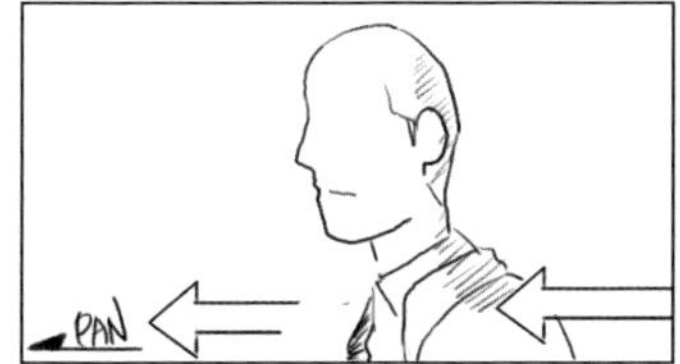

희준, 자신의 자리에 앉는다.

S# 43	교실 (과거)	(D) (L) CUT : (10)
	수업 중에 희준을 바라보는 기태	

C# 8

수업하는 풍경.

C# 9

기태는 창밖을 내다보다가 희준 쪽을 본다.

C# 10

공부하고 있는 희준의 모습.

S# 44	교실 (과거)	(D) (L) CUT : (4)
	자는 희준을 깨우는 기태	

C# 1

희준, 책상에 엎드려 누워 있다. 희준의 뒤통수를 장난스럽게 툭툭 치는 기태. 희준, 깜짝 놀라 일어난다.

기태 : 뭐 이렇게 하루 종일 자냐? 어?

C# 2

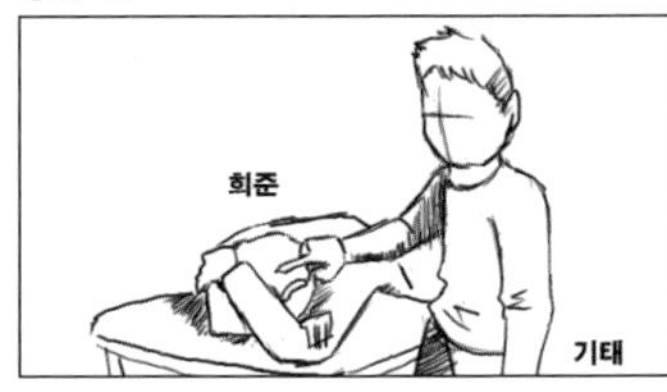

희준, 기태를 힐끗 보고 그냥 바로 다시 책상에 엎드린다. 엎드려 있는 희준의 머리를 만지는 기태. 희준은 그런 기태의 손이 짜증 난다는 듯 손을 쳐내며 고개를 옆으로 돌린다. 기태, 가만히 서서 엎드려 있는 희준의 뒤통수를 물끄러미 바라본다.

C# 3

조용히 희준의 앞자리에 앉는 기태.

기태 : (희준의 엎드려 있는 머리에 대고 나지막하게) 고개 들어, 이 시발놈아.

희준, 고개를 든다.

C# 4

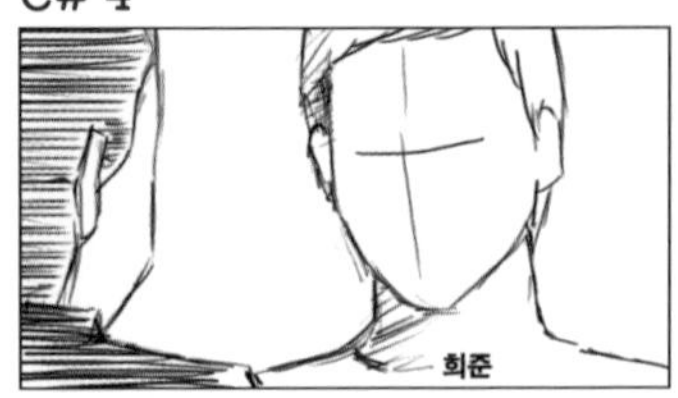

기태는 희준을 죽일 듯 노려보고, 희준은 눈을 피하지 않는다.

S# 45	아파트 복도	(D) (L) CUT : (3)
	초인종을 누르지만 응답이 없다	

C# 1

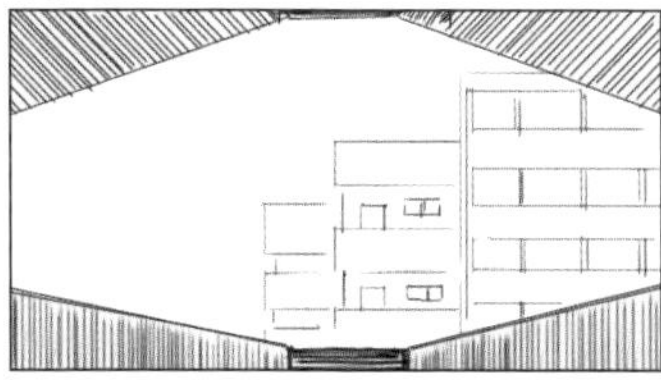

아파트 복도를 통해 보이는 아파트 단지의 전경.

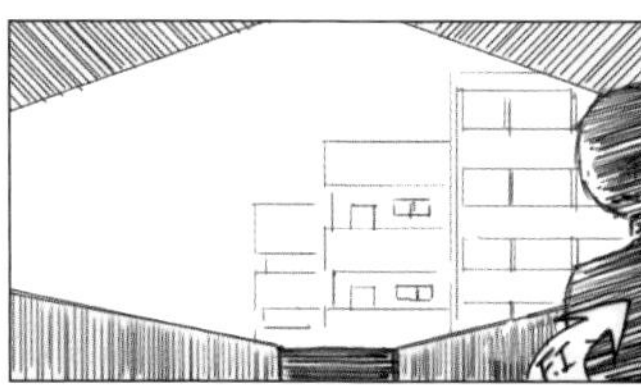

누군가 그 전경 안으로 들어온다.

희준이다. 기다란 아파트 복도를 따라 걸어간다.

복도를 따라 걷다가 한곳에 멈추는 희준.

현관문 앞에서 한참 동안 뜸 들이다가 벨을 누른다.

S# 45	아파트 복도	(D) (L) CUT : (3)
	초인종을 누르지만 응답이 없다	

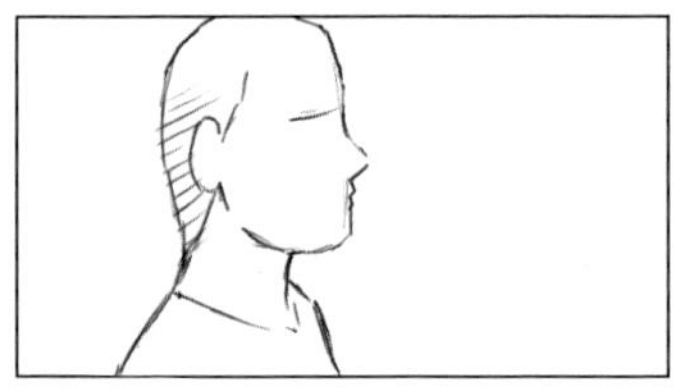

응답이 없자 몇 번이고 다시 누른다. 여전히 응답이 없다.

C# 2

아파트 전경이 보이고 그 위로 통화하는 희준의 목소리가 들려온다.

희준 : (v.o) 예, 지금 와 있거든요.
…아니에요, 괜찮아요.

화면이 옆으로 움직이자 복도에서 통화하고 있는 희준이 보인다.

희준 : 제가 하고 싶어서 이러는 거예요.
… 아니에요. 아버님, 안 오셔도 돼요.
만나게 되면 바로 연락드릴게요.
예… 예… 걱정하지 마세요. 예… 끊을게요.
예…

C# 3

전화를 끊는 희준. 복도에 서서 아파트 단지를 내려다본다.

S# 46	아파트 단지 내 주차장	(D) (L) CUT : (3)
	재호에게 동윤의 행방을 묻는 희준	

C# 1

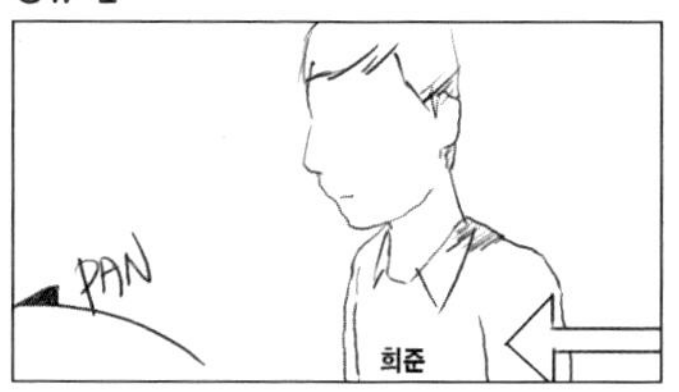

단지 내 주차장을 걸어가는 희준.

주차장 입구에서 오토바이를 타고 오는 재호. 재호의 오토바이가 희준 앞에 선다. 시동을 끄고 내리는 재호. 못마땅한 듯 희준을 바라본다.

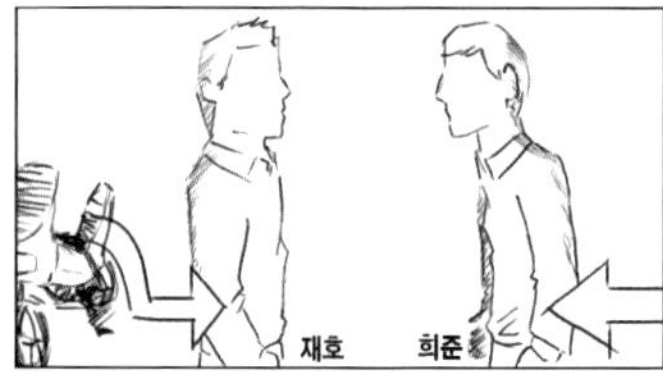

(…)

희준 : 기태 아버님 만났어… 알지?
재호 : …얘기는 잘했냐?
희준 : 나 전학 갔잖아. 니들 때문에… 어? 근데 내가 뭘 안다고 내 번호를 가르쳐 드려…?

(…)

재호 : 네가 제일 잘 알 거 아니야? 기태 그런 모습…
희준 : 너도 마찬가지 아니냐?
재호 : (헛웃음을 짓는다) …
희준 : …

C# 2 (A Cut)

C# 3 (B Cut)

S# 47	폐역사 기찻길	(D) (L) CUT : (2)
	텅 빈 역사를 찾은 희준	

C# 1

공터를 지나

텅 빈 폐역사를 걷는 희준.

focus가 희준에게 이동한다

누가 없는지 주변을 살핀다. 생각에 잠긴 듯 역사의 플랫폼을 따라 걷는다.

C# 2

텅 빈 역사에 홀로 서 있는 희준의 먼 전경.

S# 48	고가 아래 (과거)	(D) (L) CUT : (4)
	S#2와 연결. 아이를 구타하고 있는 기태	

C# 1

피투성이가 된 아이를 향해 주먹을 날리는 기태. S#2와 연결되는 장면.

C# 2

안 되겠다 싶었는지 기태를 뜯어말리는 아이들.

기태 앞의 아이는 미동도 하지 않은 채 쓰러져 있다.

C# 3

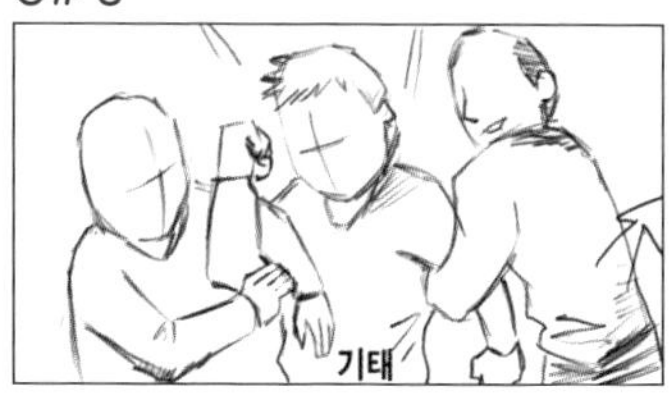

기태, 눈이 완전히 뒤집혀 있다.

C# 4

희준은 그런 기태를 본다.

동윤 focus out

S# 49

고가 옆 공터 (과거)

희준을 제대로 보지 못하는 기태

(D) (L) CUT : (3)

C# 1

고가 옆 공터를 걷는 아이들. 아이들은 기태가 오늘 짱이었다는 식으로 기태를 띄우면서 시끌벅적하게 걷고 있다.

C# 2

기태는 한 손에 임시방편으로 하얀 천으로 손을 감고 있다. 피로 물든 하얀 천. **(손을 잠깐 스치듯 보여준다. 아른거리는 느낌이 들도록)**

C# 3

걷고 있던 기태는 희준 쪽을 본다.

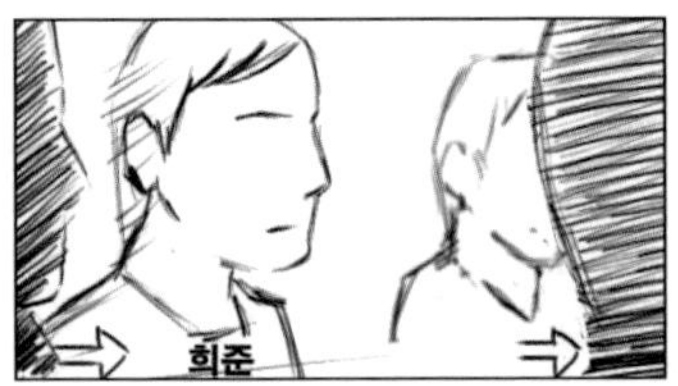

혼자 바닥을 보며 걷는 희준. **(주변 아이들이 보였다 사라졌다 한다)**

〈부감도〉

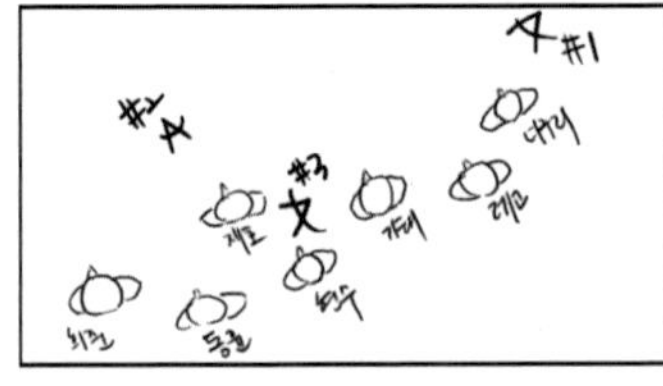

S# 50	놀이터 (과거)	(D) (L) CUT : (5)
	기태에게 싸우지 말라고 충고하는 동윤	

C# 1

아파트 단지 내 놀이터 그네에 앉아 있는 기태. 손에 난 상처를 하얀 천으로 감싸고 있다. 바들바들 떨고 있는 기태.

C# 2

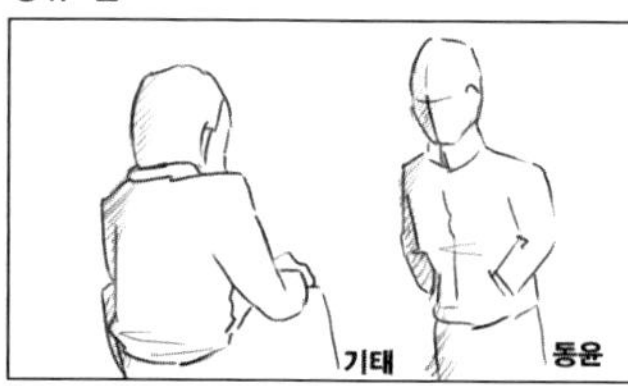

동윤은 그런 기태를 바라본다.

기태 : 아무 일 없다고… 몇 번을 얘기해.
동윤 : …진짜지…?
기태 : 왜 그렇게 생각하는데? 희준이하고 나하고 뭐 있을 거 같애?
동윤 : 그냥 요즘 좀 달라진 거 같아서… 아까도 베키, 말없이 갔잖아.
기태 : … (떨고 있는 기태) 사정이 있겠지.
동윤 : …
기태 : 존나 춥네… 왜 이렇게 춥냐…
동윤 : 추운 게 아니고 무서운 거 아니야…
기태 : …

C# 3

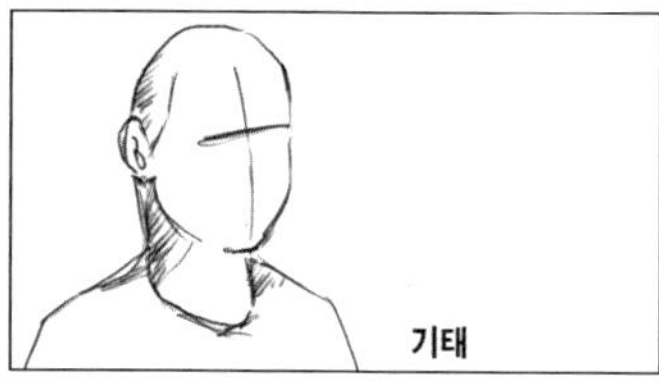

C# 4

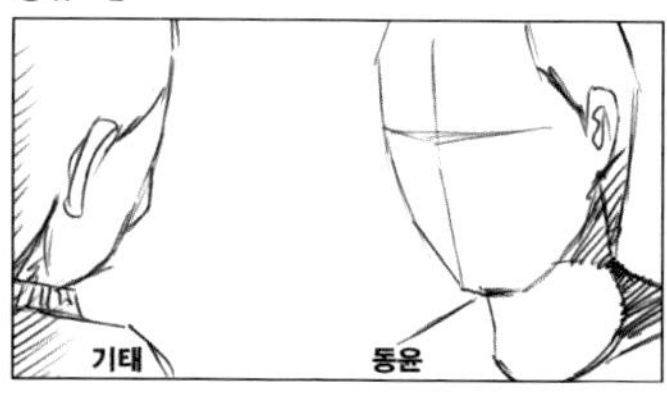

동윤 : 병신 새끼, 넌 싸움 같은 거 하지 마. 존나 깜냥도 안 되면서… 항상 싸우기 전에도 그렇고, 싸우고 나서도 그렇고, 이렇게 존나게 떨잖아.
기태 : …
동윤 : 애들이 이거 알면 얼마나 실망하겠어. 어? 네가 이렇게 떨고 있는 거 보면…

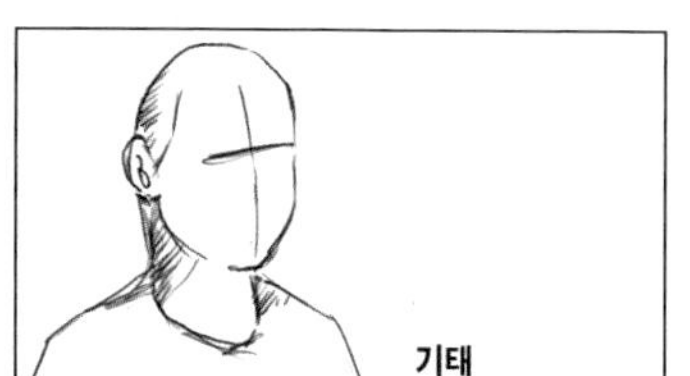

기태 : 그래서 안 보여주잖아…
동윤 : 그래… 잘났다, 새끼야.
기태 : …
동윤 : 일어나. 집에 가자…

S# 50	놀이터 (과거)	(D) (L) CUT : (5)
	기태에게 싸우지 말라고 충고하는 동윤	

C#5

여전히 떨리는 기태의 손. 일어나는 기태.

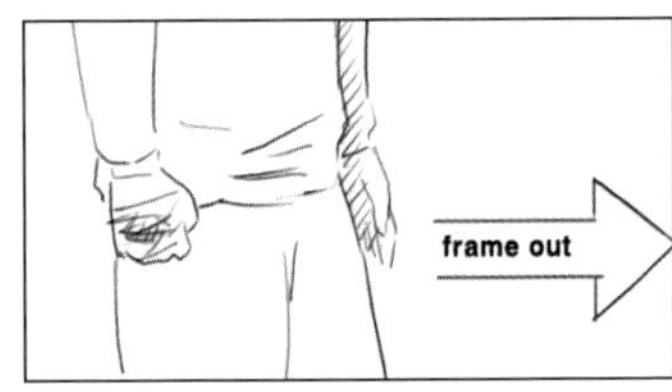

S# 51	아파트 복도	(N) (L) CUT : (4)
	희준을 보게 되는 동윤	

C# 1

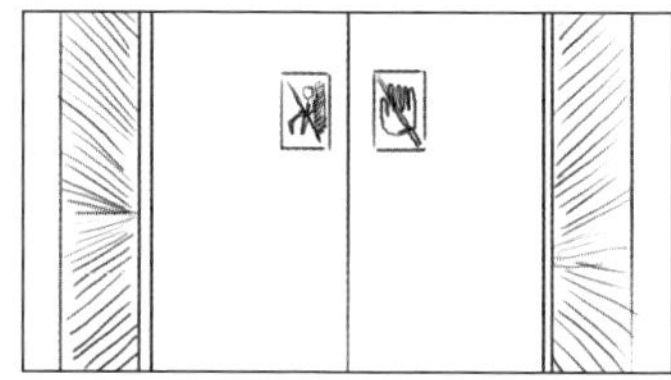

'띵' 소리가 나며 엘리베이터 문이 열린다.

동윤이 엘리베이터 안에 서 있다. 눈을 감고 있던 동윤, 눈을 뜬다. 엘리베이터 밖으로 나오는 동윤.

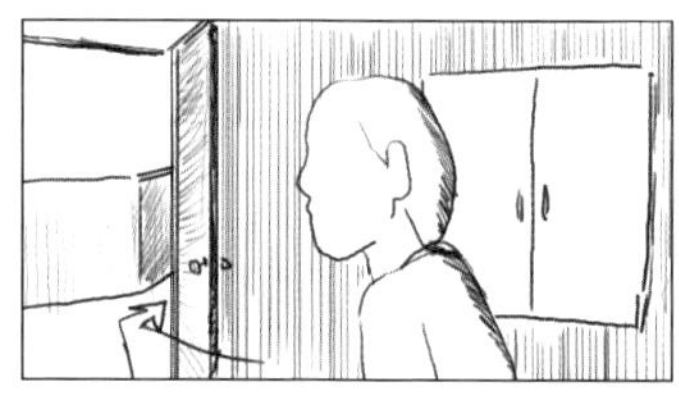

복도를 따라 걷는다.

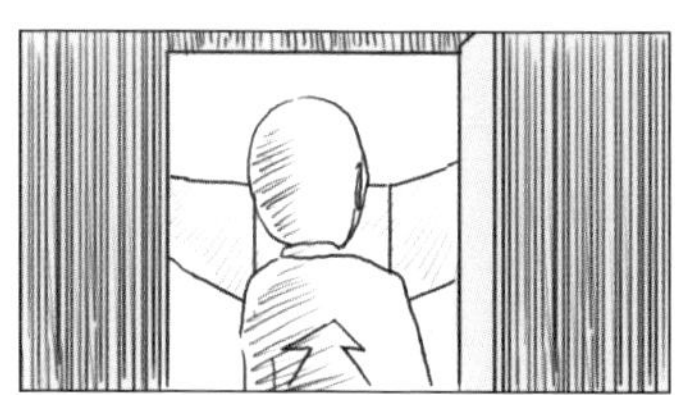

S# 51	아파트 복도	(N) (L) CUT : (4)
	희준을 보게 되는 동윤	

복도 중간쯤에 누군가 쭈그리고 앉아 있다.

동윤의 집 현관문 앞에서 기다리고 있는 희준. 동윤은 희준을 보고 놀랐는지 멈춘 채로 가만히 서 있다.

희준, 동윤을 보고 일어난다. 아무 말 없이 서 있는 둘.

C# 2

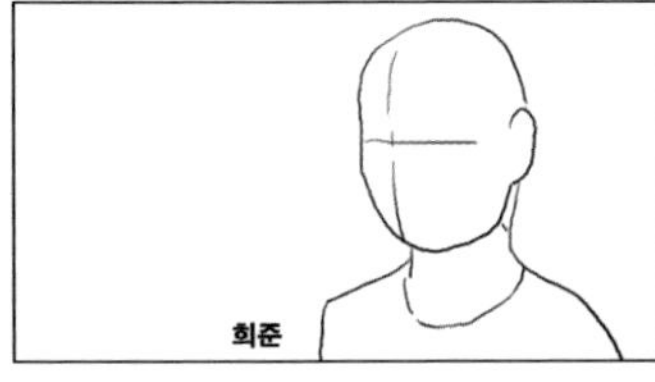

말없이 서 있는 희준.

C# 3

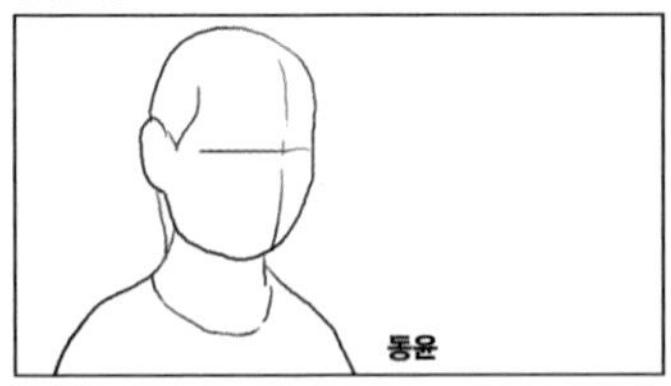

말없이 서 있는 동윤.

S# 51	아파트 복도	(N) (L) CUT : (4)
	희준을 보게 되는 동윤	

C# 4

insert 바람 소리가 들려오고, 차가운 아파트의 전경이 보인다

S# 52	아파트 옆 버려진 테니스장 (과거)	(N) (L) CUT : (6)
	S#15의 연결, 재호 일당에게 맞는 희준	

C# 1

S#15의 연결이다. 얼굴을 치던 기태.

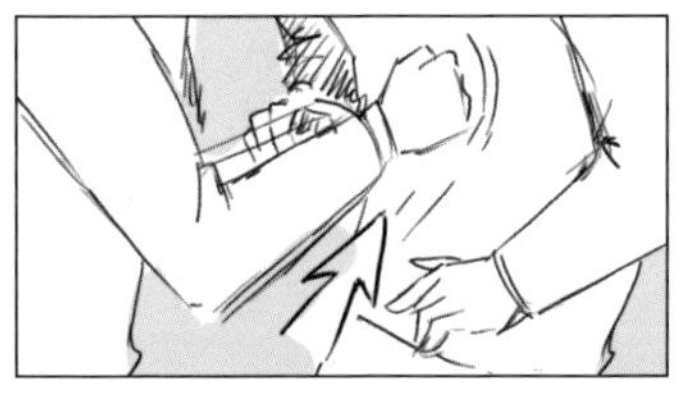

희준의 복부를 친다.

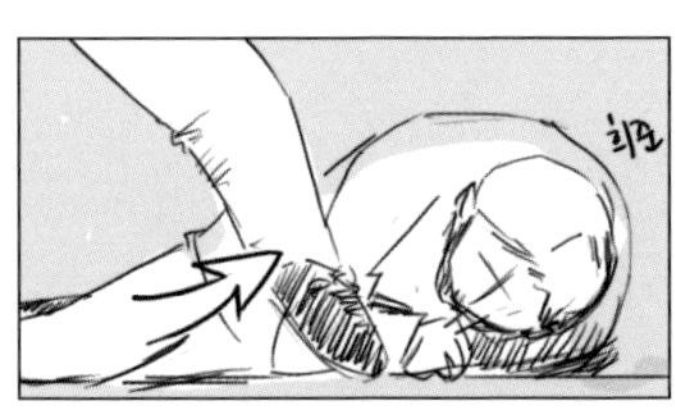

C# 2

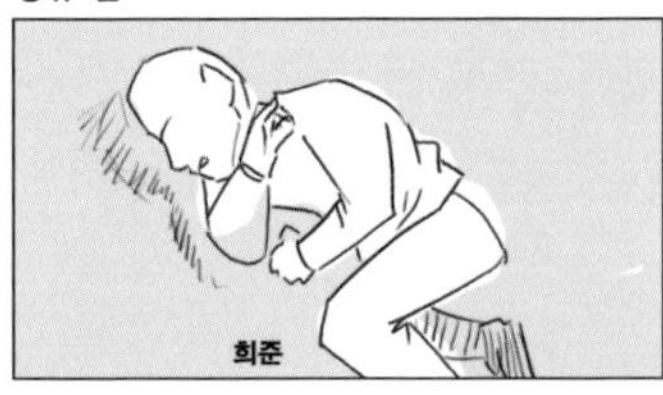

배를 움켜쥔 채 엎드려 있는 희준. 콜록거린다. 옆으로 보이는 불을 지핀 드럼통의 빛 때문에 희준의 얼굴은 아른거린다. 희준은 발길을 피하려 바닥을 기어간다.

C# 3

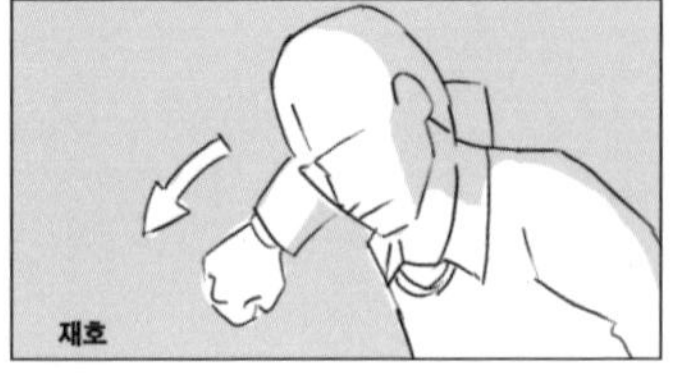

하지만 재호는 희준의 발목을 잡고 다시 아이들 쪽으로 끌고 온다. 웃고 떠드는 소리.

S# 52	아파트 옆 버려진 테니스장 (과거)	(N) (L) CUT : (6)
	S#15의 연결, 재호 일당에게 맞는 희준	

C# 4

재호, 희준을 일으켜 세운다.

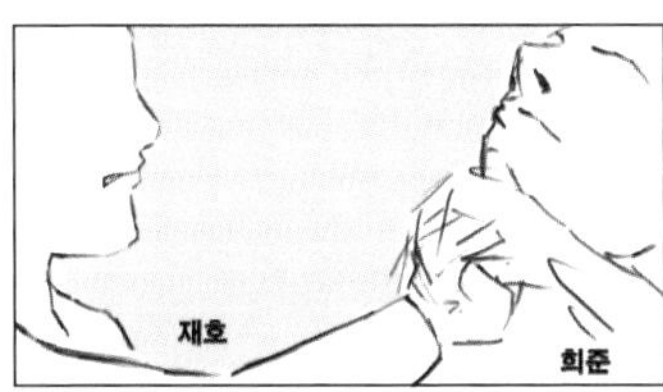

C# 5

C# 6

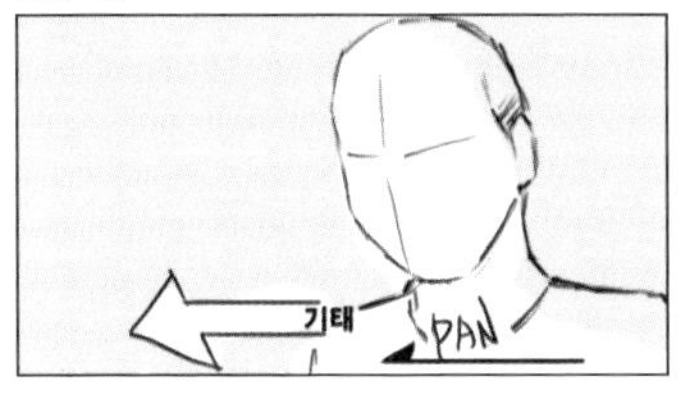

기태는 희준을 뚫어져라 본다.

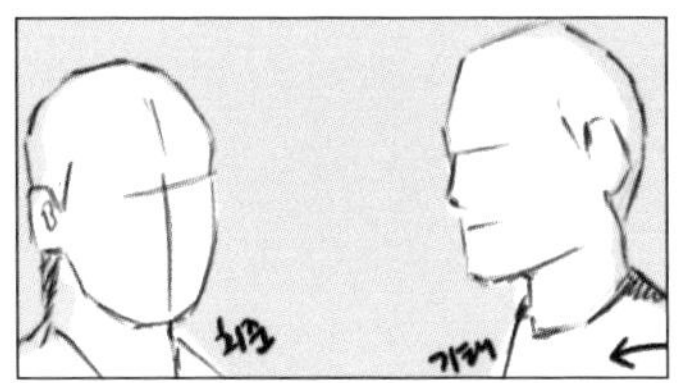

S# 53	학교 복도 (과거)	(D) (L) CUT : (2)
	맞은 얼굴로 복도를 걷는 희준	

C# 1

복도를 걸어가는 희준의 뒷모습. 지나가던 아이들이 놀란 눈으로 희준을 보더니 말 없이 길을 비켜준다.

C# 2

초점이 흐려진 눈, 상처 난 얼굴의 희준. 멍한 얼굴로 복도를 걷는다.

S# 54	교실 (과거)	(D) (L) CUT : (4)
	상처 난 희준을 보고 누구 짓이냐고 캐묻는 동윤	

C# 1

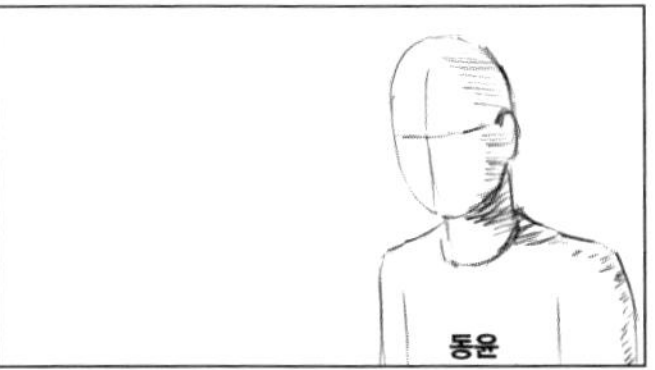

희준의 상처 난 얼굴을 바라보는 동윤의 심각한 표정. 교실 뒤쪽 책상 위에 앉아 있는 동윤. 그리고 희준이 그 맞은편 의자에 앉아서 창밖을 내다보고 있다.

동윤 : 얼굴 왜 이래?

C# 2

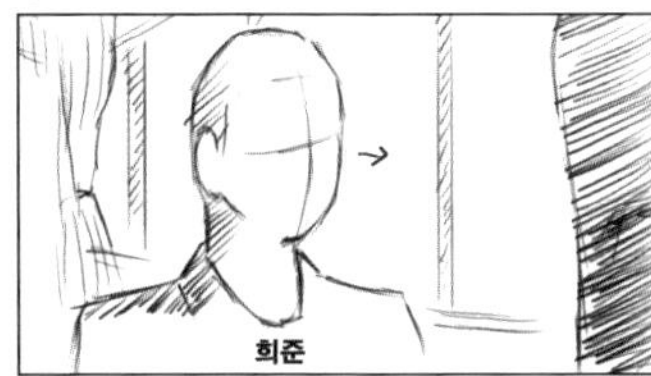

희준 : 별일 아니야…
동윤 : 누가 이런 거야?
희준 : …

C# 3

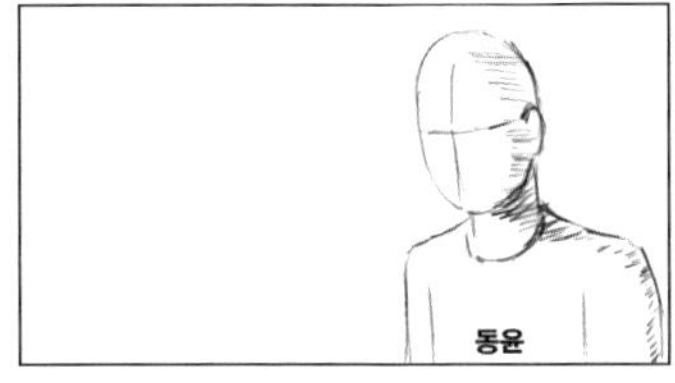

동윤 : 누가 그런 거냐고? 얘기해 봐.

C# 4

여전히 창밖만 내다볼 뿐 대답 없는 희준.

S# 55	학교 복도 (과거)	(D) (L) CUT : (9)
	기태에게 희준의 일을 따져 묻는 화난 동윤	

C# 1

복도를 따라 빠르게 걸어가는 동윤.

복도 끝에 있는 기태, 흥분해서 아이들과 떠들며 얘기하고 있다. 동윤이 걸어오자 아이들 '여, 똥! 동윤!' 하며 반갑게 인사한다.

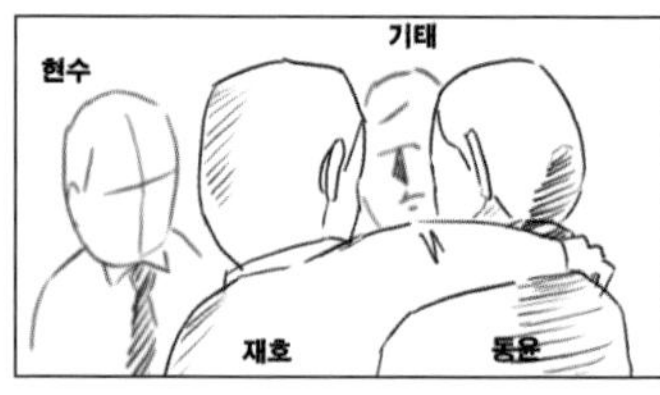

동윤 : … (굳은 얼굴로)

재호는 동윤을 반기며 어깨동무한다.

C# 2

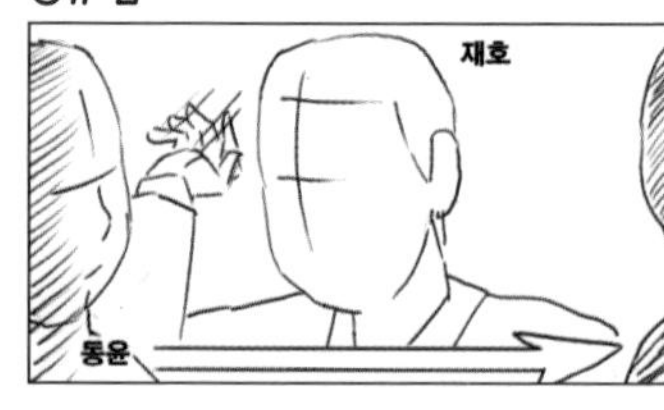

어깨동무한 팔을 푸는 동윤. 어이없어하는 재호. 굳은 표정으로 기태를 보는 동윤.

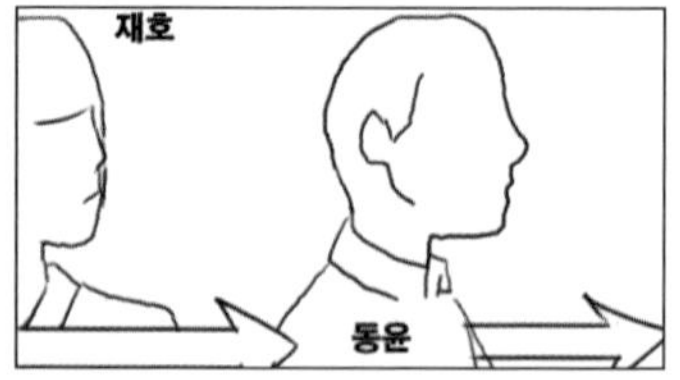

기태 앞으로 가는 동윤.

S# 55	학교 복도 (과거)	(D) (L) CUT : (9)
	기태에게 희준의 일을 따져 묻는 화난 동윤	

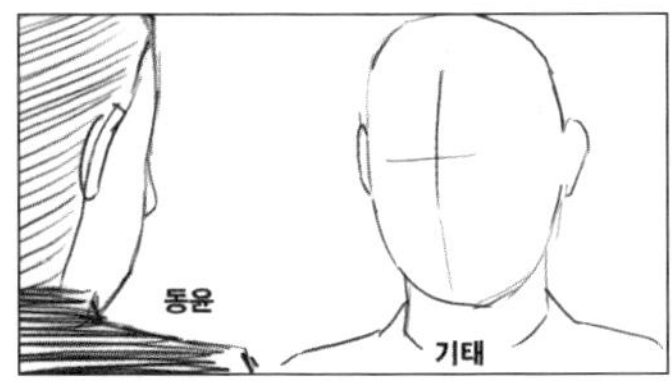

동윤 : 뭐야?
기태 : 왜 그래?
동윤 : 뭐 하는 짓거리야?
기태 : 뭐가, 임마?

C# 3

재호와 아이들, 서로 눈빛을 주고받는다.

C# 4 (A Cut)

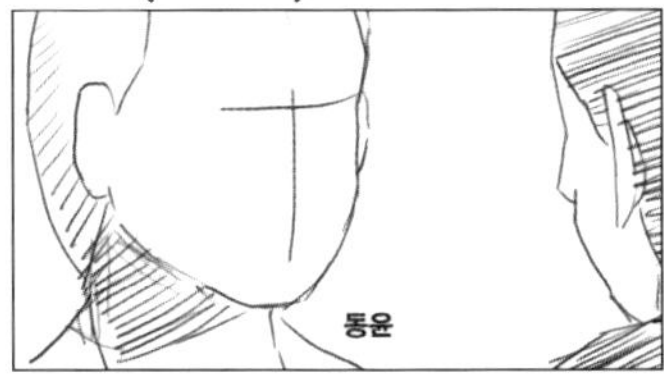

기태 : 왜 그래… 진짜?
동윤 : 몰라서 묻냐?
기태 : 흥분하지 말고.
동윤 : (다른 애들을 보며) 좆같은 새끼들아,
뭐 하는 짓거리냐고!?

C# 5 (B Cut)

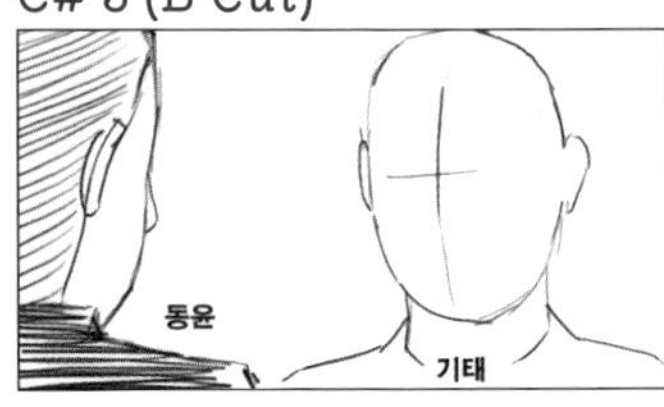

C# 6

재호 : 너… 말이 심하다…?

S# 55	학교 복도 (과거)	(D) (L) CUT : (9)
	기태에게 희준의 일을 따져 묻는 화난 동윤	

동윤 : 닥쳐, 시발!
재호 : 뭐!?
기태 : 가만히들 있어!

C# 7

기태가 한마디 하자, 조용해지는 재호와 아이들.

C# 8 (A Cut)

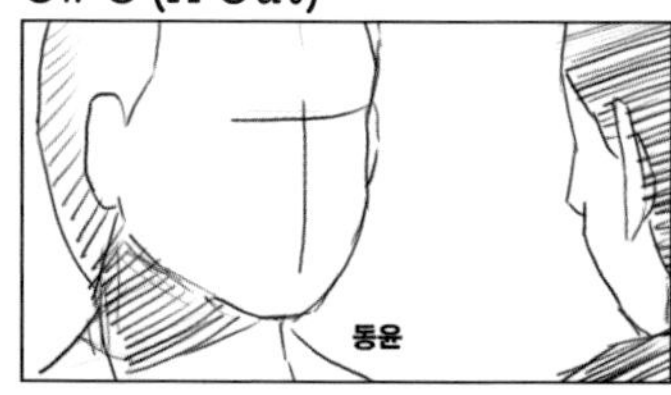

동윤 : 어떻게 된 거냐고, 어!?
기태 : 흥분하지 말고…
동윤 : …!

C# 9 (B Cut)

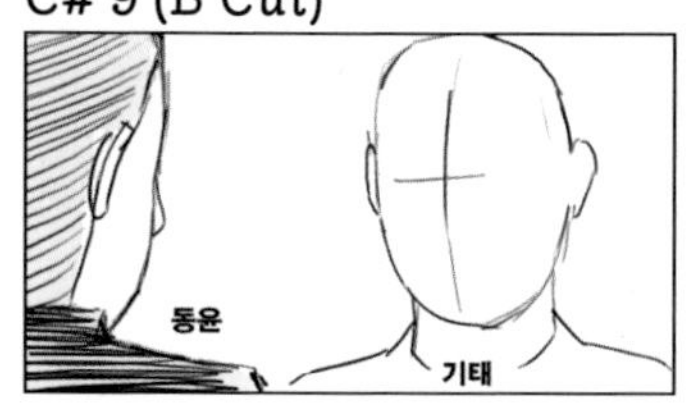

기태 : 둘이 얘기하자.

〈부감도〉

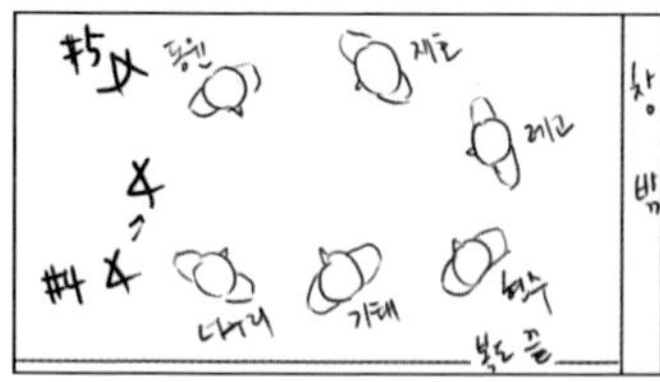

S# 56 | 학교 층계참 (과거) | (D) (L) CUT : (11)

희준 일을 따지는 동윤에게 별다른 설명을 안 하는 기태, 기태에게 경고하는 동윤

C# 1

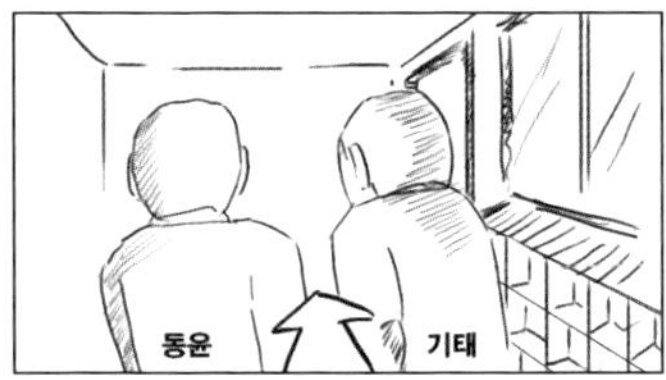

학교 뒤편 계단을 내려가는 동윤과 기태. 둘 다 말이 없다. 둘 사이에 차가운 공기가 흐른다.

동윤이 가다가 멈춰 서자 따라 서는 기태.

동윤 : 얘기해 봐. 왜 그런 거야?
기태 : …
동윤 : 왜 그런 거냐고? 이유가 뭐냐고!?
기태 : 베키가 너한테 얘기하디?

C# 2 (A Cut)

동윤 : 지금 그게 중요해?
기태 : …
동윤 : 왜 그런 거냐고 묻잖아, 어?
기태 : 내가 뭘 어쨌다고!
동윤 : 모른 척하지 말고, 새끼야!

C# 3 (B Cut)

기태 : 왜 그렇게 오바해? 야! 베키가 너한테 그렇게 특별하냐?
동윤 : 그걸 말이라고 해? 어!?

(…)

기태 : (순간 감정이 폭발하는) 신경 쓰지 말라고!!! 시발!

S# 56

학교 층계참 (과거)

희준 일을 따지는 동윤에게 별다른 설명을 안 하는 기태, 기태에게 경고하는 동윤

(D) (L) CUT : (11)

C# 4 (A Cut)

동윤 : …
기태 : (흥분을 가라앉히고) … 보통은 내가… 다 얘기하잖아… 어?
동윤 : …

C# 5 (B Cut)

기태 : 근데 이번에는 자세히 얘기 안 해도 넘어가. 설명 못 하는 것들도 있잖아…

쉬는 시간 종료 벨 소리가 들린다.

기태, 그냥 계단을 올라간다.

C# 6

기태를 부르는 동윤.

C# 7

기태, 멈추어 계단 아래 동윤을 내려다본다.

S# 56	학교 층계참 (과거)	(D) (L) CUT : (11)
	희준 일을 따지는 동윤에게 별다른 설명을 안 하는 기태, 기태에게 경고하는 동윤	

C# 8

동윤 : 이제 그만해.
기태 : …
동윤 : 한 번만 더 이런 일 있으면 나도 가만히 안 있어…

C# 9

기태 : 가만히 안 있으면 어떻게 할 건데?

C# 10

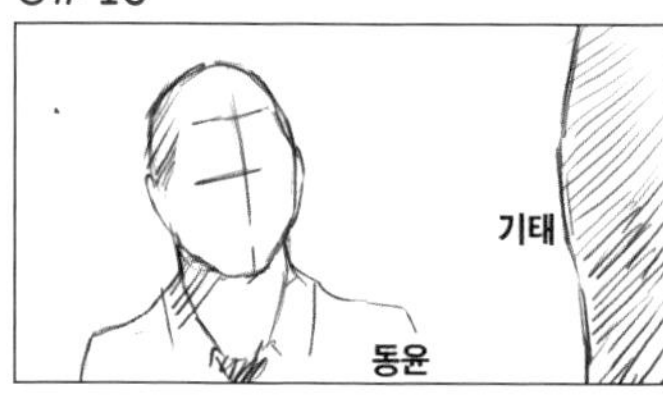

동윤 : 두고 봐.
기태 : …

S# 56	학교 층계참 (과거) 희준 일을 따지는 동윤에게 별다른 설명을 안 하는 기태, 기태에게 경고하는 동윤	(D) (L) CUT : (11)

C# 11

기태, 시선을 피한 뒤 다시 계단 위로 올라간다. 동윤은 그대로 서서 계단 위로 올라가는 기태를 본다.

S# 57	**동윤의 집 (과거)** 세탁기에 세제를 한 움큼 퍼넣는 동윤, 이를 보고 핀잔주는 세정	(D) (L) CUT : (1)

C# 1

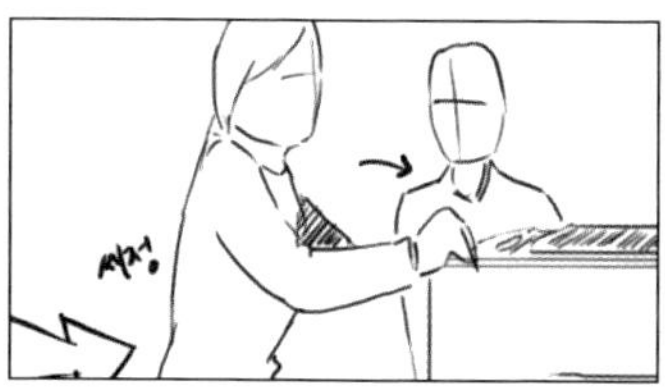

빨래 더미를 바구니에서 꺼내 세탁기에 넣는 동윤. 베란다 안으로 들어오는 세정이 보인다. 세탁기에 세제를 잔뜩 넣는 동윤.

세정 : 뭐 하는 거야?!
동윤 : 왜?
세정 : 뭐 그렇게 세제를 많이 넣어? 어?
동윤 : 이 정도면 되는 거 아니야?
세정 : 줘봐!

동윤의 손에 있는 세제를 뺏는 세정. 세탁기 안을 살피더니 세제가 섞이도록 세탁기 안에 있는 옷들을 만진다.

동윤 : 오늘같이 우리 집에 와서 해줘라.
세정 : 헛소리하지 말고.

S# 58	공원 (과거)	(D) (L) CUT : (11)
	기태와 희준의 사이에 대해 대화하는 동윤과 세정	

C# 1

공원 벤치에 앉아 있는 동윤과 맞은편에 앉아서

C# 2

돌멩이 하나를 만지작거리는 세정.

세정 : 그러게… 둘이 마치 사귀듯이 붙어 다녔었잖아.
동윤 : …
세정 : 너가 한번 잘 얘기해 봐.

C# 3 (A Cut)

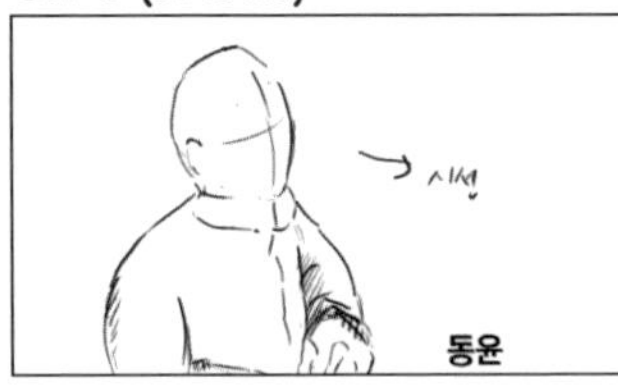

동윤 : 얘기했는데… 베키는 아무 말 안 하고 기태도 말 안 하고…
세정 : 사정이 있겠지…
동윤 : …
세정 : (동윤을 본다) …

C# 4 (B Cut)

세정은 동윤에게 돌을 던진다.
조건반사적으로 돌을 받는 동윤.

세정 : 웃는 게 어울려.

동윤, 미소를 짓는다.

S# 58

공원 (과거)

기태와 희준의 사이에 대해 대화하는 동윤과 세정

(D) (L) CUT : (11)

C# 5

공원을 걷고 있는 동윤과 세정.

세정 : (미소를 짓는다) … 낙인찍혀 본 적 있어…?
동윤 : 낙인이라니…?

C# 6

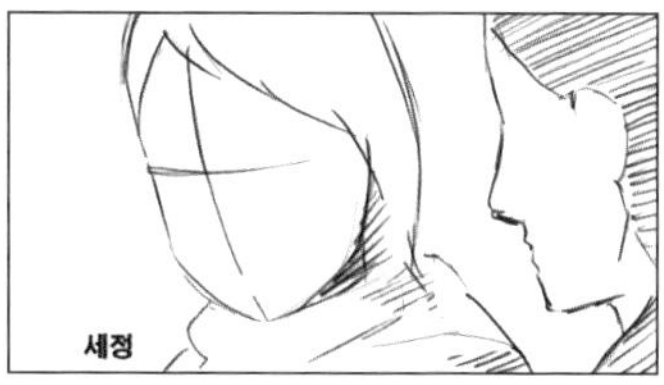

세정 : (활짝 웃으며) 사람들한테 낙인찍힌 적 있어…?
동윤 : 그건 왜?
세정 : 그냥…

C# 7

동윤 : 어디 봐봐? (장난스럽게 세정의 목 뒤를 확인한다)
세정 : 뭐야?
동윤 : 낙인 같은 거 없는데…
세정 : 됐네요.

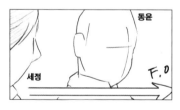

동윤, 장난스럽게 웃는다. 앞서 걸어가는 세정.

S# 58	공원 (과거)	(D) (L) CUT : (11)
	기태와 희준의 사이에 대해 대화하는 동윤과 세정	

C# 8

뒤돌아서 뒷걸음질로 걷는다.

동윤 : 똑바로 걸어… 다쳐~
세정 : 네 얼굴 볼라고.
동윤 : 잘생긴 얼굴 한 번 더 보고 싶냐?
세정 : 됐어~ 누가 너 본대?
동윤 : 그럼 뭔데?
세정 : 그냥 네가 날 보는 눈이 너무 좋아…
동윤 : 뭔 헛소리야?
세정 : 내가 보고 싶은 모습이어서 너무 좋아.

뒷걸음질 치는
세정 follow

C# 9

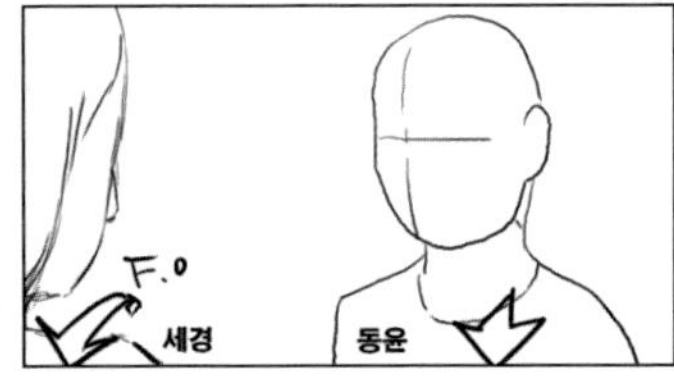

세정, 다시 뒤돌아서 정면으로 걷는다.

C# 10

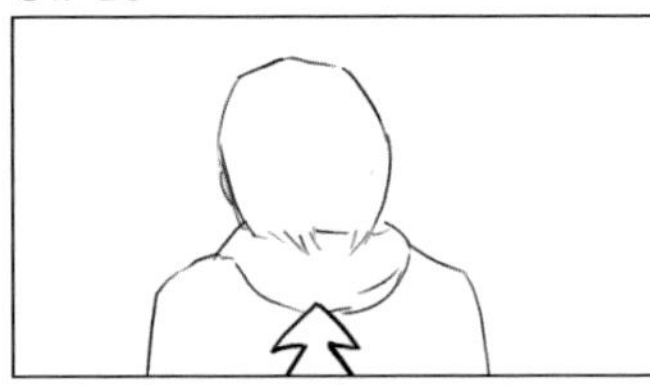

세정의 뒷모습.

세정 : 보고 싶은 모습이어서 좋아.

C# 11

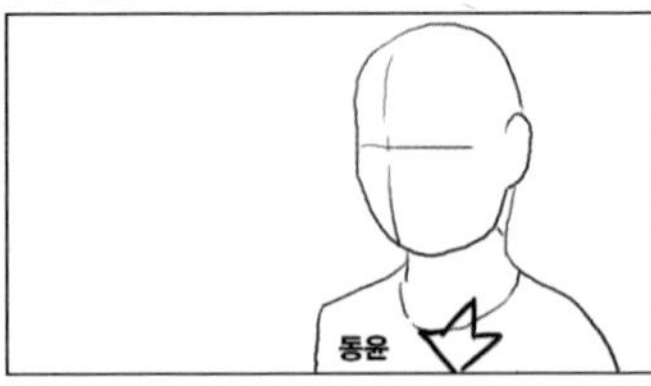

동윤은 약간은 슬픈 눈으로 세정의 뒷모습을 본다.

S# 59	공원 (과거)	(N) (L) CUT : (7)
	동윤에게 세정을 많이 좋아하냐고 묻는 기태, 보경이 얘기로 말을 돌린다	

C# 1

어딘가를 향해 걸어가는 동윤. 하얗게 입김이 나온다.

한참 동안 걸어가다 계단을 오르는 동윤.

저 멀리 공원 가로등 밑에 벤치에 앉아 있는 기태.

그쪽을 향해 걸어가는 동윤. 가까워지자…

C# 2

동윤 : 왜 보자고 한 거야?
기태 : …

대답 없는 기태. 기태 앞에 서는 동윤.

S# 59	공원 (과거)	(N) (L) CUT : (7)
	동윤에게 세정을 많이 좋아하냐고 묻는 기태, 보경이 얘기로 말을 돌린다	

C# 3

동윤 : 어?
기태 : 꼭 그딴 식으로 물어야겠냐?

C# 4

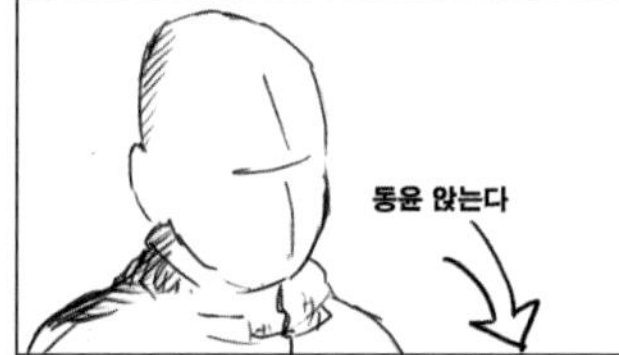

동윤 : …
기태 : 왜 불렀겠냐? 어?
동윤 : 베키?
기태 : …

S# 59	공원 (과거) 동윤에게 세정을 많이 좋아하냐고 묻는 기태, 보경이 얘기로 말을 돌린다	(N) (L) CUT : (7)

C# 5

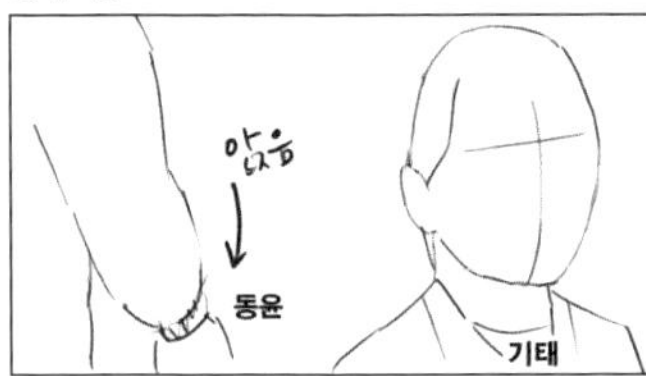

동윤 : (기태 옆에 앉는다) 뭔 일 있었냐? 둘이?
기태 : 너 새끼가 세정이한테 정신 팔려 있으니까 모르지…
동윤 : 그러니까 얘기해 보라는 거 아니야?
기태 : …

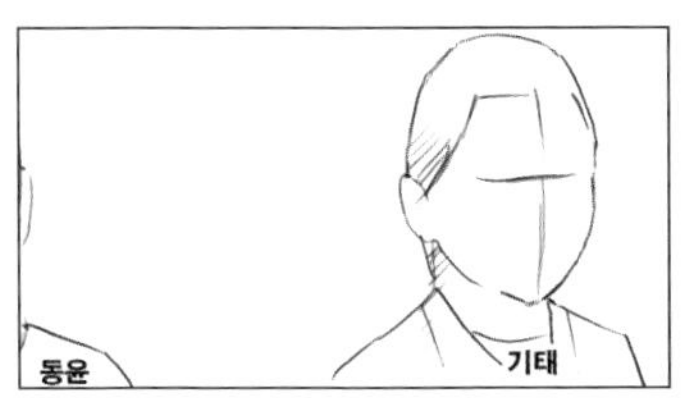

둘이 한동안 아무 말도 없이 침묵이 흐른다.

기태 : 세정이 많이 좋아하냐?

C# 6 (A Cut)

동윤 : 응?
기태 : 세정이 많이 좋아하냐고?
동윤 : 뭔 소리야, 갑자기? 그건 왜?
(…)
기태 : 뭘 왜 그래?
동윤 : 기태야… 더 이상 미친 짓 하지 말자.

C# 7 (B Cut)

기태 : …

S# 60	학교 화장실 (과거)	(D) (L) CUT : (8)
	화장실에 들어온 희준에게 시비를 거는 재호, 그만두라며 나가는 기태	

C# 1

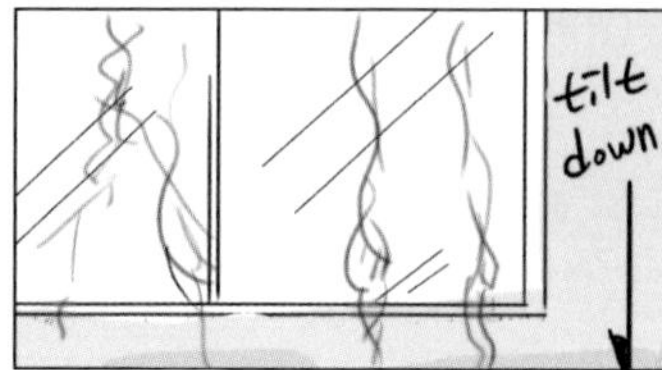

화장실에서 잡담을 나누는 기태와 아이들.

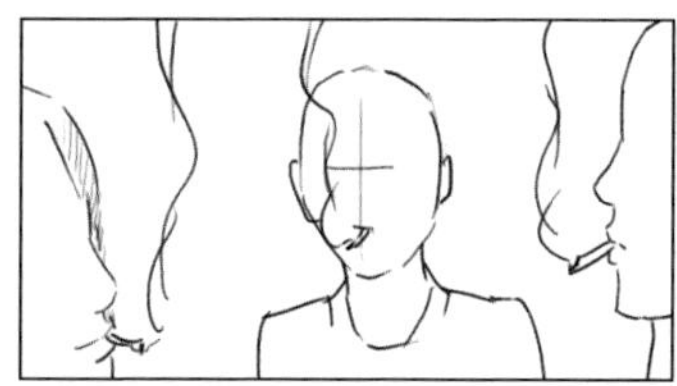

자유롭게 찍을 것

C# 2

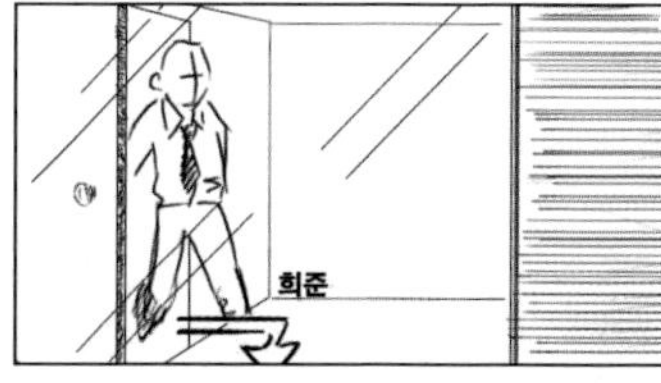

화장실 문이 열리고 희준이 들어온다. 아이들이 있는 걸 보고 잠시 주저한다.

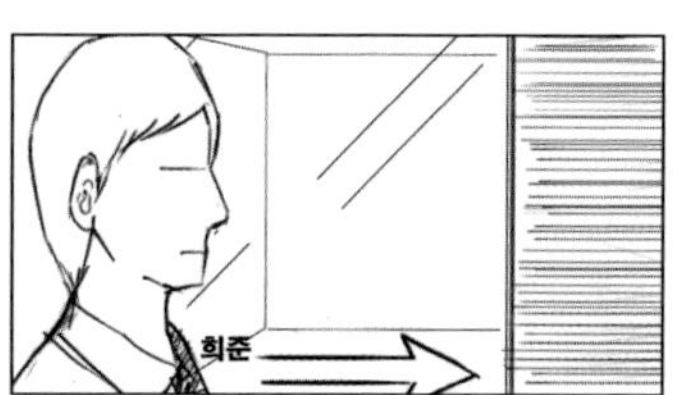

C# 3

그냥 소변기 쪽으로 걸어간다. 희준을 부르는 재호. 대답 없는 희준. 다시 한번 부르지만 희준은 여전히 대답 없이 소변기 앞에 선다.

재호 : 시발놈이, 존나 씹네.

S# 60	학교 화장실 (과거) 화장실에 들어온 희준에게 시비를 거는 재호, 그만두라며 나가는 기태	(N) (L) CUT : (8)

C# 4

재호 b.s → 희준 b.s : set up

재호, 희준 쪽으로 걸어가 희준의 머리칼을 당긴다. 희준은 머리 잡힌 채 아이들 쪽으로 끌려온다. 무심히 바라보는 기태.

(…)

C# 5

재호 b.s : set up

기태는 그런 희준을 뚫어져라 본다. 재호, 갑자기 희준의 멱살을 잡더니 화장실 벽면에 밀어붙인다.

C# 6

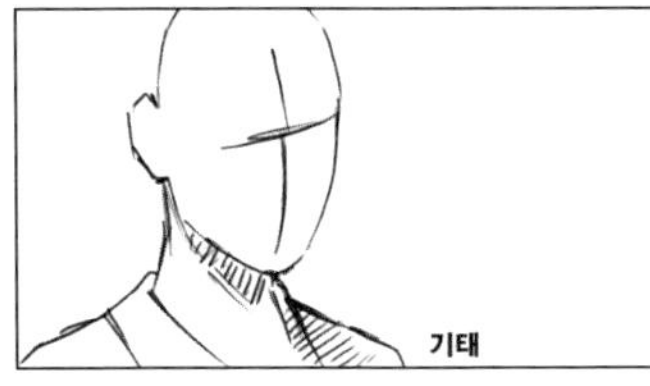

기태 : 그만해.

C# 7

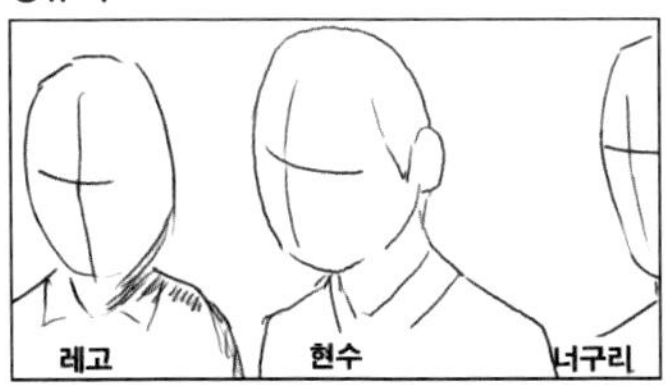

순간 정적… 재호를 포함한 아이들, 기태를 본다.

S# 60	학교 화장실 (과거)	(D) (L) CUT : (8)
	화장실에 들어온 희준에게 시비를 거는 재호, 그만두라며 나가는 기태	

C# 8

기태 : 그만하고 가자.

기태, 화장실 문 쪽으로 걸어간다. 재호, 못마땅하지만 희준의 멱살을 풀어준다.

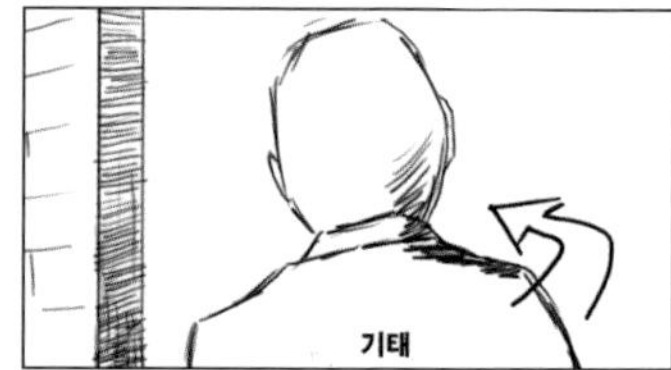

S# 61	교실 (과거)	(D) (L) CUT : (29)
	기태와 시비 붙은 희준을 데리고 나오는 동윤	

C# 1

혼자 앉아서 음악 듣고 있는 희준.

C# 2

맨 뒤 창가 쪽에 앉아 있는 기태. 기태의 주변으로 재호와 아이들이 시끄럽게 떠들고 있지만 기태의 시선은 희준의 뒷모습에 꽂혀 있다. 기태, 갑자기 일어난다. 그리고 희준 쪽으로 걸어간다.

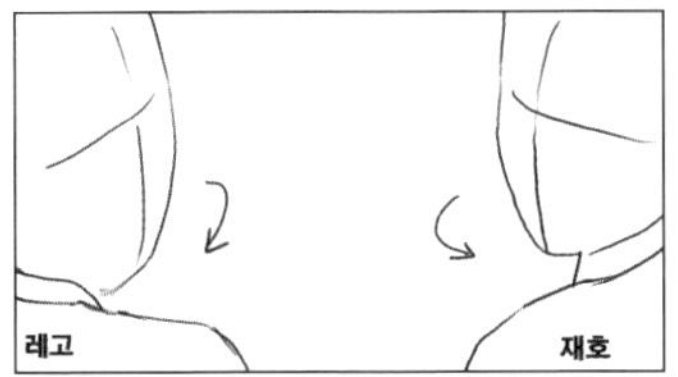

기태를 쳐다보는 아이들.

camera panning + focus : 기태 → 아이들

C# 3

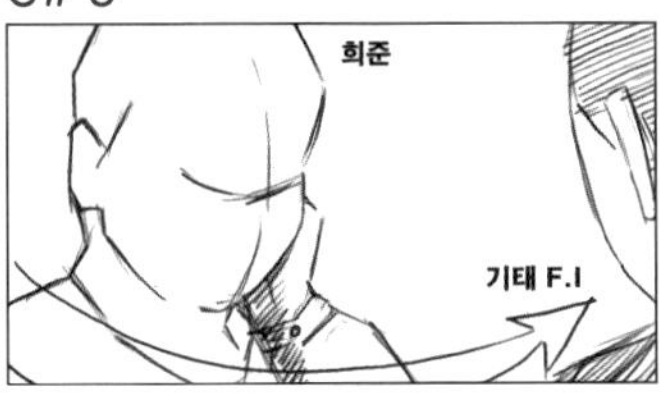

희준 앞에 앉는 기태. 고개를 숙이고 있던 희준은 고개를 들어 기태를 본다.

C# 4

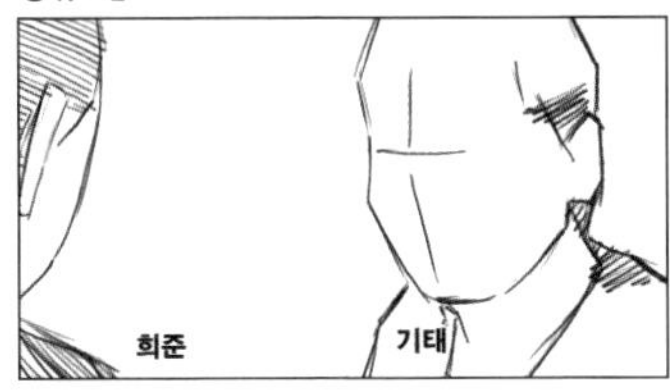

기태는 희준의 귀에 꽂힌 이어폰을 빼며,

기태 : 뭐 들어?

S# 61	교실 (과거)	(D) (L) CUT : (29)
	기태와 시비 붙은 희준을 데리고 나오는 동윤	

C# 5

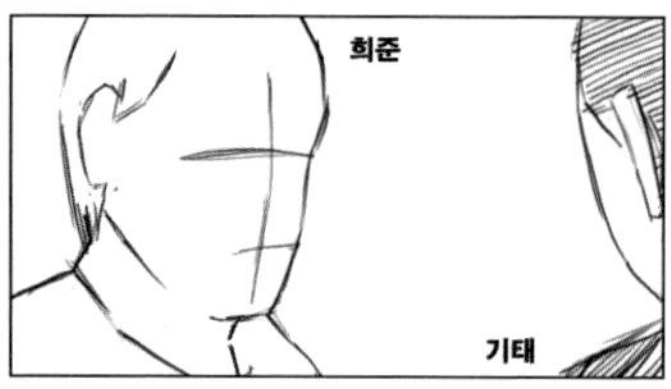

또 왔구나 하는 표정으로 아무 말 못 하는 희준.

C# 6

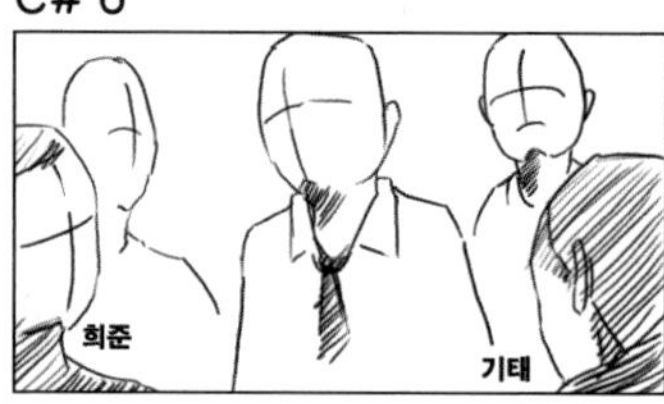

어느새인가 또 재호와 아이들이 기태와 희준을 삥 둘러싸고 있다.

기태 : (둘러싼 아이들을 보고) 나 희준이랑 할 얘기 있으니까… 좀 비켜주라.

재호와 아이들 의아해하며 자리에서 물러난다. 기태, 한참 동안 고민하는 듯하다 입을 뗀다.

C# 7 (A Cut)

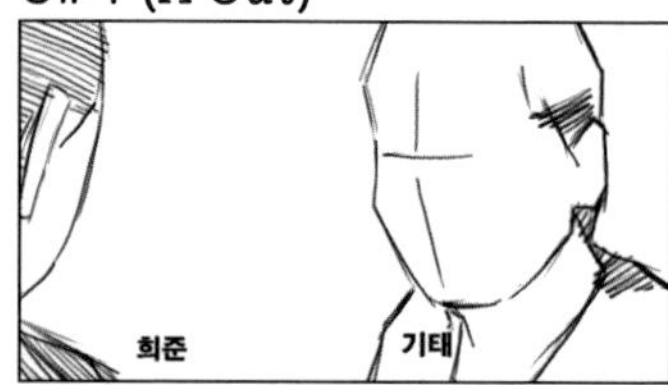

기태 : 무슨 노래 들어? (이어폰을 자기 귀에 잠시 대본다)
희준 : (뭐지 하는 눈빛으로) …?

(…)

C# 8 (B Cut)

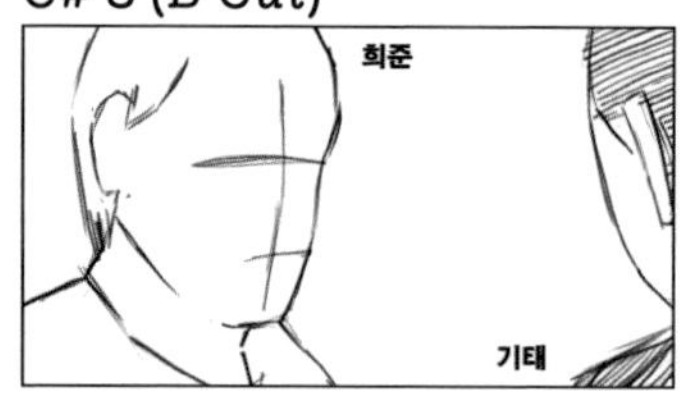

기태 : … 경계 좀 하지 마. 그냥 얘기하고 싶어서 그런 거니까.
희준 : 무슨 얘기?
기태 : …

S# 61	교실 (과거)	(D) (L) CUT : (29)
	기태와 시비 붙은 희준을 데리고 나오는 동윤	

C# 9 (A Cut)

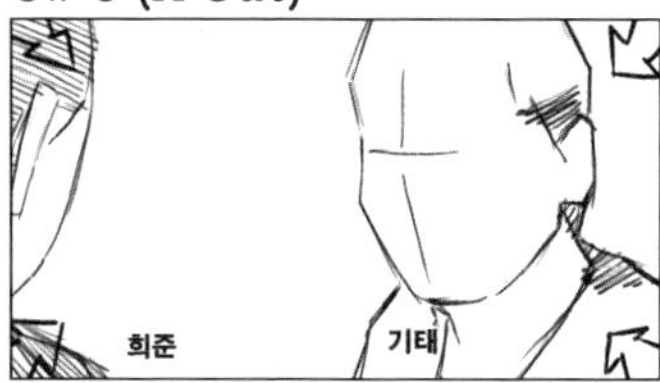

기태, 잠시 주저하다 결심한 듯

기태 : 이제 그만하자…

C# 10 (B Cut)

희준 : 뭘 그만해?
기태 : 그냥 이런 거 다…
희준 : 언제부터 나한테 선택권이 있었어?

C# 11 (C Cut)

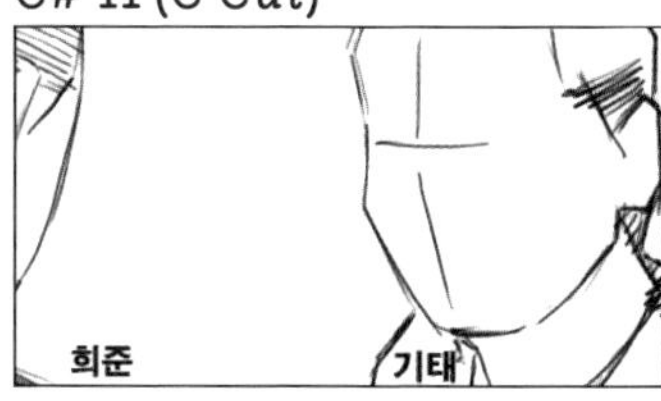

기태, 굳은 표정으로 희준을 바라본다.

기태 : 그래. 그만할게, 내가… 그러니까 너도 더 이상 이러지 마라.
희준 : …
기태 : 미안하다, 희준아…

(…)

C# 12 (D Cut)

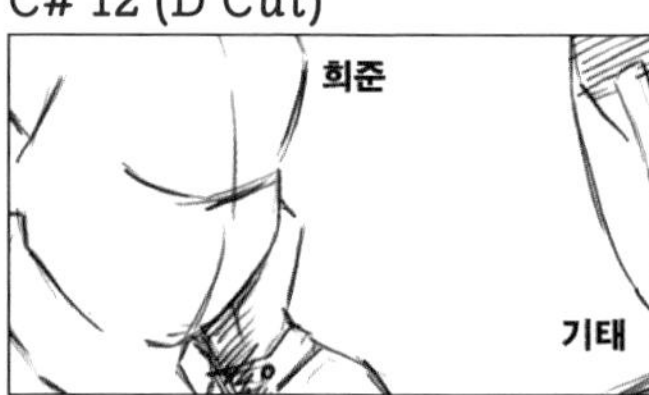

희준 : 나 이제 다음 주면 전학 가. 네 덕분에… 그래서 별로 사과받고 싶지 않다고, 너한테. 전학 안 갔으면… 너한테 까이기 싫으니까 받아줬겠지만, 앞으로 볼 사이도 아닌데 뭣 하러 받아줘, 어?
기태 : …

S# 61	교실 (과거)	(D)	(L)	CUT : (29)
	기태와 시비 붙은 희준을 데리고 나오는 동윤			

C# 13

복도를 걷고 있는 동윤.

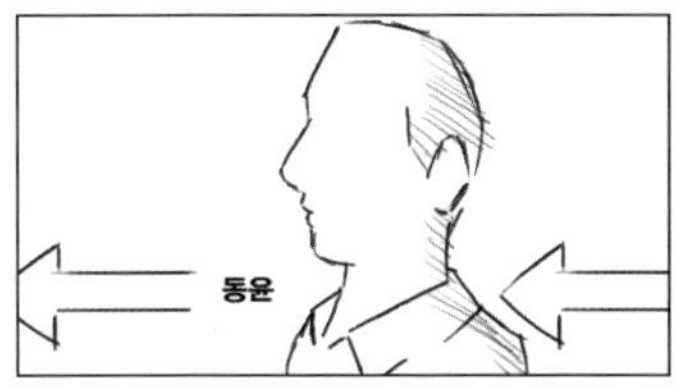

아이들이 희준의 교실 주변으로 모여드는 걸 보고 급하게 그쪽으로 달려가는 동윤.

아이들 사이를 비집고 교실 안을 본다.

그쪽으로 다가가다 멈추고선, 그 둘을 지켜보는 동윤.

S# 61	교실 (과거)	(D) (L) CUT : (29)
	기태와 시비 붙은 희준을 데리고 나오는 동윤	

C# 15

뭔가 일이 터질 것 같은 기태와 희준.

C# 16

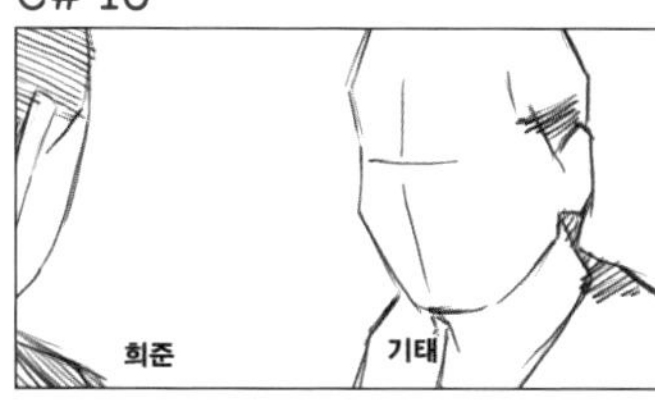

기태 : (화를 삭이고 다시 차분하게) 장난까냐? 이렇게까지 하는 이유가 뭐야?
희준 : 너야말로 이렇게까지 하는 이유가 뭔데…? 어? 내가 네 부하냐? 애새끼들 다 네 부하냐고!?

(…)

C# 17

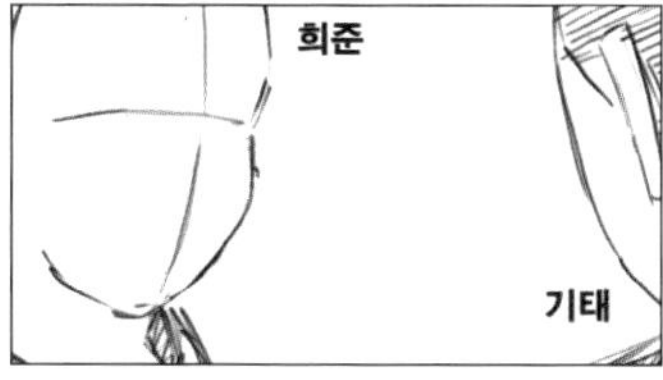

희준 : 지금 네 주변에 있는 새끼들, 다 마찬가지야. 널 친구라고 생각해서 네 옆에 있다고 착각하지 마. 너랑 학교 다니면 편하니까, 좆도 뭐라도 좀 되는 거 같으니까… 그러니까 너한테 붙어 있는 거지. 네 친구는 아무도 없어. 나도 너 친구로 생각해 본 적, 한 번도 없고.

S# 61	교실 (과거)	(D) (L) CUT : (29)
	기태와 시비 붙은 희준을 데리고 나오는 동윤	

C# 18

말이 떨어지기 무섭게 희준의 멱살을 잡아끌어 당기는 기태.

희준 : 치려면 쳐. 원 없이 실컷 패. 나 전학 가면 그러고 싶어도 못 하니까.

희준을 책상 쪽으로 밀어버리는 기태.
책상과 함께 바닥에 나뒹구는 희준.

기태, 바닥에 넘어진 희준의 멱살을 붙잡고 끌어 올린다.

S# 61	교실 (과거)	(D) (L) CUT : (29)
	기태와 시비 붙은 희준을 데리고 나오는 동윤	

C# 19

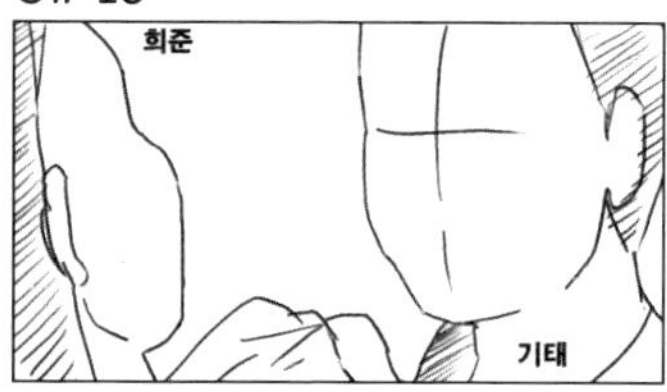

그때 뒤에서 기태를 붙잡는 동윤.

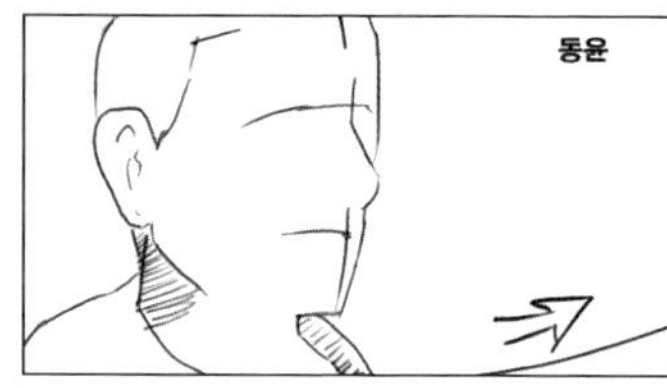

동윤이 기태를 붙잡자 기태도 동윤의 멱살을 잡는다.

C# 20

동윤 : 뭐 하는 짓이야, 미친 새끼야!

S# 61	교실 (과거)	(D) (L) CUT : (29)
	기태와 시비 붙은 희준을 데리고 나오는 동윤	

C# 21

기태 : (흥분해서) 상관 말어, 시발!

동윤과 기태, 서로의 멱살을 잡은 채 한참 동안 서로를 노려본다. 동윤, 기태의 멱살을 풀고는 넘어져 있는 희준을 일으켜 세운다.

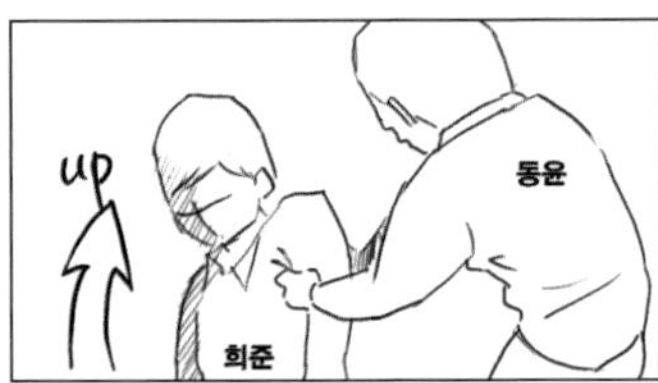

동윤 : 뭐 하자는 거야? 어?
기태 : …
동윤 : 시발, 좆같은 새끼…

동윤은 희준을 데리고 교실 밖으로 나가려고 한다.

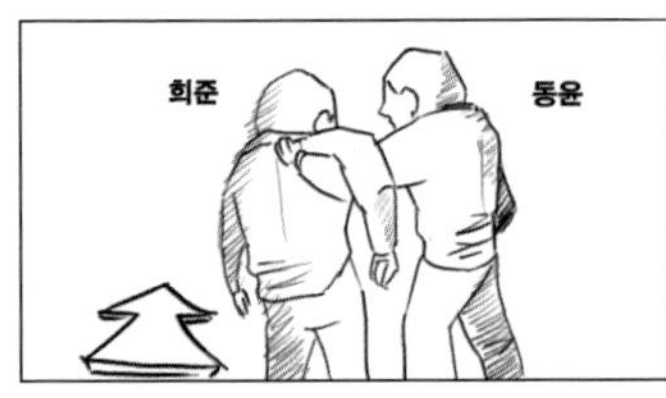

C# 22

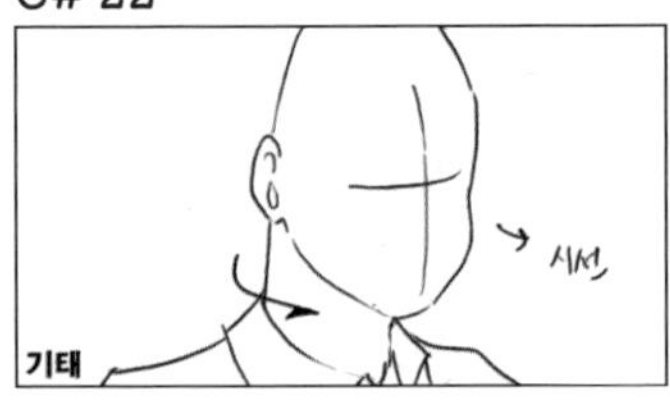

기태는 감정을 추스르며 가만히 서 있다.

C# 23

재호는 동윤 쪽을 매섭게 본다.

S# 61	교실 (과거)	(D) (L) CUT : (29)
	기태와 시비 붙은 희준을 데리고 나오는 동윤	

C# 24

교실 밖으로 희준을 데리고 나오는 동윤.

동윤, 희준을 부축해서 걷는데,

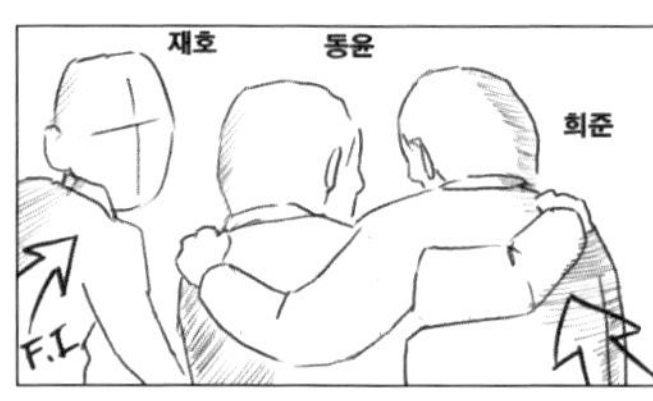

재호가 교실 밖으로 나오더니 동윤 앞을 막는다.

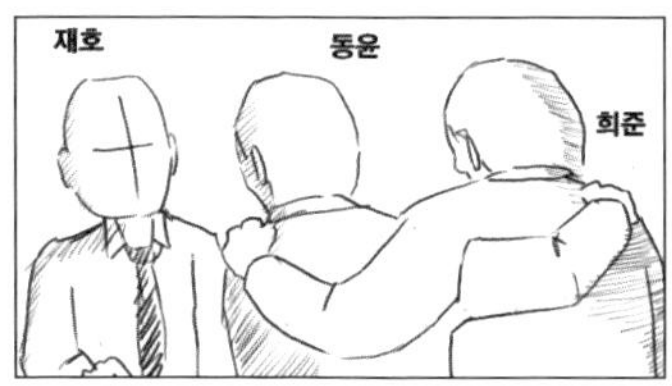

재호 : 왜 남의 반 일에 참견이야, 시발?

C# 25

동윤, 어이없어한다.

동윤 : 짜증 나니까 꺼져,

S# 61	교실 (과거)	(D) (L) CUT : (29)
	기태와 시비 붙은 희준을 데리고 나오는 동윤	

C# 26

재호 : 좆만 한 새끼가…
동윤 : 뭐?
재호 : 지금 기태 믿고 까부는 거냐?

C# 27

동윤 : 그건 내가 할 소리야. 기태 똘마니 새끼야. 똘마니 주제에 어디서 깝쳐.

C# 28

재호 : 뭐!? 시발! (동윤의 멱살을 잡는다)

S# 61	교실 (과거)	(D) (L) CUT : (29)
	기태와 시비 붙은 희준을 데리고 나오는 동윤	

C# 29

기태 : (v.o) 그만해.

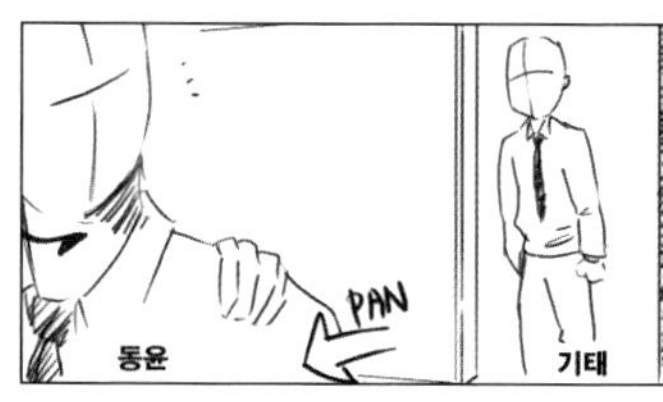

기태가 교실 밖으로 나왔다.

기태 : 내버려 둬…

재호, 기태를 한 번 보고는 동윤의 멱살을 풀며 길을 비켜준다.

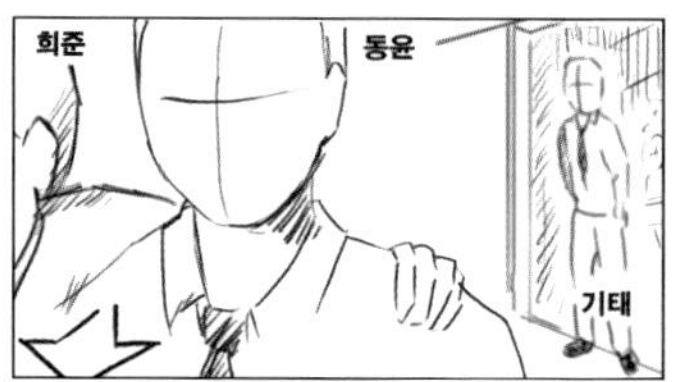

재호를 지나치는 동윤과 희준.

동윤은 희준을 데리고 가면서 기태 쪽을 돌아본다.

S# 62	학교 화장실 (과거)	(D) (L) CUT : (2)
	홀로 담배를 피우고 있는 기태	

C# 1

기태, 홀로 학교 화장실 변기 칸 하나에 앉아서 담배를 피우고 있다. 무심하게 담배 연기를 천장을 향해 내뿜는다.

C# 2

어둡고 텅 빈 화장실의 전경. 기태가 있는 칸만 문이 굳게 닫혀 있다.

S# 63	안경원 (과거)	(D) (L) CUT : (3)
	안경점 인식을 보고 다시 길을 걷는 기태	

C# 1

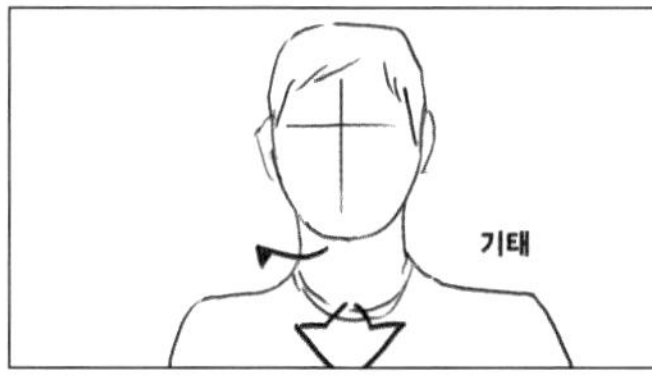

기태, 홀로 거리를 걷고 있다. 어딘가 멈추고선 한곳을 응시한다.

C# 2

인식의 안경원이다. 가게에 홀로 앉아서 안경을 만지고 있는 인식.

C# 3

마시던 캔 음료를 바닥에 버린 뒤 가던 길을 가는 기태.

S# 64	학교 복도 (과거)	(D) (L) CUT : (8)
	기태와 재호, 동윤과 희준 사이의 대립	

C# 1

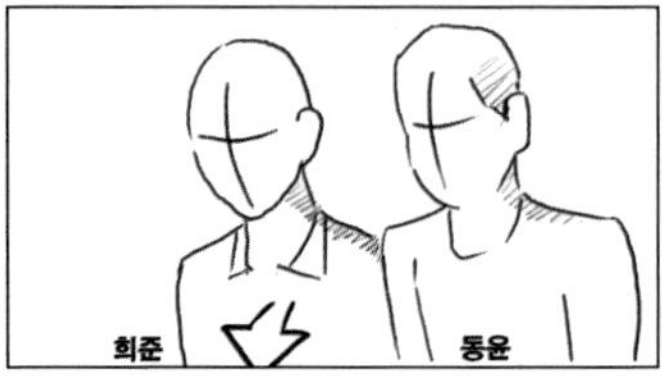

동윤과 희준이 복도를 지나간다.

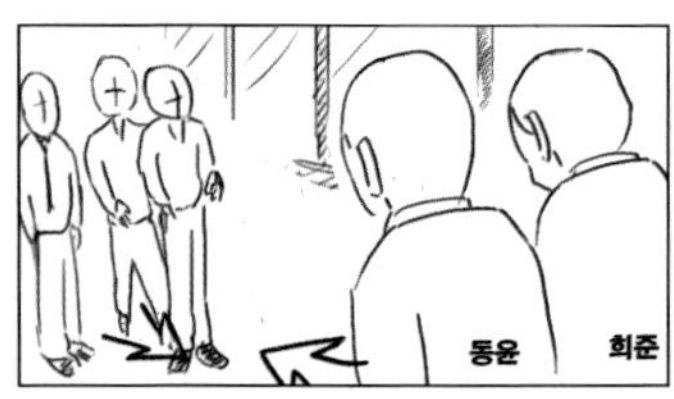

그때 맞은편에서 기태와 아이들과 마주친다.

복도에서 어색하게 마주친 아이들. 기태는 아무렇지도 않게 희준과 동윤에게 인사한다.

기태 : 어이~

희준과 동윤은 그냥 못 들은 척 지나친다. 지나가는 동윤의 팔목을 잡는 기태. 동윤, 아무 말 없이 뿌리치고 간다. 무안한 기태…

S# 64

학교 복도 (과거)	(D) (L) CUT : (8)
기태와 재호, 동윤과 희준 사이의 대립	

C# 2

재호 : 아, 존나 싸가지 없네.
기태 : …
재호: 저 새끼들 가만히 내버려 둘 거야? 어?
(…)

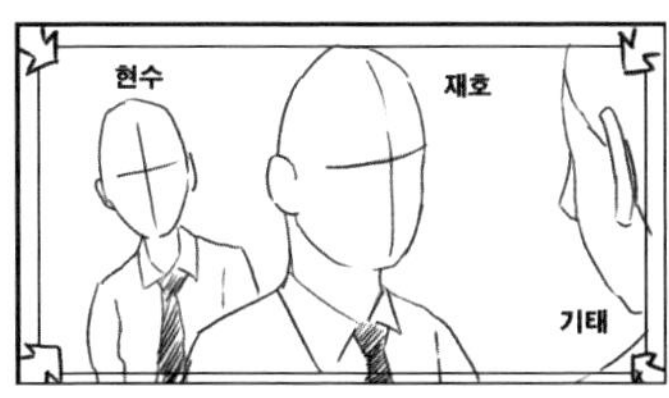

재호 : 안 그래? 넌 왜 동윤이한테만 존나 너답지 않게 행동하냐?

C# 3

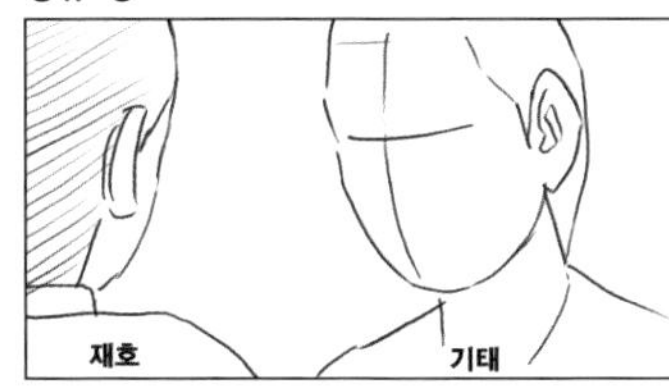

기태 : 나 같은 게 뭔데?

C# 4

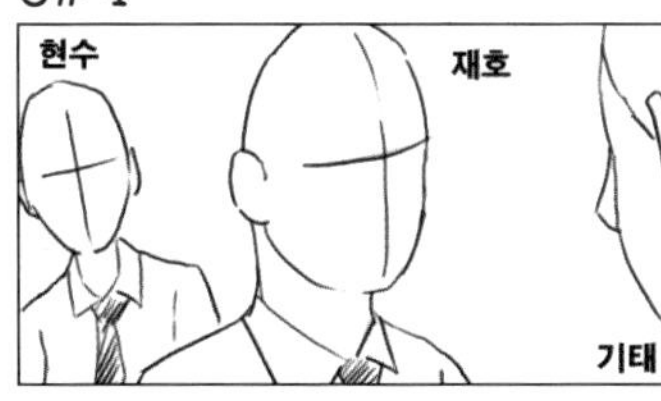

재호 : 너가 제일 잘 알 거 아니야? 다른 새끼들이 네 말 그렇게 씹고 지나갔으면 조져놨을 거 아니야… 안 그래?

C# 5

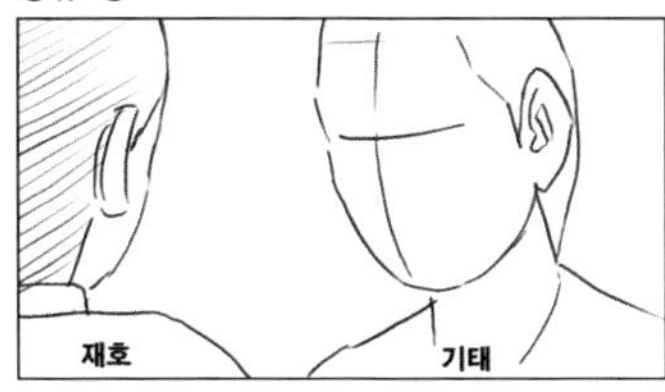

기태 : (들릴 듯 말듯 나지막하게) … 닥쳐…
재호 : 어?
기태 : (재호를 보며) 그만 조잘거리고 닥치라고…

S# 64	학교 복도 (과거)	(D) (L) CUT : (8)
	기태와 재호, 동윤과 희준 사이의 대립	

C#6

기태가 재호를 매서운 눈으로 쳐다보자 눈을 내리까는 재호.

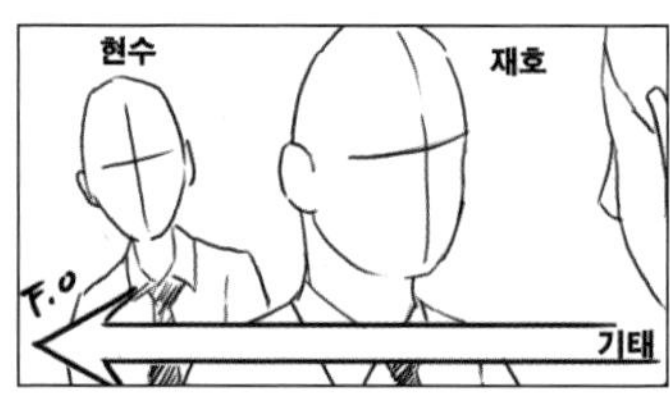

기태, 먼저 교실 쪽으로 걸어간다.

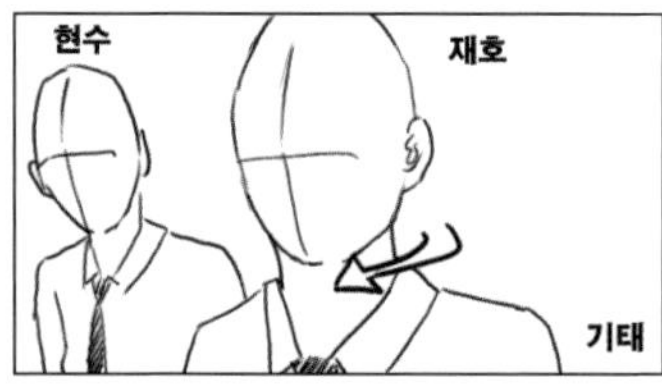

재호는 숙였던 고개를 들어 걸어가는 기태의 뒷모습을 노려본다.

C# 7

걸어가는 기태의 뒷모습.

C# 8

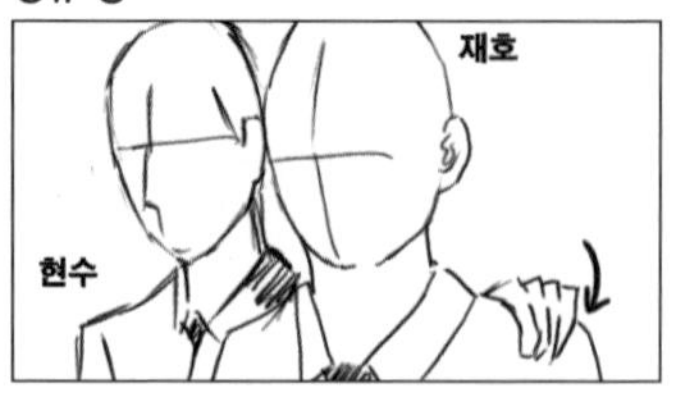

옆에 있던 현수와 아이들이 재호를 위로하듯 어깨를 감싼다.

S# 65	폐역사 기찻길 (과거)	(D) (L) CUT : (5)
	홀로 폐역사에 앉아 야구공을 바라보는 기태	

C# 1

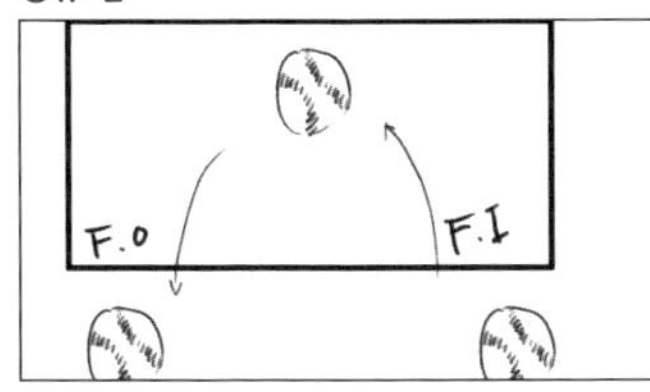

화창한 하늘이 보인다. 공 하나가 하늘을 향해 올라갔다가 떨어진다.

C# 2

공을 받는 기태.

C# 3

넓은 기찻길 공터에서 홀로 하늘을 향해 공을 던졌다 받기를 반복하는 기태.

C# 4

C# 5

홀로 폐역사에 앉아서 손 위의 야구공을 바라보는 기태.

S# 66	아파트 입구 (과거)	(D) (L) CUT : (3)
	기태 희준을 만나 야구공을 건네고 떠난다	

C# 1

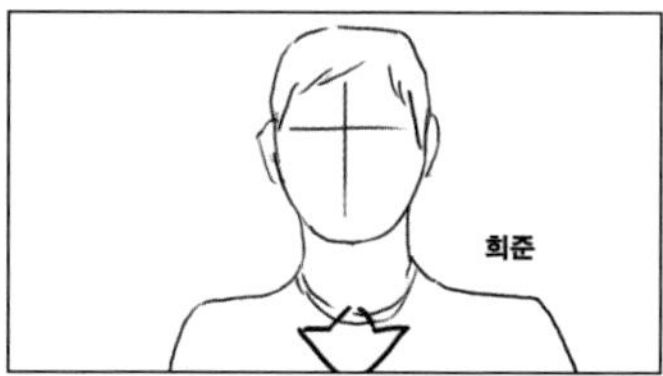

희준, 아파트 입구를 지나 단지 안으로 들어간다. 다른 학교 교복을 입고 있는 희준. 누군가 희준을 부른다.

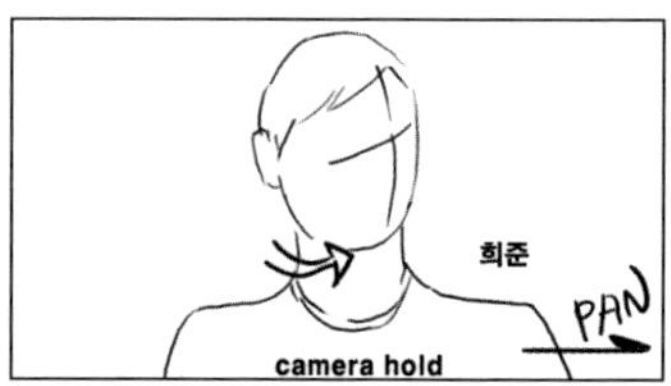

고개를 돌리는 희준.

기태가 야구공을 가볍게 위아래로 던지면서 벽에 기대어 있다. 기태와 눈이 마주치는 희준. 희준, 그냥 기태를 지나치려는 순간,

C# 2

기태 : 희준아.

멈추는 희준. 기태, 희준 쪽으로 걸어온다.

기태 : 새 교복 잘 어울리는데? 그래도 우리 교복이 더 잘 어울린다…

C# 3

(…)

들고 있던 공을 희준에게 던지고는 갈 길을 가는 기태.

희준 : (공을 보며) 뭐야?
기태 : 선물. 이별 선물.

S# 66	아파트 입구 (과거)	(D) (L) CUT : (3)
	기태 희준을 만나 야구공을 건네고 떠난다	

희준은 공을 바라본다. 아무 말 없이
걸어가는 기태의 뒷모습을 보는 희준.
멀어지는 기태.

S# 67	**동윤의 집, 부엌** 동윤에게 인식과 얘기해 보라고 설득하는 희준, 기태가 준 야구공을 동윤에게 건넨다	(N) (L) CUT : (14)

C# 1

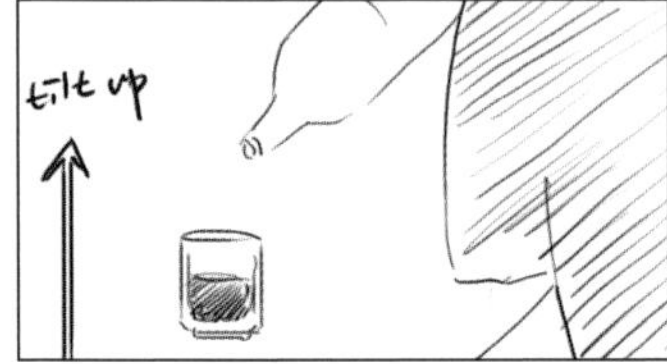

컵에 주스를 따르는 동윤.

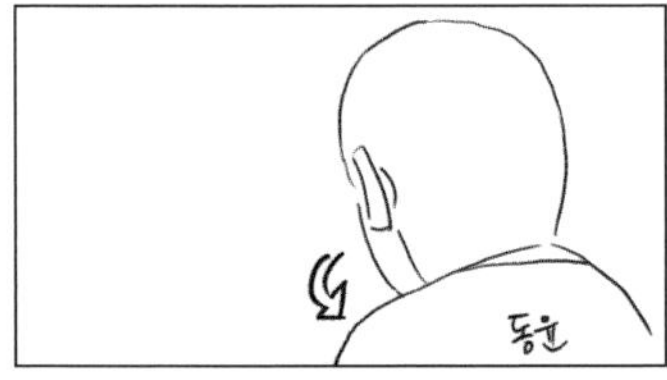

동윤 : 뭐, 과자라도 먹을래?
희준 : 됐어…
동윤 : 배고프잖아. 저녁도 안 먹었다며…?
희준 : 괜찮어…

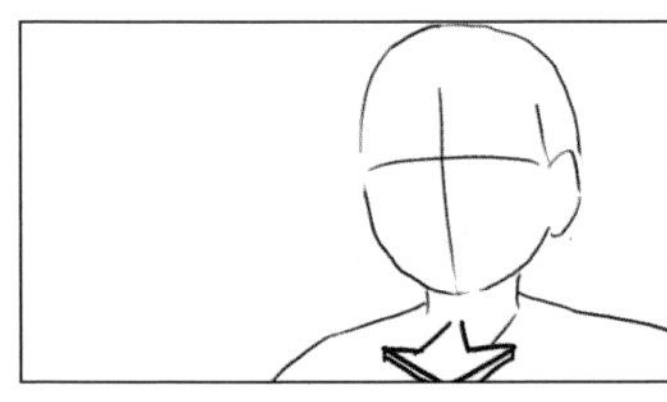

냉장고 문을 열고 주스를 넣는다.

희준은 부엌 식탁에 앉아 있다. 부엌 벽면에 있는 거울에 비친 희준.

S# 67

동윤의 집, 부엌

동윤에게 인식과 얘기해 보라고 설득하는 희준, 기태가 준 야구공을 동윤에게 건넨다

(N) (L) CUT : (14)

C# 2 (C Cut)

희준 : 너 있을 만한 곳 다 찾아봤어. 폐역사도 가보고…
동윤 : …그래?

(…)

희준 : 그럼 뭐 하는데?
동윤 : 그냥 뭐, 검정고시 보든지 해야지…

C# 3 (A Cut)

동윤, 주스를 희준 앞에 놓고 식탁에 앉는다.

희준 : 넌 안 마셔?
동윤 : 어? 됐어… 전학 간 학교에서는 별일 없고?

C# 4 (B Cut)

희준 : 그냥 공부만 하고 있어… 어머니는?

C# 5 (A Cut)

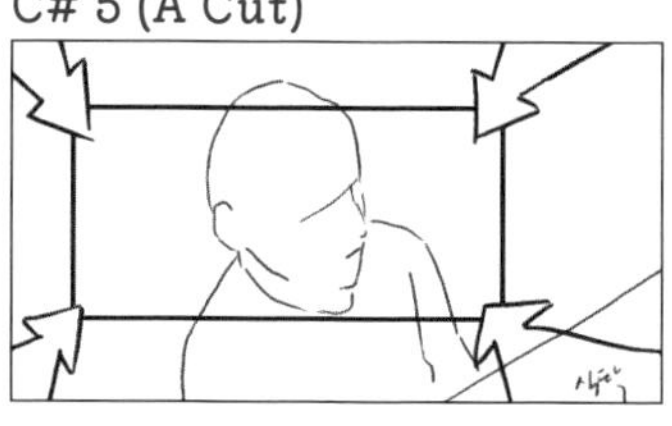

C# 6 (B Cut)

(교차편집)

동윤 : 알잖아, 평일날 늦는 거.
희준 : 잘 계시지?

(…)

동윤 : 그때 너 소파에서 잘 동안에, 기태랑 둘이 이 식탁에서 오랫동안 얘기했었는데…
희준 : 그래…?
동윤 : 그때 일들이 생각나네…

S# 67

동윤의 집, 부엌	(N)	(L)	CUT : (14)
동윤에게 인식과 얘기해 보라고 설득하는 희준, 기태가 준 야구공을 동윤에게 건넨다			

C# 7 (C Cut)

한동안 말이 없는 둘. 동윤은 눈을 피한 채 다른 곳을 응시하고 있다.

C# 8 (A Cut)

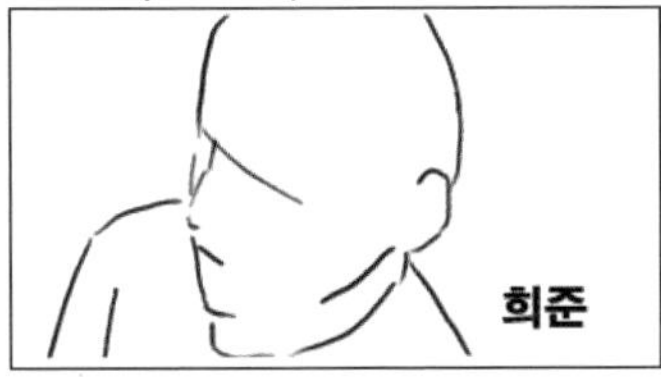

희준 : 동윤아… 무슨 일 있었는지 나한테 얘기 안 해도 돼. 근데 기태 아버님하고는 너가 만났으면 좋겠다…
동윤 : …

(…)

C# 9 (B Cut)

희준 : 내가 번호 알려줄 테니까, 연락 한번 드려. 아니면 너 핸드폰 켜놓고 있던지… 핸드폰 켜놓으면 아마 전화가 올 거야. 야… 부탁이니까 피하지만 마라…
동윤 : …

C# 10 (A Cut)

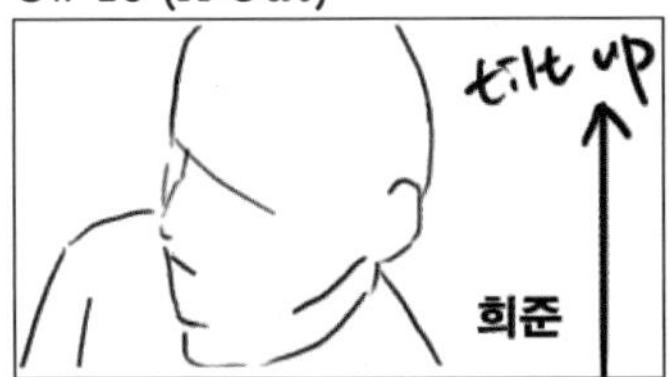

희준 : (주스 한 모금 마시고는 자리에서 일어난다) 여기까지 와서 이런 얘기밖에 못 해서 미안하다.

C# 11 (B Cut)

동윤 : 나야말로 미안하다. 오랜만에 봤는데 반갑게 맞아주지도 못하고… 나중에 좀 정리되면 한번 보자.

S# 67

동윤의 집, 부엌

동윤에게 인식과 얘기해 보라고 설득하는 희준, 기태가 준 야구공을 동윤에게 건넨다

(N) (L) CUT : (14)

C# 12

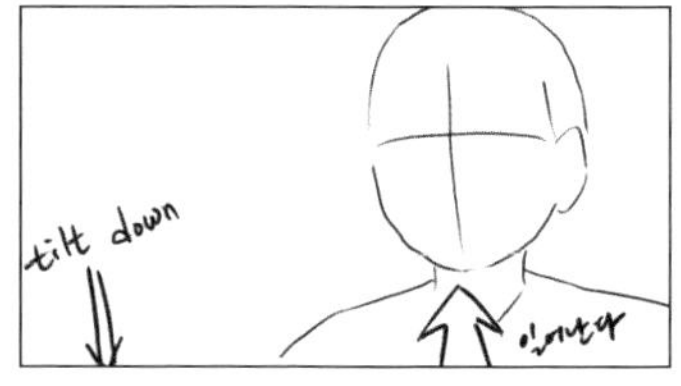

희준 : 그래… 예전의 동윤이로 다시 돌아와.
동윤 : (희미한 미소를 짓는다) …

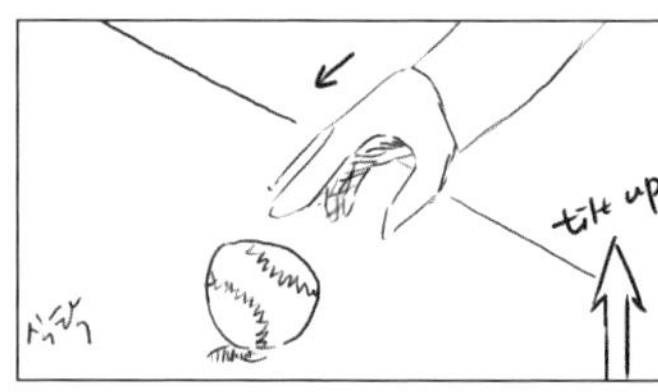

희준은 주머니에서 야구공을 꺼내 식탁 위에 놓는다.

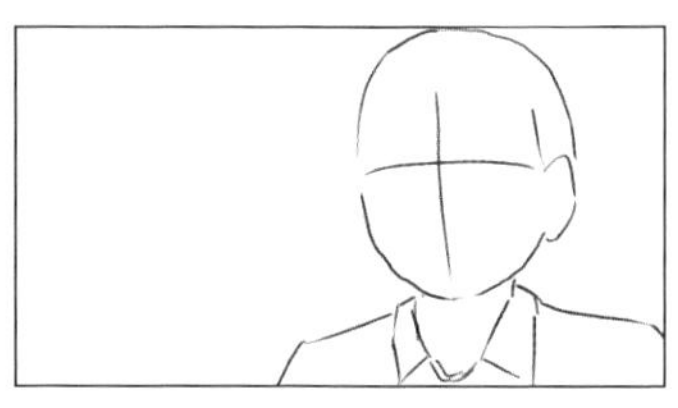

희준 : …기태가 마지막으로 나한테 준 거야.

C# 13 (B Cut)

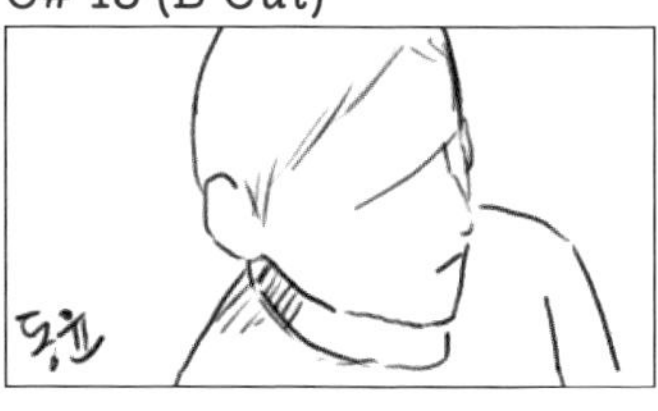

야구공을 무표정하게 보는 동윤.

C# 14

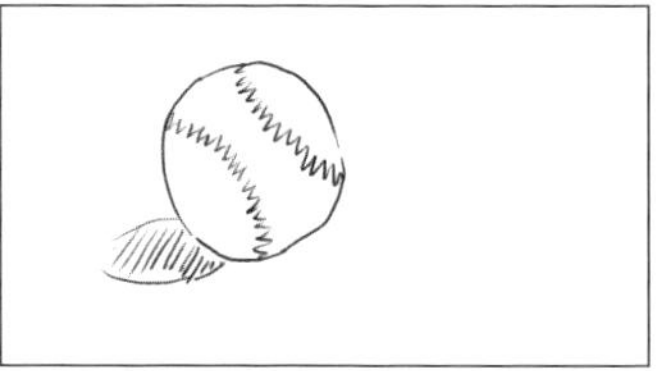

insert 식탁 위에 놓인 야구공

S# 68	교실 (과거)	(D) (L) CUT : (9)
	동윤에게 세정이에 관한 충고를 건네는 기태	

C# 1

방과 후 텅 빈 교실에 남아 있는 기태, 재호와 아이들. 그 맞은편에 팔짱 끼고 앉아 있는 동윤.

C# 2 (A Cut)

동윤 : 베키 전학 가서 좋지?
기태 : … (동윤을 무표정하게 응시한다)
동윤 : 좋잖아?
기태 : (고개를 잠시 숙였다 다시 들며) 아주 속 시원하고 좋네.

(…)

C# 3 (B Cut)

기태 : 이 얘기 할까 말까 고민 되게 많이 했어. 뭐가 널 위한 건가 싶어서… 근데 아무래도 이 얘기 해야 할 거 같아서…
동윤 : 얘기해 봐. 뭔데?

S# 68	교실 (과거)	(D) (L) CUT : (9)
	동윤에게 세정이에 관한 충고를 건네는 기태	

C# 4 (C Cut)

C# 5 (D Cut)

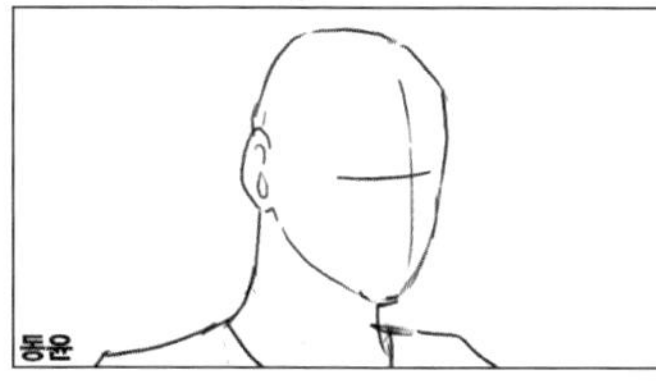

기태 : 세정이 있잖아…
동윤 : (눈빛이 달라진다) 세정이…?
기태 : 어…
동윤 : 세정이, 왜?
기태 : 걔 너무 진지하게는 만나지 마라.
동윤 : … (동요한다) …왜?
기태 : 얼마 전에 세정이 전 학교에서 어땠는지 우연히 듣게 됐는데, 좀 안 좋더라고… 그날 기억나? 너한테 걔 진심으로 좋아하냐고 물은 날…
동윤 : …
기태 : 원래 그날 이 얘기 해주려고 했는데, 고민되더라고…

(…)

C# 6 (A Cut)

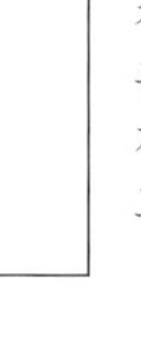

동윤 : (입을 못 열다가 겨우겨우) …이제 와서 이 얘기 하는 이유가 뭐야?
기태 : 이유라니? 너 걱정돼서 해주는 얘기야, 임마. 친구면 이런 얘기 해줘야 하는 거 아니냐…?
동윤 : …

(…)

C# 7 (C Cut)

C# 8 (D Cut)

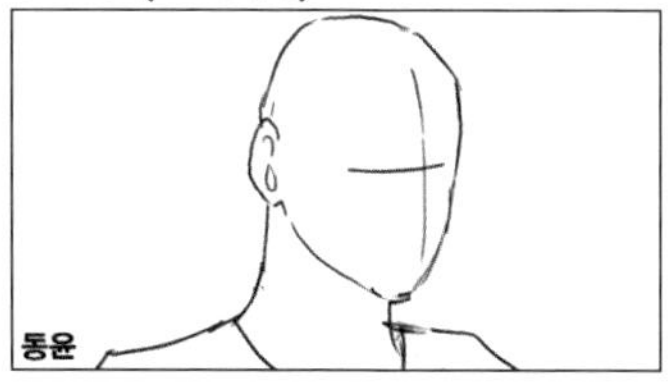

기태 : …너가 충격받았을 거 알아. 근데…
동윤 : (태연하게 미소를 지으며) 다 알고 있는 얘기야.
기태 : (멈칫한다) 그래?
동윤 : 어… 고맙지만… 이미 알고 있는 얘기들이야.
기태 : (과장된 듯한 말투) 난 너 아는 줄 몰랐지. 다행이다. 내가 괜히 걱정했네…
동윤 : 걱정 마. 나도 그냥 즐기려고 만나는 거니까.

(…)

S# 68	교실 (과거)	(D) (L) CUT : (9)
	동윤에게 세정이에 관한 충고를 건네는 기태	

C# 9

기태와 동윤을 제외한 주변 아이들은 보이지 않는 긴장감 때문에 조용하다.

S# 69	도로 (과거)	(D) (L) CUT : (4)
	길 건너 세정을 보고 미소 지어주는 동윤	

C# 1

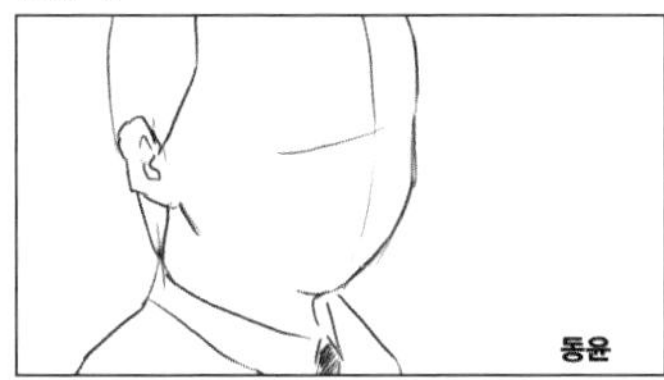

홀로 횡단보도에 서 있는 동윤. 생각에 잠긴 듯 그 자리에 가만히 서 있다.

C# 2

반대편 길 건너에 세정이 오는 것이 보인다.

C# 3

세정은 활짝 웃으며 동윤에게 반갑게 인사한다.

동윤 focus out : gradation
-세정의 얼굴에 조금 묻어날 정도로

C# 4

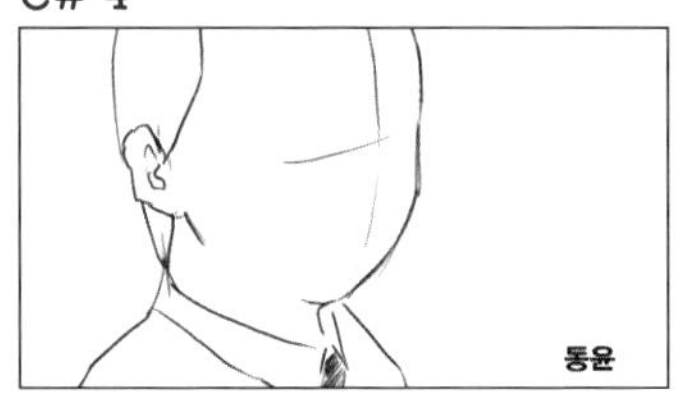

미소를 지으며 인사를 받아주는 동윤.

S# 70	세정의 아파트 앞 (과거)	(N) (L) CUT : (10)
	동윤의 시계를 다시 돌려주고 가는 세정	

C# 1

아파트 입구 쪽으로 걸어가는 동윤과 세정.

세정 : 걔가 뭐 그렇게 잘못했다고? 안 그래?
동윤 : …
세정 : 너 내 말 안 듣지?
동윤 : 아니야, 듣고 있어.

아파트 입구에 멈춰 서는 동윤과 세정.
말없이 서 있는 둘.

C# 2

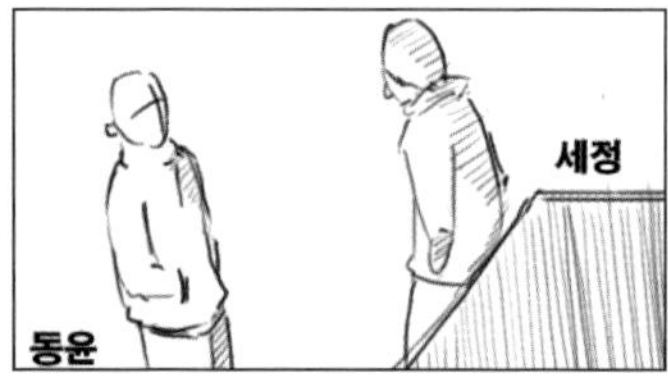

세정 : 너 오늘따라 왜 그래?
동윤 : 왜…? 뭐가?
세정 : 오늘 이상하잖아… 너…
동윤 : 아니야. 그냥 머리 좀 아파서 그래…

C# 3 (A Cut)

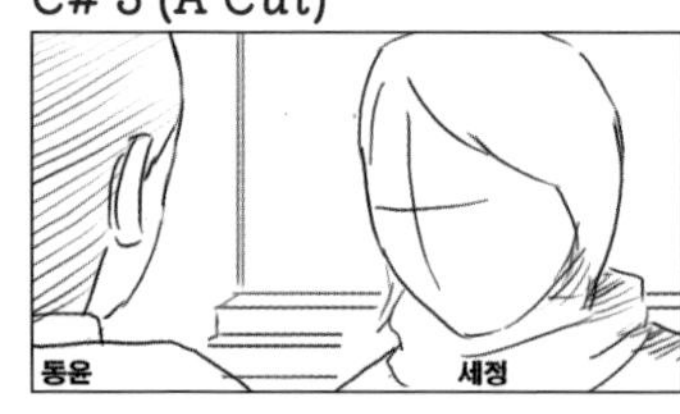

세정 : 나한테 혹시 하고 싶은 말 있어?
동윤 : 무슨 말?
세정 : 하고 싶은 말 있으면 해. 괜찮으니까…

C# 4 (B Cut)

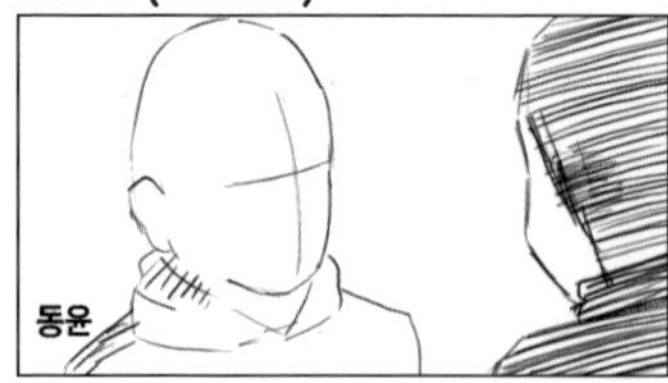

동윤 : (미소 지으며) 그런 거 없어…
세정 : 있는 거 알아.
동윤 : 없어…

S# 70	세정의 아파트 앞 (과거)	(N) (L) CUT : (10)
	동윤의 시계를 다시 돌려주고 가는 세정	

C# 5

동윤은 시선을 내린 채 바닥을 발로 긁고 있다. 잠깐의 침묵…

C# 6 (A Cut)

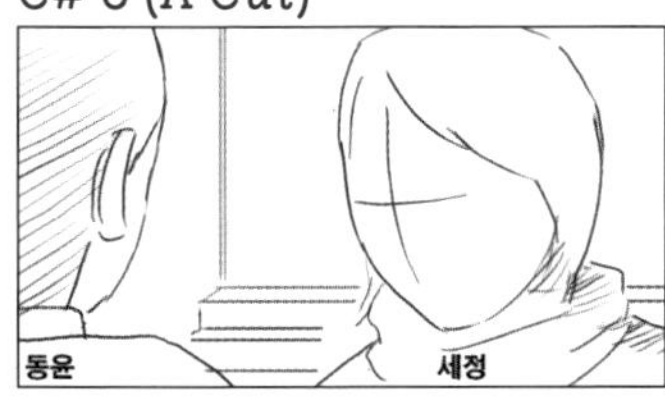

동윤 : 얼른 들어가. 춥다.
세정 : …
동윤 : 야, 감기 걸려. 들어가…
세정 : 야.

C# 7 (B Cut)

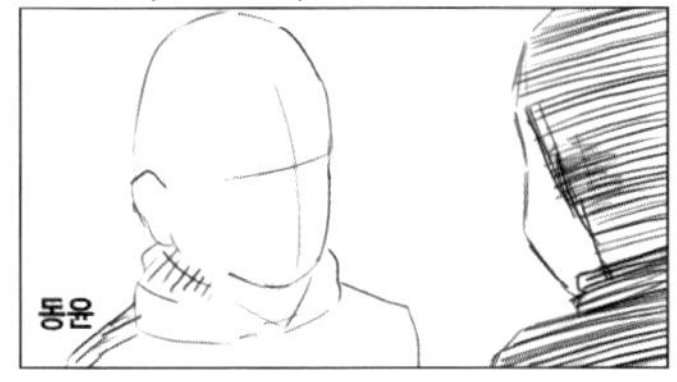

동윤 : 왜?
세정 : 시계 잠깐 풀어봐.
동윤 : 왜 또?
세정 : 풀어봐…

C# 8

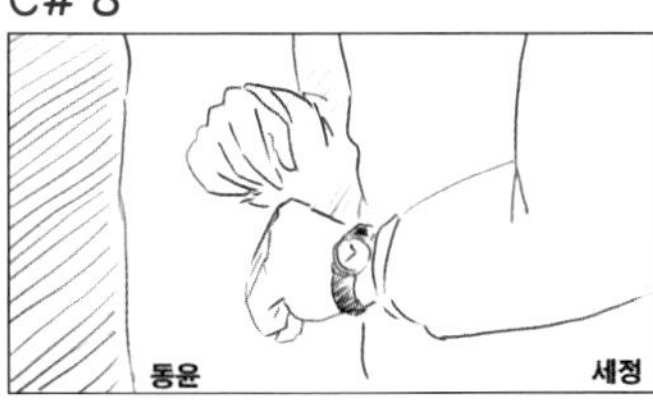

동윤, 마지못해 시계를 풀어서 세정에게 준다. 세정, 시계를 물끄러미 보더니 자기 손목에 찬다.

C# 9 (B Cut)

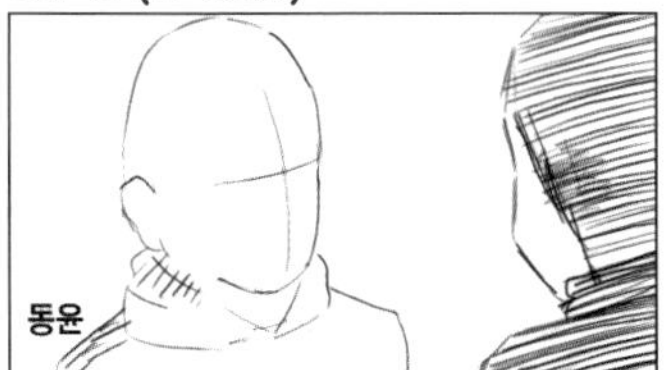

동윤 : 뭐 하는 거야?
세정 : …이거 나 가질래.
동윤 : 왜 그래? 내가 얼마나 아끼는지 알잖아.
세정 : 그래서 가질래…
동윤 : …갑자기 뭐야…? 어?
세정 : 나… 이거 가지고 가면… 너 볼 수 있잖아.
동윤 : 무슨 소리야…? 왜 이상한 소리 하고 그래…

S# 70	세정의 아파트 앞 (과거)	(N) (L) CUT : (10)
	동윤의 시계를 다시 돌려주고 가는 세정	

C# 10 (A Cut)

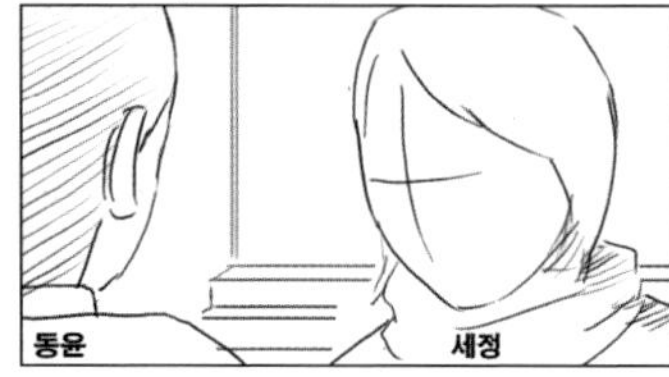

세정 : 그럼 다음에 줄게… 이거… 응?
동윤 : (한숨 쉰다) 알았어… 그럼 다음에... 줘…
세정 : 응…
동윤 : 올라가. 늦었다.
세정 : 응…

세정, 아파트 계단을 올라간다. 동윤은 올라가는 세정을 바라본다.

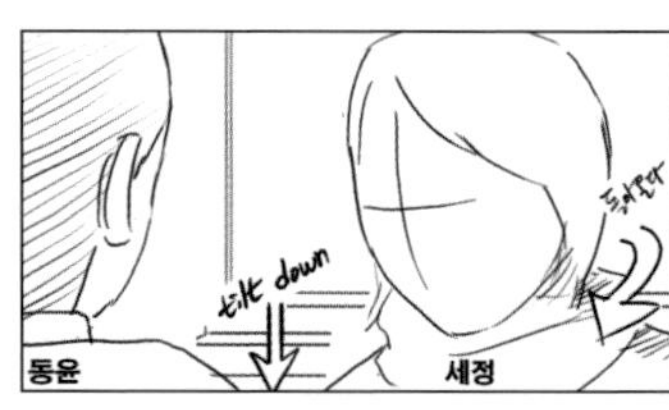

다시 계단 아래로 내려와 동윤 앞에 선 세정.

자신의 손목에 찬 동윤의 시계를 풀어서 동윤의 손목에 다시 채워준다.

고개를 들어 동윤을 보며 미소 짓는 세정.

S# 71	병실 (과거)	(N) (L) CUT : (5)
	세정을 보러 온 동윤	

C# 1

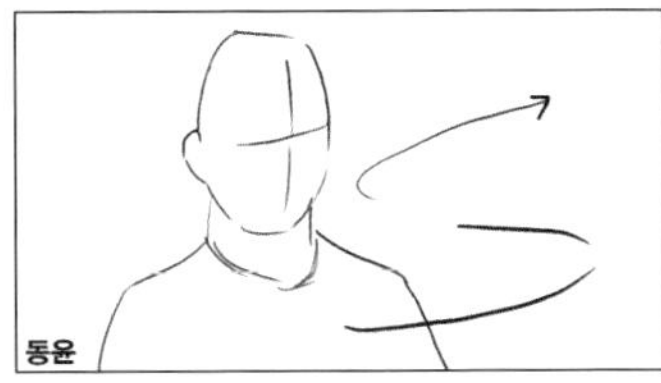

안절부절못하는 동윤.

복도 끝에 있는 의자에 쪼그리고 앉은 채 거칠게 호흡하는 동윤.

괴로운 듯 자신의 머리를 싸맨 채 안절부절못하고 있다. 힘들게 겨우 일어나 복도를 걷는다.

C# 2

병실 쪽으로 걸어가 병실 안을 본다.

S# 71	병실 (과거)	(N) (L) CUT : (5)
	세정을 보러 온 동윤	

여러 사람이 모여 있는 병실 안.

C# 3

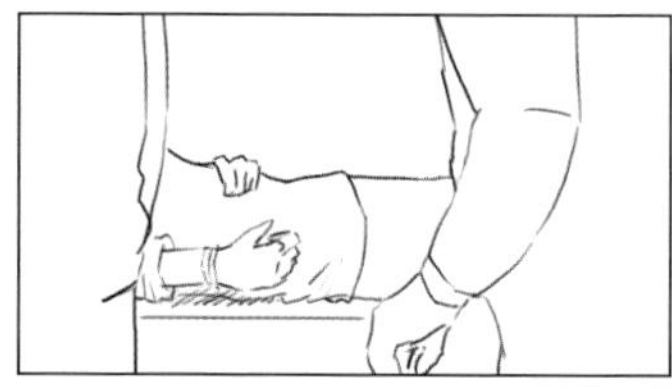

간호사와 사람들 사이로 병실 침대에 누워 있는 한 사람이 얼핏 보인다. 손목에는 붕대가 감겨 있다.

C# 4

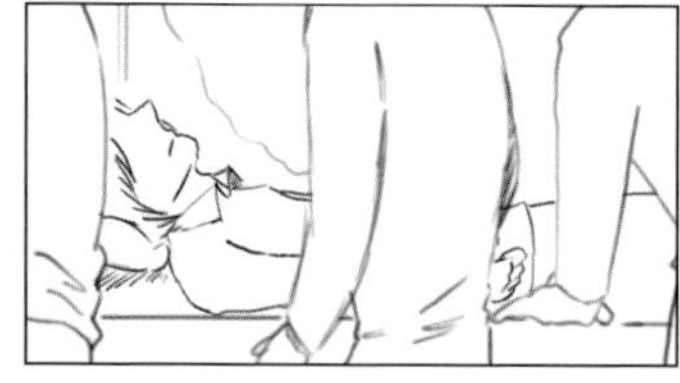

사람들에 둘러싸여 아주 어렴풋이 보이는 세정.

C# 5

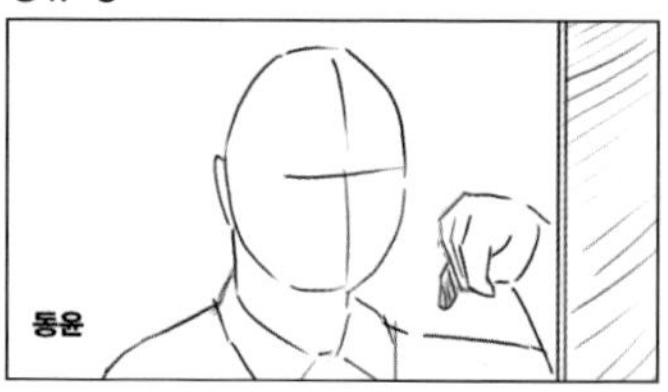

병실 입구에 기대어 그 모습을 보며 괴로워하는 동윤.

S# 72	아파트 옆 버려진 테니스장 (과거)	(N) (L) CUT : (24)
	기태와 한판 붙는 동윤	

C# 1

어두운 아파트 단지를 빠르게 걸어가는 동윤의 뒷모습. 아파트 뒤편의 버려진 테니스장을 향해 걸어간다.

거친 back follow

C# 2

펜스 입구를 지나 불 켜진 컨테이너 하우스 쪽으로 걸어가는 동윤.

컨테이너 앞에 모여 있는 몇 명의 아이들이 걸어오는 동윤을 보고 '똥윤' 하면서 반갑게 인사하지만 무시하고 컨테이너 안으로 들어간다.

컨테이너 안에 모여서 담배 피우며 떠들고 있는 기태와 재호 등. 동윤을 보자 기태와 아이들은 조용해진다.

S# 72	아파트 옆 버려진 테니스장 (과거)	(N) (L) CUT : (24)
	기태와 한판 붙는 동윤	

C# 3

말없이 기태 쪽으로 걸어가는 동윤, 기태 앞에 눈을 감은 채로 서 있다.

기태 : (당황하여) 왜 그래?

눈을 떠 기태를 내려다보는 동윤.

camera tilt down

기태 : (옆에 있는 아이들을 보며) 야…
분위기 왜 이러냐…?

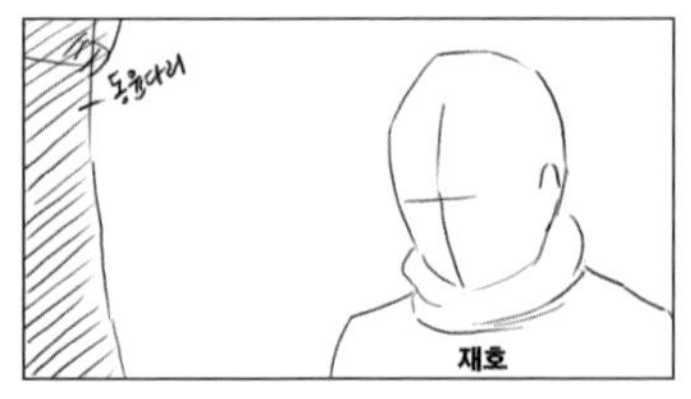

재호 : 그러게…

어색한 침묵이 흐른다.

S# 72	아파트 옆 버려진 테니스장 (과거)	(N) (L) CUT : (24)
	기태와 한판 붙는 동윤	

C# 4

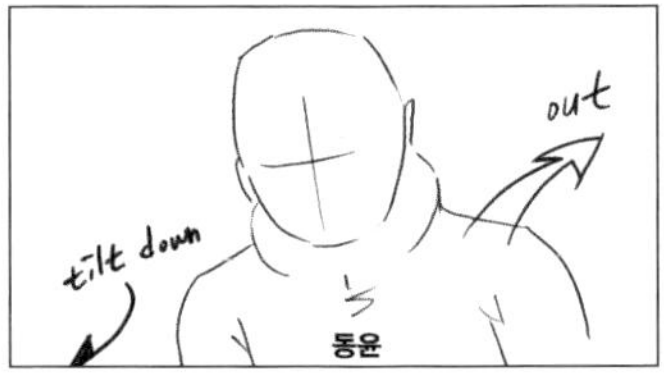

동윤 : 나와.

동윤은 컨테이너 밖으로 나간다. 의아한 표정의 기태. 피우던 담배를 끄고 일어나 동윤을 뒤따라 나간다. 뒤이어 컨테이너 밖으로 따라 나가는 아이들.

C# 5

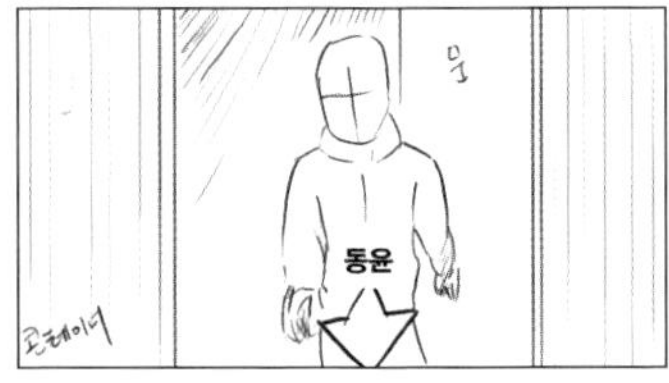

컨테이너 밖으로 나오는 동윤.

camera pan

컨테이너를 나와 테니스장 한복판으로 걸어 나가는 동윤과 기태.

S# 72 | **아파트 옆 버려진 테니스장 (과거)** | **(N) (L) CUT : (24)**

기태와 한판 붙는 동윤

C# 6

그 뒤로 따라오는 아이들.

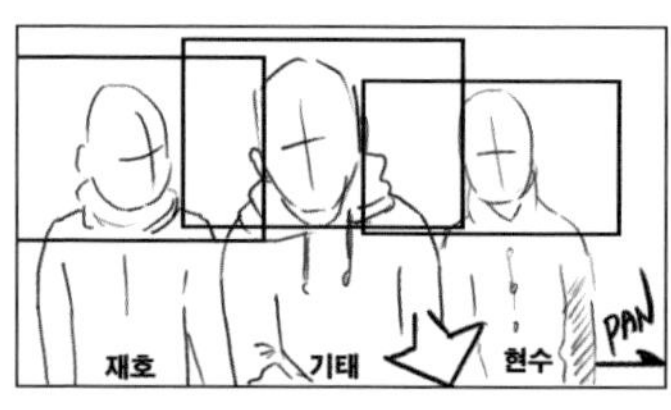

재호, 현수, 기태의 모습이 보이다가 pan하면 동윤이 보인다.

버려진 테니스장 한복판에 멈추는 동윤.
따라 멈추는 기태. 서로 마주 본다.

C# 7 (A Cut)

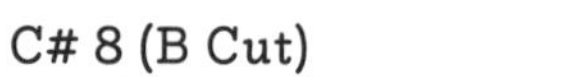

C# 8 (B Cut)

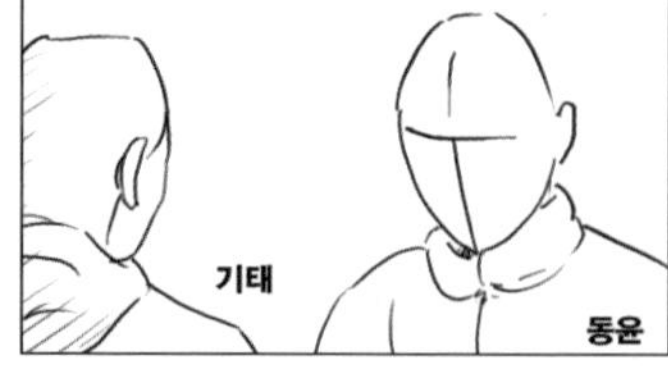

기태 : 뭔 일 있냐? 왜 그래?
동윤 : 세정이 만났냐?
기태 : 세정이?
동윤 : 세정이 만났냐고?
기태 : 어…

(…)

기태 : …날 어떻게 보고 그딴 걸 묻는 거냐? 어?
동윤 : 묻는 말에나 대답해… 얘기했냐고?
기태 : 너 시발, 지금 그게 나한테 할 소리냐?
동윤 : 대답해.
기태 : … (동윤의 눈을 똑바로 보며) 얘기했다면?
동윤 : 죽여버린다.
기태 : (압도하는 듯한 눈으로) 죽여봐, 이 개새끼야…

S# 72	아파트 옆 버려진 테니스장 (과거)	(N) (L) CUT : (24)
	기태와 한판 붙는 동윤	

C# 9

동윤, 기태의 얼굴을 주먹으로 친다. 순식간에 동윤과 기태가 뒤엉켜서 바닥에 나뒹군다.

camera pan → tilt down

동윤, 쓰러져 있는 기태를 계속해서 후려친다.

camera tilt up

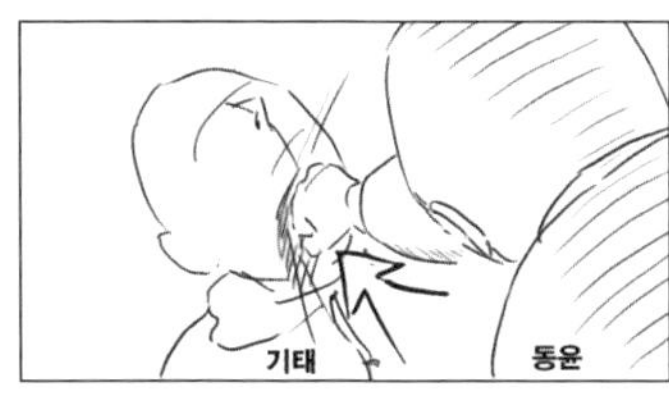

재호와 다른 아이들이 순식간에 동윤을 기태로부터 떼어낸다. 반항하는 동윤. 하지만 아이들이 동윤을 뒤에서 꼼짝 못 하도록 붙잡는다.

C# 10

한 명은 동윤을 뒤에서 붙잡고 재호는 동윤의 복부와 얼굴을 주먹으로 미친 듯이 친다. 바닥에 쓰러지는 동윤을 아이들이 무자비하게 발길질한다.

C# 11

쓰러져 있던 기태가 겨우 몸을 가누어 일어난다.

기태 : (일어나며) 그만해…

멈추지 않는 재호의 발길질.

S# 72	아파트 옆 버려진 테니스장 (과거)	(N) (L) CUT : (24)
	기태와 한판 붙는 동윤	

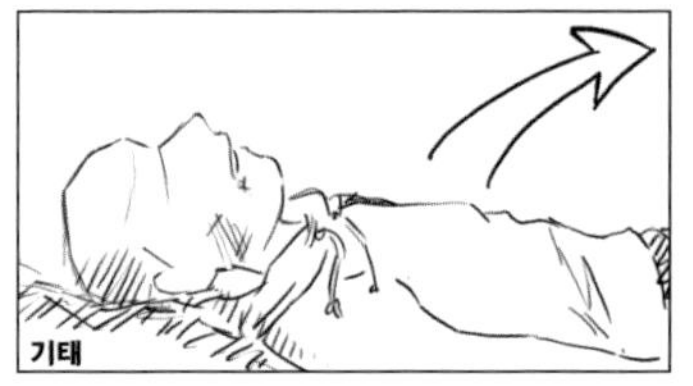

기태 : 그만하라고!

C# 12

점점 허물어져 가는 동윤.

C# 13

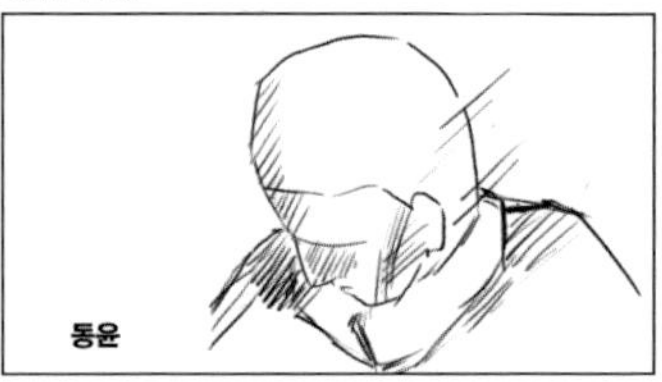

아이들은 너무 흥분해 멈출 기세를 안 보인다. 기태, 재호와 아이들에게 달려든다.

재호의 멱살을 잡고 얼굴을 치는 기태.

camera tilt down

바닥에 넘어지는 재호. 그제야 멈추는 아이들.

S# 72 | 아파트 옆 버려진 테니스장 (과거) | (N) (L) CUT : (24)

기태와 한판 붙는 동윤

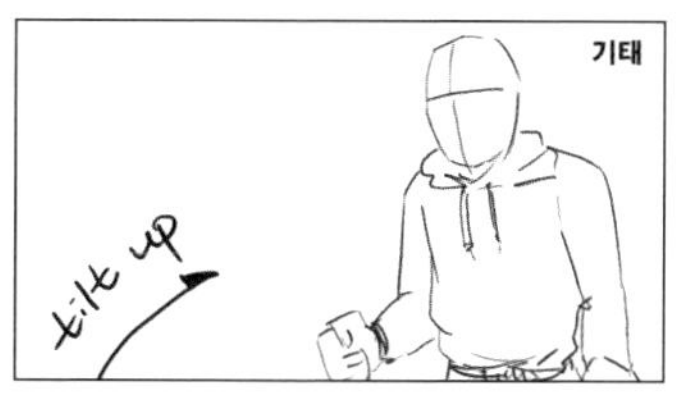

camera tilt up

기태 : 그만하라고 이 좆같은 새끼들아…

C# 14

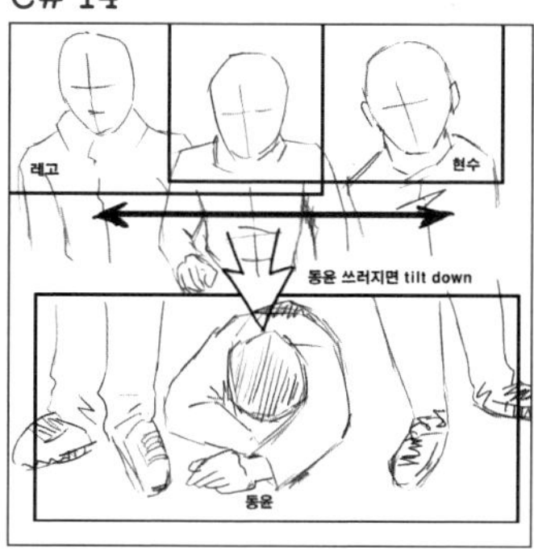

동윤을 붙잡고 있던 아이들은 동윤을 풀어준다.

동윤 쓰러지면 tilt down

팔을 풀자 그대로 쓰러지는 동윤. 엎드린 채 콜록거린다.

C# 15

기태 : 뭐 하는 짓이야?

C# 16

괴로운 듯 바닥에서 겨우 일어나는 재호. 아이들 쪽을 보며 어처구니없다는 표정을 짓는다. 아이들도 황당하다는 표정이다.

S# 72	아파트 옆 버려진 테니스장 (과거) 기태와 한판 붙는 동윤	(N) (L) CUT : (24)

재호 : 존나게 처맞길래 도와준 건데, 왜 때리냐?

C# 17

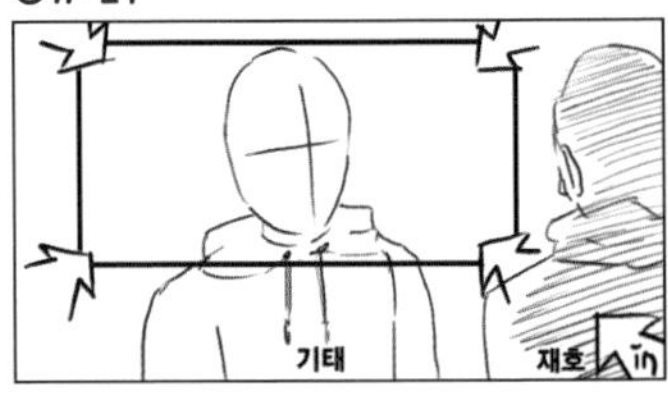

기태 : 뒈지고 싶지 않으면 꺼져…

C# 18

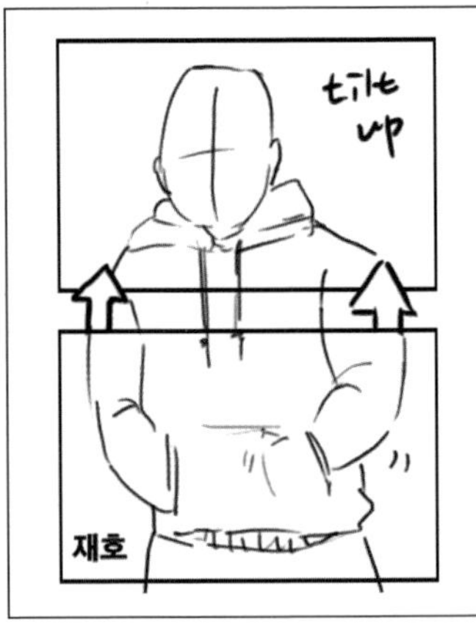

재호, 주머니에 손을 넣고 고개 숙인 채 가만히 있다. 억지로 분을 삭이는 듯 호흡이 가쁘다.

기태 : 꺼져, 시발.

S# 72	아파트 옆 버려진 테니스장 (과거)	(N) (L) CUT : (24)
	기태와 한판 붙는 동윤	

C# 19

재호와 아이들, 차가운 표정으로 기태를 바라본다.

재호 : 시발, 가자. 둘이 내버려 둬.

C# 20

아이들 : 어이없네, 시발…

떠나는 재호와 아이들.

걸어가는 것까지 master

C# 21

기태와 동윤 둘만 남은 공간. 고요하다.

S# 72	아파트 옆 버려진 테니스장 (과거)	(N) (L) CUT : (24)
	기태와 한판 붙는 동윤	

C# 22

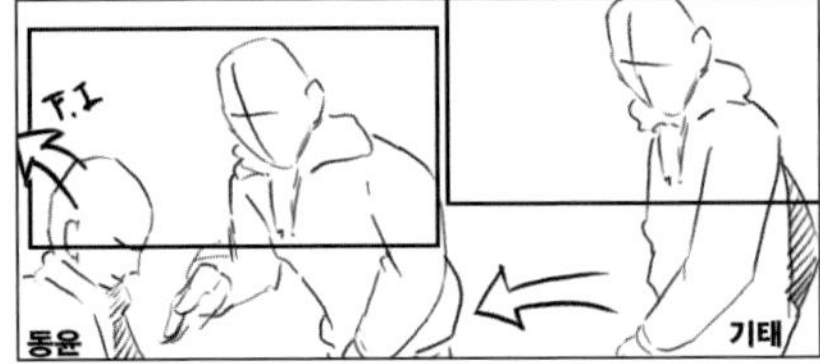

기태, 바닥에 쓰러져 괴로워하는 동윤을 부축하려고 한다.

기태 : 동윤아… 괜찮아?

신음을 내며 괴로워하는 동윤.

C# 23

기태 : 오해야, 동윤아… 오해야.

부축하려는 기태의 손을 뿌리치는 동윤. 하지만 기태는 다시 부축하려 한다.

동윤 : (기태의 손을 뿌리치며) 놔…

C# 24

기태의 부축을 거부하고 끝내 혼자 일어나는 동윤.

(…)

입에 고인 피를 바닥에 뱉는 동윤. 기태를 남겨놓고 절뚝이며 먼저 떠난다. 떠나는 동윤을 바라보는 기태.

기태 : 동윤아!

S# 73

아파트 입구 골목 (과거)	(N) (L) CUT : (7)
집으로 가던 중, 재호 일당을 만나는 동윤	

C# 1

아파트 입구 쪽으로 걸어가는 동윤. 순간 멈춘다.

C# 2

가로등 밑에 몇 명이 모여 있다. 재호와 아이들이다.

동윤 쪽으로 천천히 걸어오는 재호.

C# 3

재호 : 왜 이렇게 늦게 와…?

S# 73	아파트 입구 골목 (과거)	(N) (L) CUT : (7)
	집으로 가던 중, 재호 일당을 만나는 동윤	

C# 3

재호와 아이들이 동윤을 둘러싼다.

재호 : 추워 죽겠는데, 한참 기다렸잖아…

C# 4

쓰러져 있는 동윤.

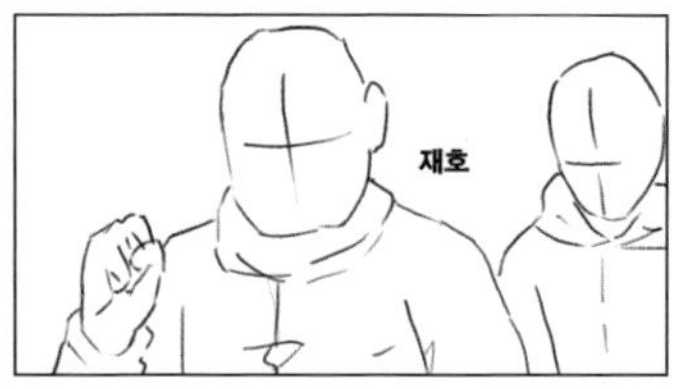

재호는 동윤의 배를 강하게 찬다. 아이들의 낄낄거리는 웃음소리가 들린다.

C# 5

차가운 바닥 위에 몸을 둥글게 말고 쓰러져 있는 동윤.

C# 6

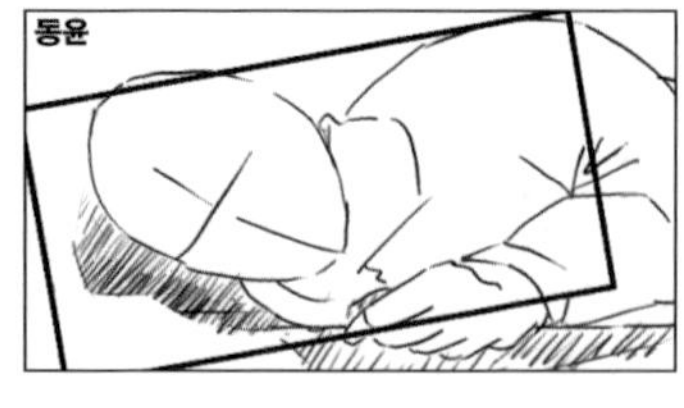

힘겹게 숨을 뱉어낼 때마다 하얀 입김과 함께 붉은 피가 흘러내린다. 만신창이가 되어 몸을 가누지 못하는 동윤.

S# 73	아파트 입구 골목 (과거)	(N) (L) CUT : (7)
	집으로 가던 중, 재호 일당을 만나는 동윤	

C# 7

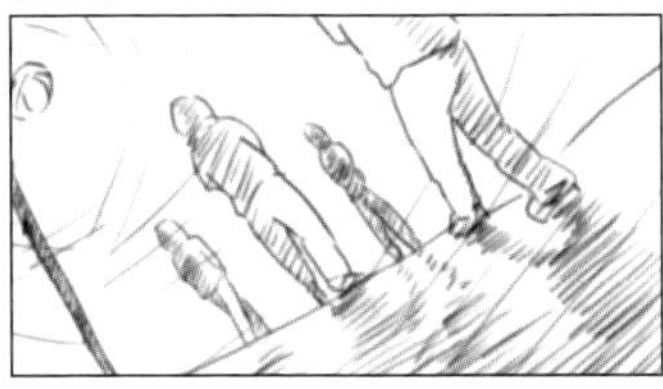

동윤의 시점으로 걸어가는 아이들의 모습이 초점이 흐려진 채 보인다. 웃고 떠들며 걸어가는 아이들의 뒷모습.

focus out

그 외 다수의 인서트 컷들

S# 74	학교 건물 뒤 → 학교 운동장 (과거)	(D) (L) CUT : (2)
	운동장을 가로지르는 기태	

C# 1

트레이닝복 차림으로 벽면에 기대어 담배를 피우는 기태. 슬픈 표정이다.

C# 2

푸르스름한 새벽이다. 담배를 피우던 기태는 담배꽁초를 튕겨서 버린다.

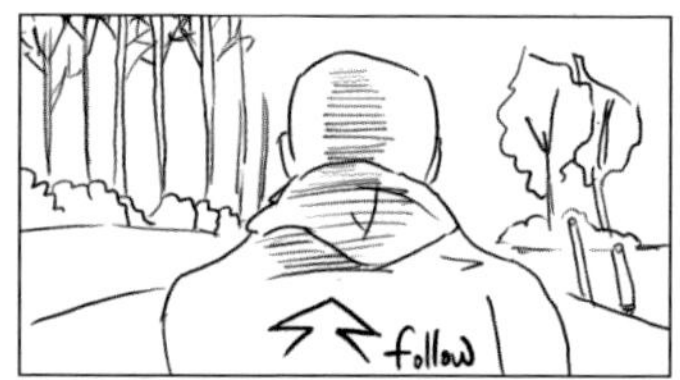

어디론가 걸어가는 기태.

벽면을 따라 조금 걷다가 모퉁이에서 꺾는 순간, 드넓은 학교 운동장이 펼쳐져 보인다.

텅 빈 운동장을 가로질러 걸어가는 기태. 학교를 향해 걸어간다.

S# 75	학교 교실 (과거)	(D) (L) CUT : (4)
	교실에 홀로 앉아 있는 기태	

C# 1

insert 텅 빈 학교의 복도

C# 2

푸르스름한 새벽의 어두컴컴한 텅 빈 교실. 홀로 자신의 자리에 미동도 하지 않고 앉아 있는 기태.

C# 3

햇살에 명암이 뚜렷한 기태.

C# 4

추리닝 차림으로 앉아 있다. 교실 안에 홀로 앉아 있는 기태의 모습. 공허한 느낌을 준다.

S# 76	학교 교실 (과거)	(D) (L) CUT : (6)
	재호에게 지난 밤 일을 묻는 기태	

C# 1

앞과는 대조적으로 학생들로 시끌벅적한 복도.

망원 느낌

C# 2

재호와 아이들이 교실 안으로 들어온다.

C# 3

교실 뒤편 자리에 추리닝 차림으로 앉아 있는 기태가 보인다.

S# 76	학교 교실 (과거)	(D) (L) CUT : (6)
	재호에게 지난 밤 일을 묻는 기태	

C# 4

기태 앞으로 걸어오는 재호와 아이들.

C# 3

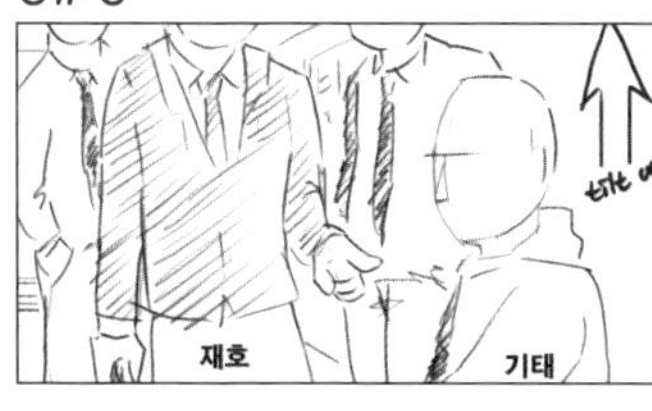

재호 : 옷이 왜 그래?

C# 4

기태 앞에 선 재호와 아이들.

C# 5

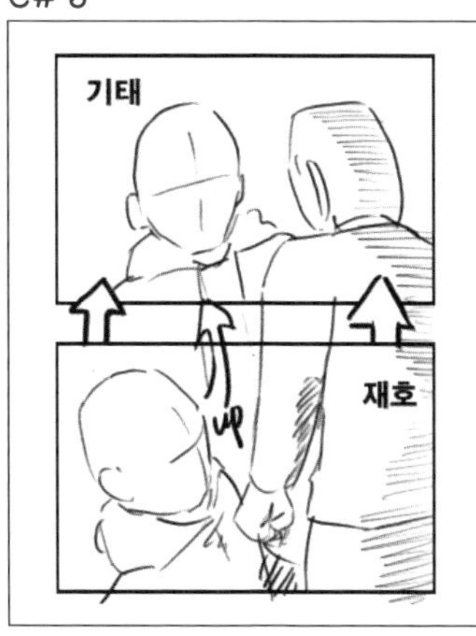

camera tilt up

기태, 대꾸도 없이 일어난다. 그리고 재호 앞에 선다. 상처 난 재호의 얼굴.

기태 : 얼굴에 상처 뭐냐?
재호 : 아, 이거… 그냥 뭐…
기태 : 어젯밤에 뭐 했냐?
재호 : 뭐 하다니…?
기태 : 뭐 했냐고?

S# 76	학교 교실 (과거)	(D) (L) CUT : (6)
	재호에게 지난 밤 일을 묻는 기태	

C# 6

재호 : 그런 걸 일일이 너한테 보고해야 되냐?
기태 : …따라와.

교실 후문 쪽으로 걸어가는 기태.

재호와 아이들은 예상한 일이라는 듯이 눈빛을 주고받는다.

S# 77	학교 교실 (과거)	(D) (L) CUT : (2)
	앞서가는 기태를 따라가는 아이들	

C# 1

복도를 따라 앞서서 걸어가는 기태. 그리고 그 뒤를 따르는 재호와 아이들.

C# 2

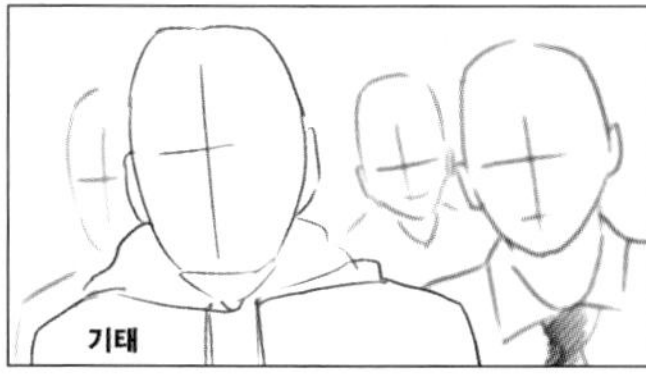

복도를 걸어가는 기태와 아이들의 모습.

focus : 기태 → 재호

camera : 기태 정면에서 재호 쪽으로 살짝 돌면서 재호 위주

재호 focus out 까지

S# 78	학교 화장실 (과거)	(D) (L) CUT : (5)
	재호를 밟아버리는 광기 어린 기태	

C# 1

화장실 문이 열리고 기태가 들어온다. 바로 뒤따라 들어오는 재호와 아이들.

기태, 화장실 문이 닫히기가 무섭게 뒤돌면서 재호의 안면을 팔꿈치로 가격한다.

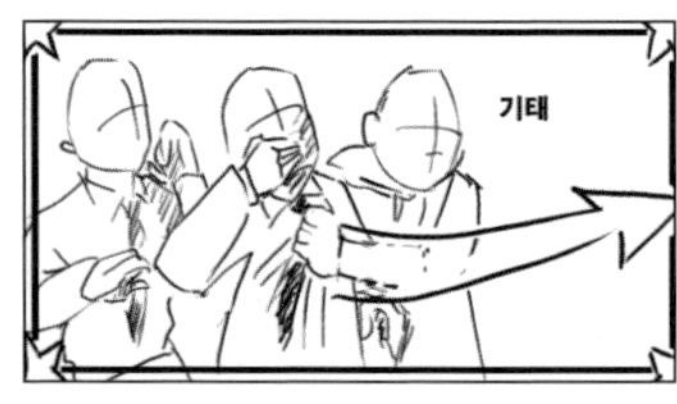

코를 잡고 쓰러지는 재호를 붙잡고는 화장실 변기 칸 안에 처박아 놓은 뒤,

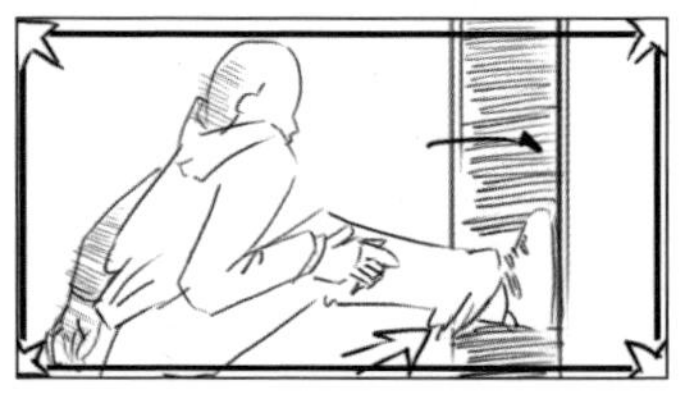

발로 사정없이 까는 기태.

〈부감도〉

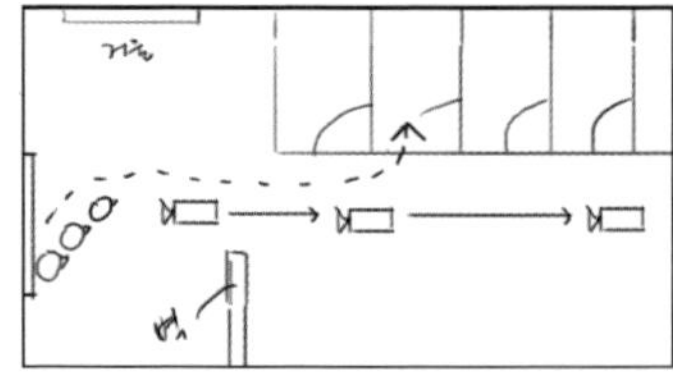

S# 78	학교 화장실 (과거)	(D) (L) CUT : (5)
	재호를 밟아버리는 광기 어린 기태	

C# 2

변기 칸 입구를 양손으로 잡고 미친 듯이 발로 깐다.

C# 3

두 가지 사이즈로

재호를 때리는 기태의 모습.

S# 78	학교 화장실 (과거)	(D) (L) CUT : (5)
	재호를 밟아버리는 광기 어린 기태	

C# 4

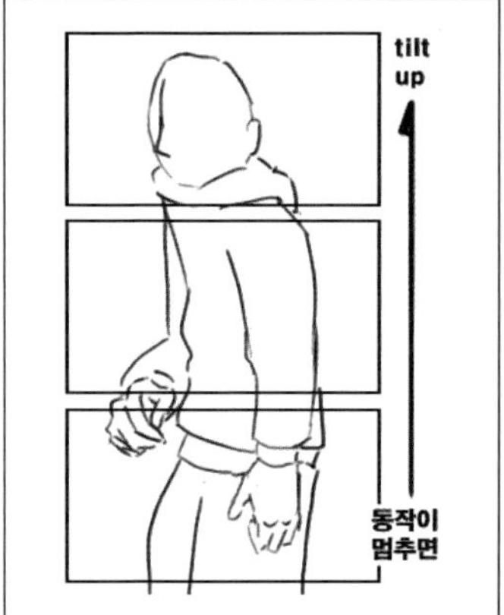

문득, 멈추는 기태. 변기 칸 안쪽이 보이지는 않지만 아무런 인기척이 없다.

C# 5

아이들은 압도된 분위기에 얼어붙어 있다. 나머지 아이들을 응시하는 기태. 눈이 풀려 있다.

S# 79	학교 복도 (과거) 따가운 아이들의 시선을 피해 가는 기태	(D) (L) CUT : (5)

C# 1

콜라쥬, 몽타주 컷 - slow

C# 2

복도를 걷는 기태. 아이들이 기태의 차가운 시선을 피해 지나간다. 한 사람, 한 사람의 시선에 공포와 경멸이 담겨 있는 듯하다.

slow, 부감

C# 3

C# 4

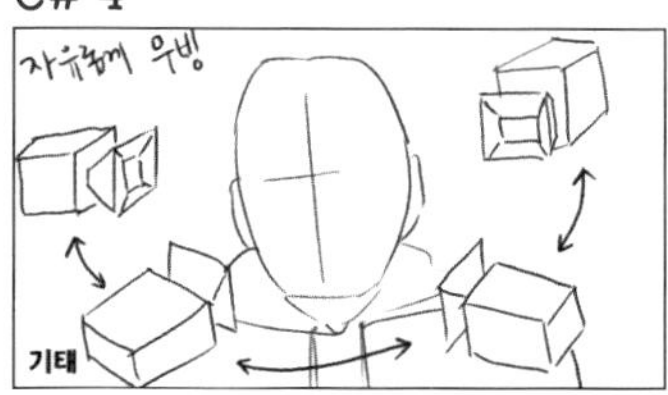

C# 5

몽타주. 아이들의 시선 - slow

S# 79	학교 복도-교실 (과거)	(D) (L) CUT : (9)
	엎어진 책상을 아이들에게 던지는 기태	

C# 1

복도를 지나는 기태.

교실로 들어가는 기태.

C# 2

자신의 자리 쪽으로 걸어간다.

C# 3

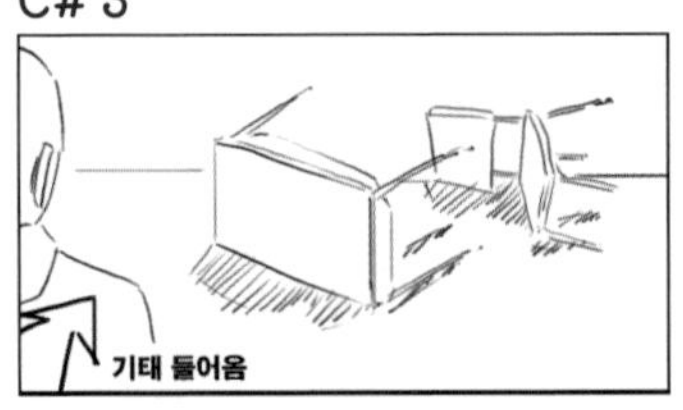

기태 자리의 책상과 의자만 엎어져 있다. 그 앞에 서는 기태. 한참 동안 그 앞에 서 있다.

엎어져 있는 책상에서 구경하고 있는 아이들에게로 시선을 옮기는 기태. 아이들은 기태의 시선에 한순간 조용해진다.

S# 79	학교 복도-교실 (과거)	(D) (L) CUT : (9)
	엎어진 책상을 아이들에게 던지는 기태	

자신의 책상을 들더니, 구경하는 아이들을 향해서 집어 던지는 기태.

C# 4

C# 5

순식간에 아수라장이 되는 교실 안.

C# 6

구경하던 아이들은 교실 밖을 우르르 빠져나온다.

C# 7

쓰러져 있는 자신의 의자를 제대로 세우는 기태.

S# 79	학교 복도-교실 (과거)	(D) (L) CUT : (9)
	엎어진 책상을 아이들에게 던지는 기태	

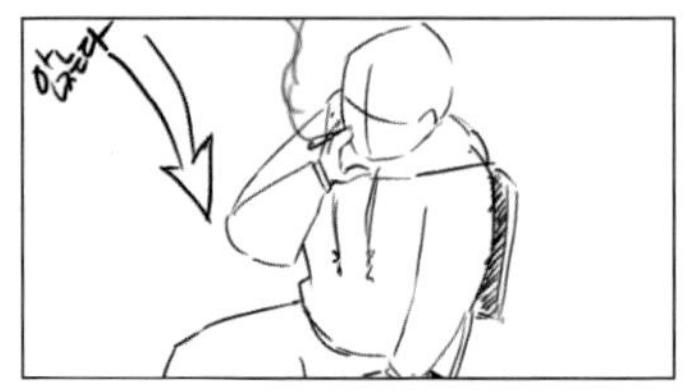

그 의자에 앉은 뒤, 주머니에서 담배를 꺼내 담배에 불을 붙인다.

C# 8

아이들은 교실 밖에서 웅성거리면서 구경한다. 지금 상황이 재밌다는 듯이 킥킥거리는 기태.

C# 9

주변에 구경하던 아이들은 어리둥절해하며 손가락으로 또라이 아니냐는 표시를 자기들끼리 한다. 복도에는 웅성거림이 가득하고 기태는 홀로 교실에 앉아 있다.

S# 80	학교 운동장 (과거)	(D) (L) CUT : (3)
	학교 밖으로 나간 기태	

C# 1

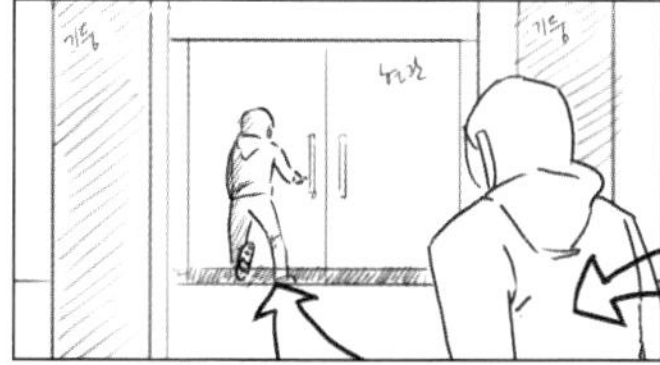

학교 건물 입구를 나오는 기태. 운동장 쪽으로 걸어간다.

C# 2

텅 빈 학교 운동장을 가로질러 걷는 기태.

고속촬영

C# 3

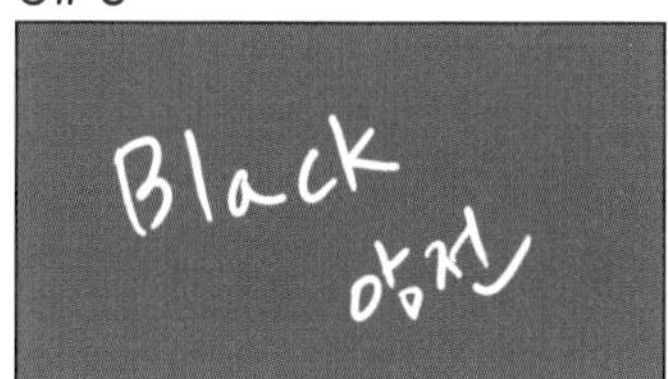

S# 81	동윤의 집 (과거)	(D) (L) CUT : (15)
	동윤을 만나러 온 기태	

C# 1

현관문이 열리고 기태가 과일 바구니를 들고 들어온다.

기태 : 안녕하셨어요.
동윤 어머니 : 뭐 이런 걸 다 사 가지고 왔니?
(…)

C# 2

기태는 동윤의 방 쪽으로 걸어간다.
어머니가 기태를 부른다. 뒤돌아보는 기태.

기태 : 예?
동윤 어머니 : 잠깐만…

기태, 어머니 앞에 선다.

C# 3

동윤 어머니 : (나지막하게) 동윤이한테 누가 저렇게 했는지 알고 있니?
기태 : …죄송합니다…
동윤 어머니 : 몰라?
기태 : 죄송해요. 저도 잘 모르겠어요.
동윤 어머니 : 그래, 들어가 봐.

C# 4

기태, 동윤의 방문 쪽으로 걸어가 문 앞에 선다.

S# 81	동윤의 집 (과거)	(D) (L) CUT : (15)
	동윤을 만나러 온 기태	

C# 5

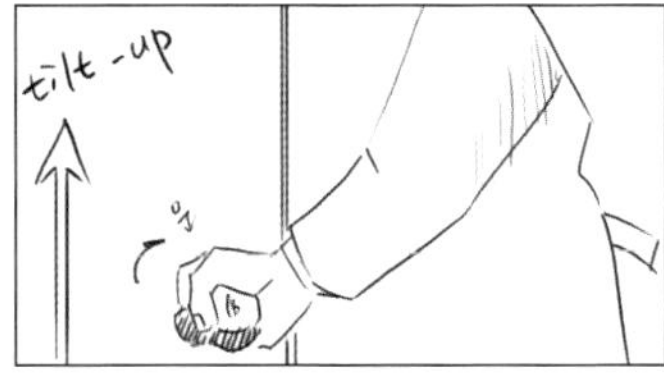

잠시 주저하더니 문을 열고 들어가는 기태.

C# 6

동윤, 침대 위에 앉아 있다. 얼굴은 피멍이 들어 있다.

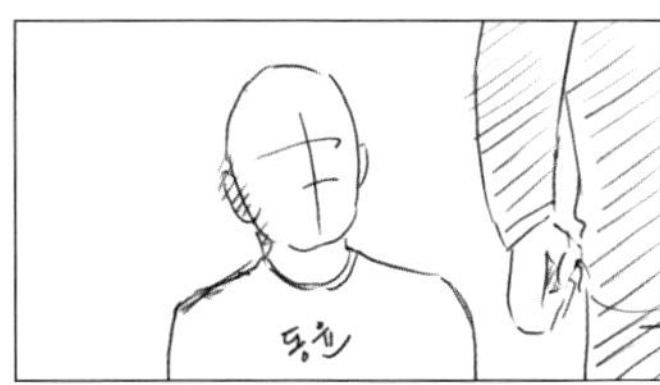

기태 : 어이, 몸은 좀 어때?

대꾸도 안 하는 동윤. 텔레비전을 보고 있다.

S# 81	동윤의 집 (과거)	(D) (L) CUT : (15)
	동윤을 만나러 온 기태	

C# 7

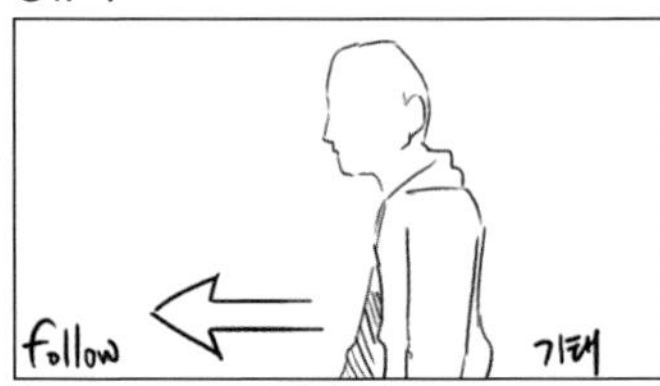

기태, 방 안으로 들어와 방문을 닫고는 책상에서 의자를 당겨와 동윤 앞에 앉는다.

기태 : (TV를 끈다) 친구 왔으면 좀 반가운 척이라도 해줘라.

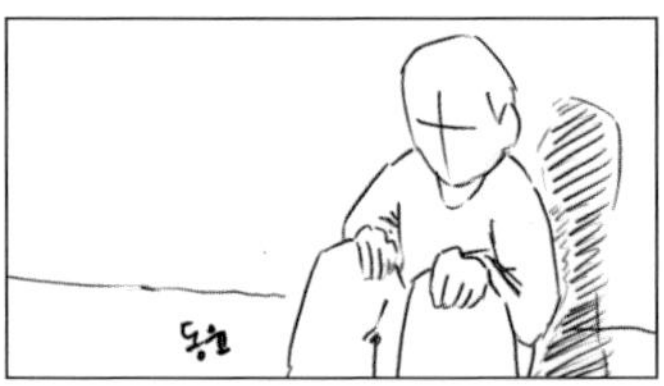

동윤 : …

S# 81	동윤의 집 (과거)	(D) (L) CUT : (15)
	동윤을 만나러 온 기태	

C# 8 (A Cut)

C# 9 (B Cut)

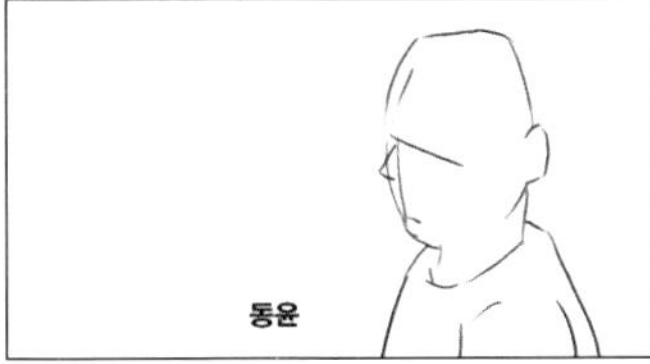

기태 : 몸은 많이 좋아졌네…?
동윤 : …
기태 : 학교 안 가니까 심심하지…? 나도 너 입원한 날 이후로 계속 안 가고 있어…
동윤 : …
기태 : 병원 밥 맛 없었을 텐데. 그래도 퇴원하니까 괜찮지…? 그래도 혼자 있으면 심심하겠다.
동윤 : 용건이 뭐야?
기태 : …
동윤은 차갑게 기태를 바라본다.
기태 : 그냥… 그냥 너 보려고 온 거야.

(…)

C# 10

C# 11 (C Cut)

기태 : 동윤아… 넌 나한테 이러면 안 돼. 너만큼은 나한테 있어서…
동윤 : …나만큼?
기태 : …
동윤 : 나만큼이라니? 내가 뭔데? 어?
기태 : …
동윤 : 착각하지 마.
기태 : …
동윤 : 착각하지 말라고… 시발. 너한테 감정 상해서 이러는 거 아니니까 똑바로 들어.
기태 : …
동윤 : 너가 나한테 진정한 친구다, 이해해 줄 사람은 나뿐이라고 지껄일 때 속으로 얼마나 비웃었는지 알아? 어?

(…)

C# 12 (D Cut)

기태 : (혼잣말하듯) 뭐가 어디서부터 잘못된 거지? 응? 뭐가 어디서부터 잘못된 걸까?
동윤 : 아니. 잘못된 건 없어.
기태 : …
동윤 : 잘못된 건 너지… 그냥 너만 없었으면 됐어.

S# 81	동윤의 집 (과거)	(D) (L) CUT : (15)
	동윤을 만나러 온 기태	

C# 13

기태를 보던 동윤은 고개를 돌려 창가를 바라본다. 기태, 감정을 애써 누르며 동윤을 한참 동안 바라본다. 일어나는 기태.

C# 14

말없이 문 쪽으로 가 방문을 연다. 방문 앞에 과일 그릇을 들고 서 있는 동윤의 어머니, 말없이 기태를 바라본다. 기태, 동윤의 어머니께 묵례하고는 떠난다.

C# 15

동윤은 가만히 침대에 앉아 있다. 현관문이 닫히는 소리가 들린다. 괴로운 듯 숨을 거칠게 몰아쉬는 동윤.

S# 82	기태(인식)의 집, 거실 (과거)	(D) (L) CUT : (5)
	미동도 없이 앉아 있는 기태	

C# 1

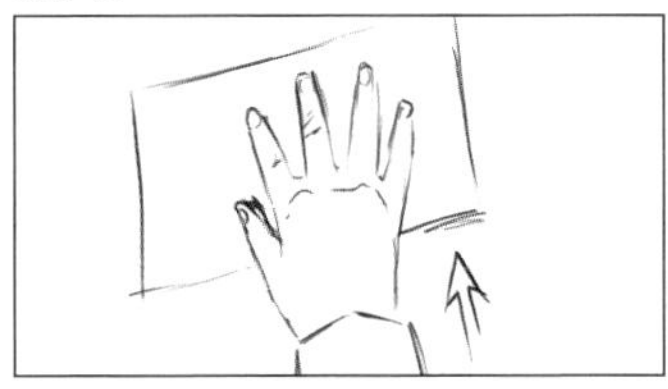

텅 빈 집 안. TV 위에 접은 종이 하나를 올려놓는다.

C# 2

기태, 미동도 않고 멍하니 거실 소파에 홀로 앉아 있다.

C# 3

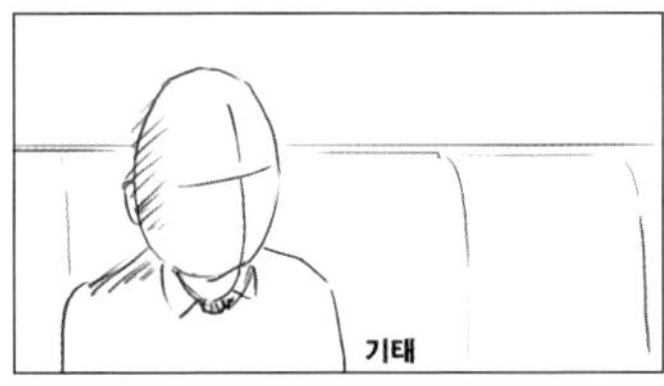

윗집에서 피아노 연습 소리가 들린다. 고개를 돌려 창 쪽을 본다.

C# 4

흐릿하게 꿈결같이 보이는 거실 창 앞에 서 있는 기태의 뒷모습. 창밖의 아파트들이 보인다.

C# 5

insert 광활한 아파트의 전경이 보인다. 여러 각도로 보이는 회색 아파트들

S# 83	동윤의 방-부엌(과거/현재)	(N) (L) CUT : (3)
	눈물 흘리던 동윤, 일어나 부엌으로 간다	

C# 1

불 꺼져서 컴컴한 방 안. 흐느끼는 소리가 들린다. 침대에 누워 있는 동윤이 울고 있다.

동윤은 침대에서 일어나, 침대 옆 스탠드 등을 켠다. 흐르는 눈물을 닦고 괴로운지 머리를 감싸는 동윤. 뭔가를 생각하듯 그대로 침대 위에 앉아 있다.

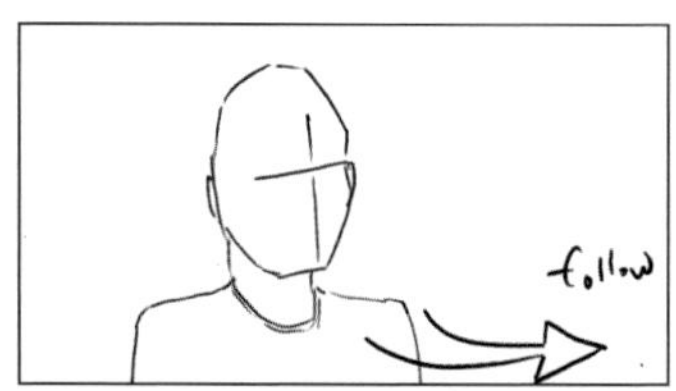

동윤은 겨우 일어나 방문을 연다.

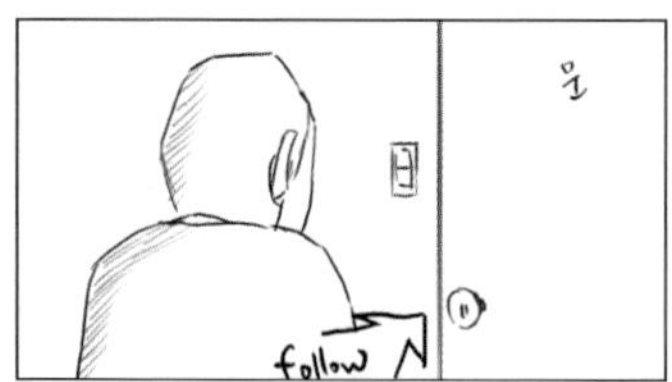

부엌으로 걸어가는데 부엌 불이 켜져 있다. 부엌 식탁에 앉아 있는 기태가 보인다. 동윤은 부엌으로 가 식탁에 앉는다.

S# 83	동윤의 방-부엌(과거/현재)	(N) (L) CUT : (3)
	눈물 흘리던 동윤, 일어나 부엌으로 간다	

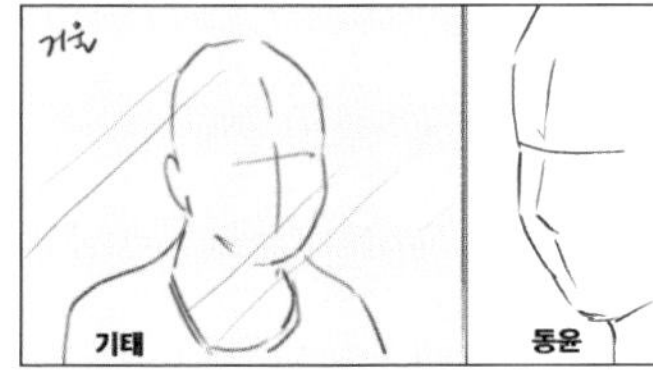

동윤 : 안 잤어?
기태 : 잠이 안 오네.
동윤 : 베키는?
기태 : 소파에서 아주 푹 잔다.
동윤 : (기태 앞에 있는 물을 보고) 나도 한 잔 줘.
기태 : (자신의 컵에 물을 따르고는 동윤 쪽으로 민다) 왜 안 자고 일어났어, 임마?
동윤 : (식탁의 의자를 빼 앉는다) …
나도 잠이 안 와…

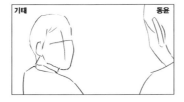

C# 2

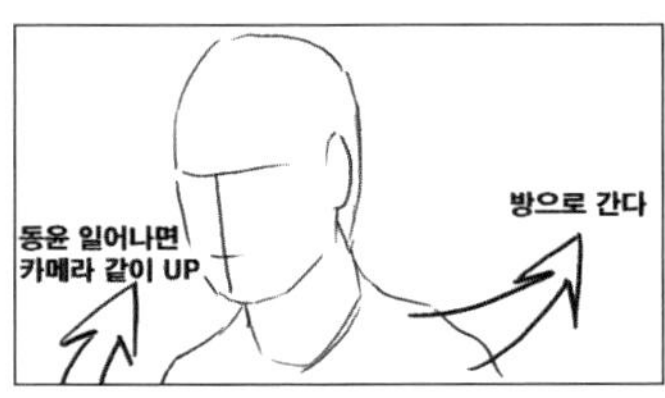

기태 : 자, 새끼야.
동윤 : 너나 자, 병신아. 딸 칠 생각하지 말고.
기태 : (낄낄거리며) 병신 새끼.
동윤 : 뭐? 병신 새끼? 중학교 때는 나한테 그런 소리 못 했는데… 많이 컸어…

(…)

동윤 : 지랄한다.
기태 : 중학교 때도 넌 알아줬잖아. 다시 사람들 사이에서 비참해지더라도… 너만 알아주면 돼. 그럼 됐어… 그럼 된 거야…
동윤 : …

기태의 말을 듣고 멍하니 있던 동윤. 고개를 떨군다. 동윤의 방에서 핸드폰 벨 소리가 울린다.

동윤, 식탁에서 일어나 자신의 방으로 간다.

S# 83	동윤의 방-부엌(과거/현재)	(N) (L) CUT : (3)
	눈물 흘리던 동윤, 일어나 부엌으로 간다	

C# 3

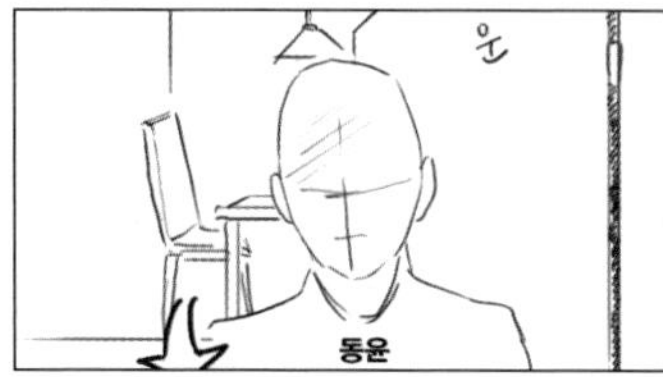

식탁엔 기태가 없다.

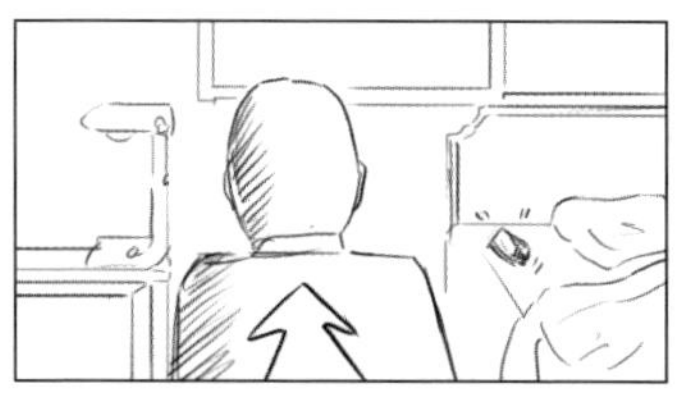

침대 옆 책상 위에서 울리는 동윤의 핸드폰.

번호를 확인하고 누군지 몰라 받을까 말까 고민하다가 전화를 받는 동윤.

동윤 : 여보세요? 누구세요? 아… 예… 안녕하셨어요… 예, 아버님… 희준이한테 얘기 들었습니다… 예… 예… 지금요? (한참 동안 얘기를 듣다가) 아니요, 괜찮습니다. 알겠습니다.

S# 84	동윤의 방	(N) (L) CUT : (1)
	옷을 챙겨입고 거울을 들여다보는 동윤	

C# 1

옷을 챙겨 입는 동윤.

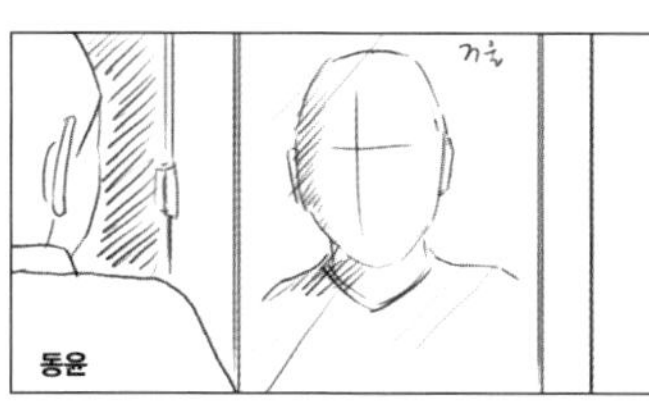

옷장 안에 붙어 있는 거울을 본다. 동윤은 거울 속에 비친 자신의 모습을 본다.

S# 85	공원	(N) (L) CUT : (1)
	S#59와 닮은 장면, 인식을 만나러 온 동윤	

C# 1

두꺼운 파카를 입은 동윤의 뒷모습을 따라간다.

앞서서 동윤이 기태를 만나러 간 S#59와 매우 닮아 있는 장면이다.

한참 동안 어두컴컴한 공원을 따라가다 보니, 가로등 밑의 벤치에 앉아 있는 한 사람이 저 멀리 보인다.

인식이다. 동윤이 가까워지자 동윤 쪽을 보는 인식.

동윤은 인식에게 고개 숙여 인사한다.

S# 86	술집	(N)	(L)	CUT : (7)
	동윤에게 기태에 대한 이야기를 듣는 인식			

C# 1

이자카야 특유의 노랗고 빨간 조명 아래 앉아 있는 인식과 동윤.

(…)

C# 2 (A Cut)

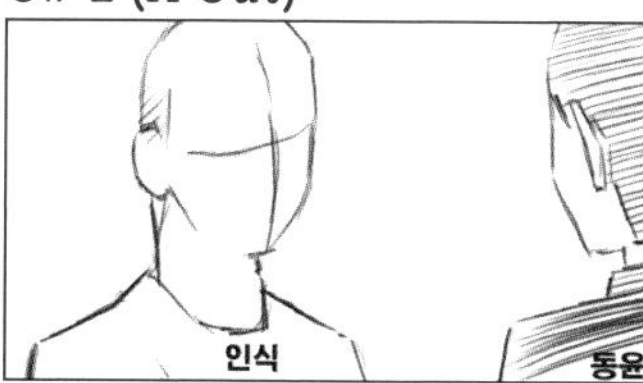

C# 3 (B Cut)

인식 : …희준이가 아까 찾아갔지…?
동윤 : 예… 아버님께 연락 올 거라고… 아버님께서 궁금해하시는 것들이 있으시다고…?
인식 : 네가 기태하고 제일 가까운 사이였다고 얘기를 하던데…
동윤 : 희준이가 그러던가요?
인식 : 중학교 때부터 친구라고…
동윤 : 예…
인식 : 처음에 이렇게 사람들 찾아다니고 할 때… 그냥 알고 싶었어. 나한테도 얘기 못 할 정도로 괴로운 일이 뭐였는지… 왜 갑작스레 그런 선택을 할 수밖에 없었는지… 늦었지만, 알고 싶었어…
동윤 : …

(…)

S# 86

술집	(N) (L) CUT : (7)
동윤에게 기태에 대한 이야기를 듣는 인식	

C# 4 (A Cut)

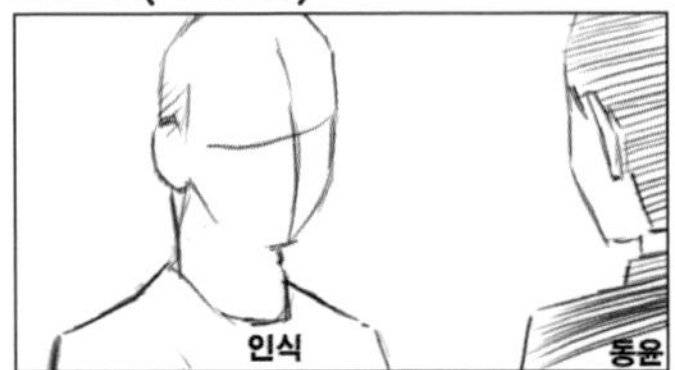

동윤의 얘기를 조용히 듣고 있는 인식.

(…)

C# 5 (B Cut)

동윤 : 희준이는 기태가 저랑 친했다는 얘기 말고 다른 얘기는 없었어요?
인식 : 그건 왜 물어보니?
동윤 : 그냥 뭐라고 했는지 궁금해서요…
인식 : 희준이가 얘기해 줬어야 하는 게 있니?

(…)

C# 6 (C Cut)

인식 : (인식은 자신의 잔에 소주를 따르고 마신다) …궁금한 게 있다… 제일 친하다는 친구 둘 중에서 한 친구는 전학 가고, 그리고 다른 한 친구는 그냥 학교를 그만두고… 장례식도 안 오고… 기태 일하고 관련이 있을 거란 생각이 들어. 근데 동윤이 너를 포함해서 애들이 다 숨기고 있다는 느낌이 든다…

(…)

C# 7 (D Cut)

인식 : 넌 기태가 왜 그런 선택을 했는지 알고 있지?
동윤 : …

고개를 들어 인식을 보는 동윤.

S# 87	술집, 화장실	(N) (L) CUT : (3)
	흐느껴 우는 동윤	

C# 1

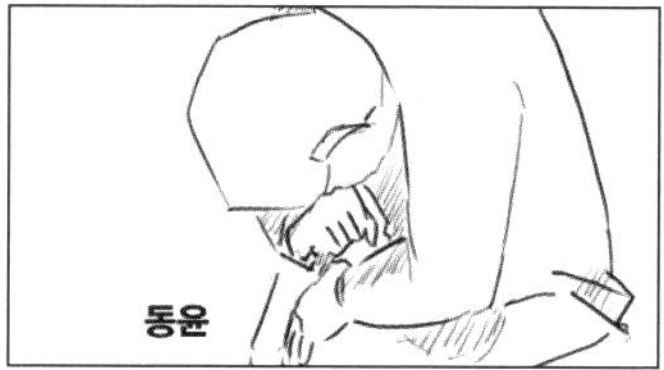

술집 화장실 안이다. 화장실 변기에 앉아서 고개를 숙인 채 흐느끼고 있는 동윤.

C# 2

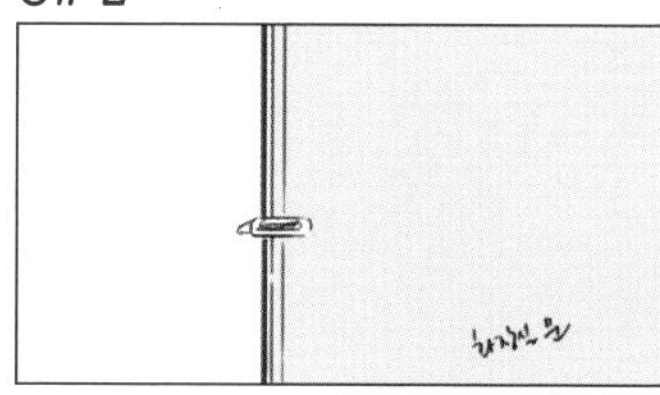

닫힌 문 너머로 흐느끼는 소리가 나지막하게 들린다.

C# 3

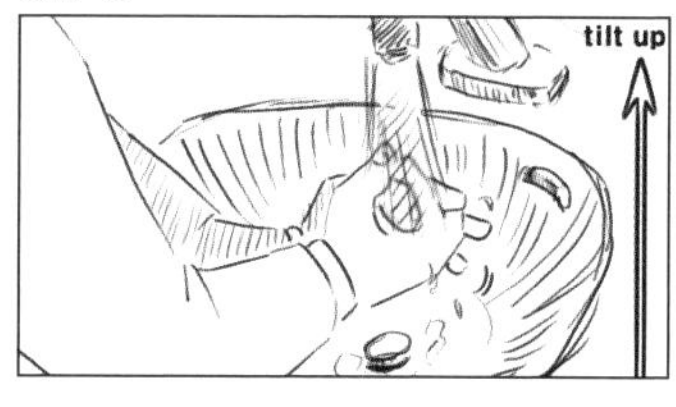

세면대에서 세수하는 동윤.

고개를 들어 거울 속 자신의 얼굴을 본다.

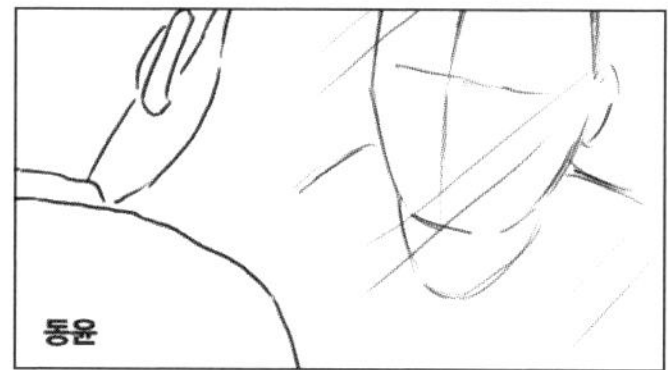

젖은 얼굴을 자기 옷으로 닦는다.

S# 87	술집, 화장실	(N) (L) CUT : (3)
	흐느껴 우는 동윤	

충혈된 눈으로 거울에 비친 자기 모습을 우두커니 보는 동윤.

S# 88	술집 기태 얘기를 듣고 괴로워하는 인식	(N) (L) CUT : (3)

C# 1

화장실 문을 열고 계단 아래로 걸어 내려오는 동윤.

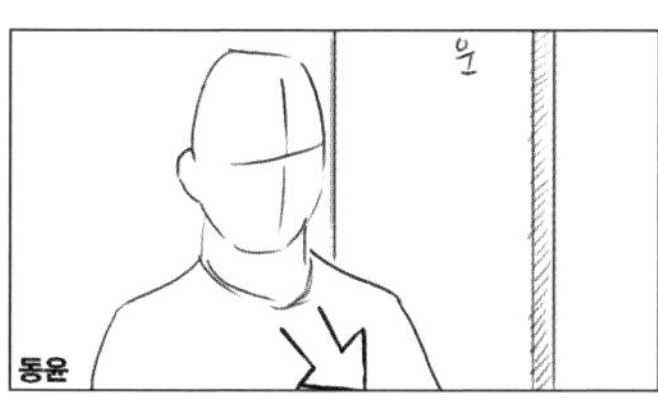

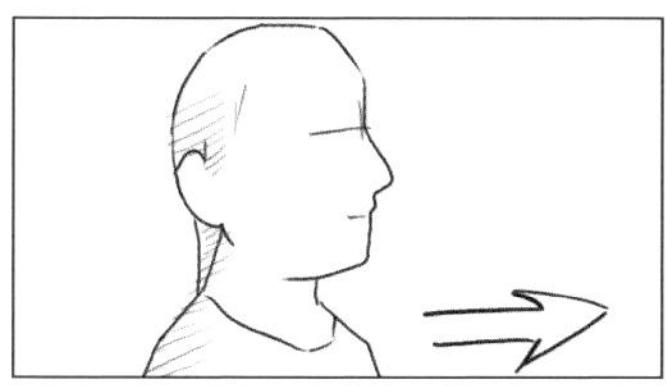

입구에서 문득 멈춘다.

S# 88	술집 기태 얘기를 듣고 괴로워하는 인식	(N) (L) CUT : (3)

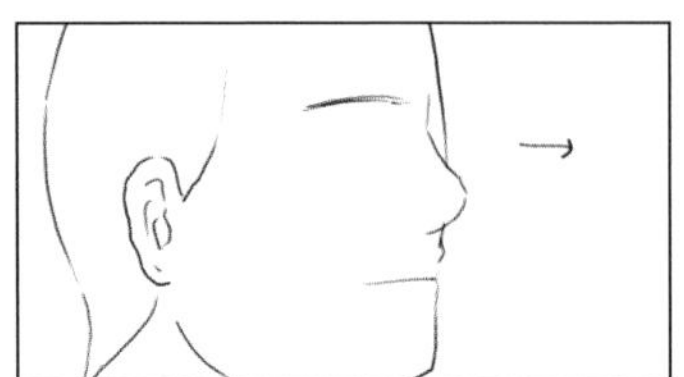

저만치에 홀로 자리에 앉아 있는 인식을 본다.

동윤의 시선 따라 camera pan

C# 2

쓸쓸히 앉아서 동윤을 기다리고 있는 모습이다.

C# 3

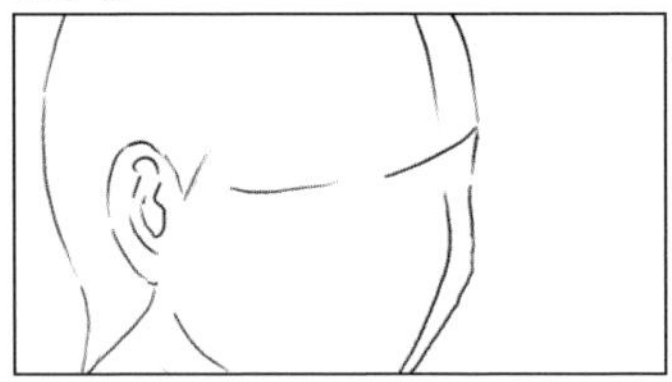

동윤은 그대로 서서 인식의 뒷모습을 한참 동안 바라본다.

S# 89	거리	(N) (L) CUT : (6)
	텅 빈 도로의 아이들에게 다가가는 동윤	

C# 1

푸르스름한 넓은 하늘의 전경.

C# 2

텅 빈 넓은 4차선 도로에 서 있는 교복을 입은 기태, 희준, 재호와 아이들. 다들 무표정하게 화면을 응시하고 있다. 그들을 향해 다가간다.

화면 안으로 동윤의 걸어가는 뒷모습이 들어온다.

C# 3

아이들을 향해서 걸어가는 동윤.

S# 89	거리 텅 빈 도로의 아이들에게 다가가는 동윤	(N) (L) CUT : (6)

C# 4

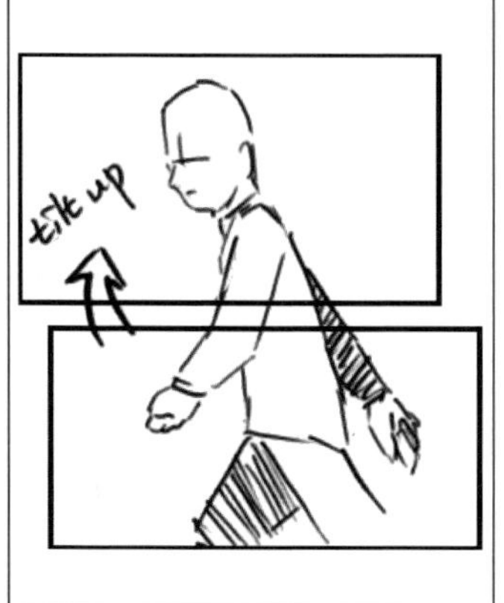

텅 빈 4차선 도로의 새벽 거리를 걷는 동윤. 텅 빈 거리를 쓸쓸하게 걷는다… 걸음이 점차 빨라진다. 어딘가를 향해 가는 동윤. 점점 걸음이 빨라지고 호흡도 가빠진다. 숨이 차오른다.

C# 5

건물들 사이를 걷고 있는 동윤. 텅 빈 도시 어딘가를 향해서 걸어간다.

C# 6

insert shot

S# 90

폐역사 기찻길	(D) (L) CUT : (18)
폐역사에 들어온 동윤, 기태와 조우한다	

C# 1

insert 황량한 아파트의 전경. 이른 아침이다

C# 2

아무도 없는 폐역사에 홀로 쓸쓸히 앉아 있는 동윤. 고요하다. 주머니에서 야구공을 꺼내 보는 동윤, 무심히 공을 바라본다. 어디선가 누군가의 목소리가 들려온다.

C# 3

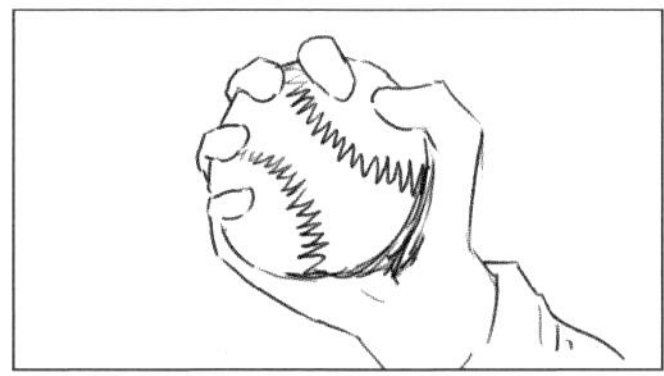

insert 야구공

목소리 : 그건 아니야… 임마.

S# 90	폐역사 기찻길	(D) (L) CUT : (18)
	폐역사에 들어온 동윤, 기태와 조우한다	

C# 4

동윤 : 뭐가 아니야…?
목소리 : 야, 잘 생각해 봐. 그렇게만 볼 건 아니지…
동윤 : 넌 그게 문제야, 임마! 너무 신경 쓰지 마. 네가 좋으면 좋은 거고 네가 하고 싶으면 하는 거지…

C# 5

맞은편 철도 위에 서 있는 기태.

(…)

동윤, 기태에게 공을 던진다. 공을 받는 기태, 공을 한번 살피더니,

동윤 : 왜 그렇게 애지중지하냐, 그 공은?

C# 6

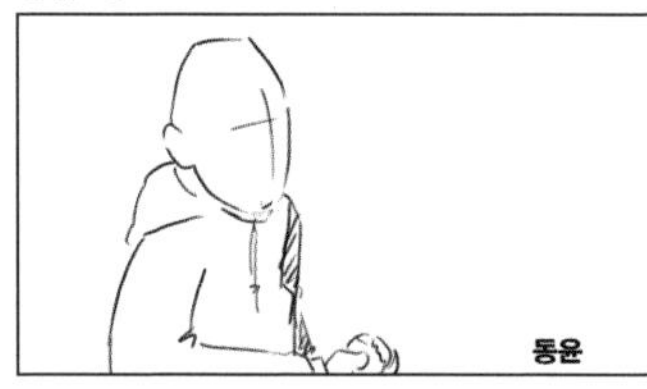

기태 : …별로…
동윤 : 뭐가 별로야? 너 하고 싶은 말만 하고 앞뒤 말 다 생략하면, 어떻게 이해하라고? 어?
기태 : …어렸을 때 받은 거니까… 아버지한테.
동윤 : 그 공, 나 줘. 조만간에 생일이잖아.

C# 7

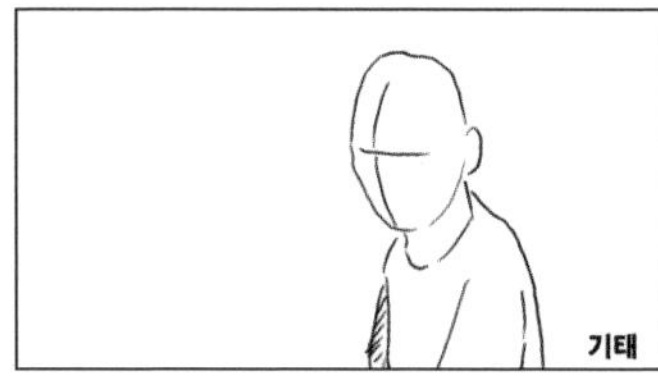

기태 : 꺼져, 새끼야. 이건 안 돼.
동윤 : … 새끼야, 농담인데 왜 정색하냐?
기태 : 내가 정색했냐?
동윤 : 그래 임마. 공 달라는데 정색하고 지랄이야?

C# 8

기태 : 아, 존나 시끄럽네. 알았어. 먹고 떨어져, 새끼야! (공을 동윤에게 던진다)
동윤 : (웃으며) 진짜지? 나 이거 진짜 갖는다. 후회하지 마라.
기태 : 내놔. 새끼야!
동윤 : (웃으며) 알았어, 임마.

S# 90

폐역사 기찻길	(D) (L) CUT : (18)
폐역사에 들어온 동윤, 기태와 조우한다	

C# 9

기태 : 그 공 받고 어렸을 때 야구 선수 하고 싶어 했는데… 국민 타자.
동윤 : 국민 타자 같은 소리 하고 있네. 공 받고 타자 하고 싶대, 병신.

C# 10

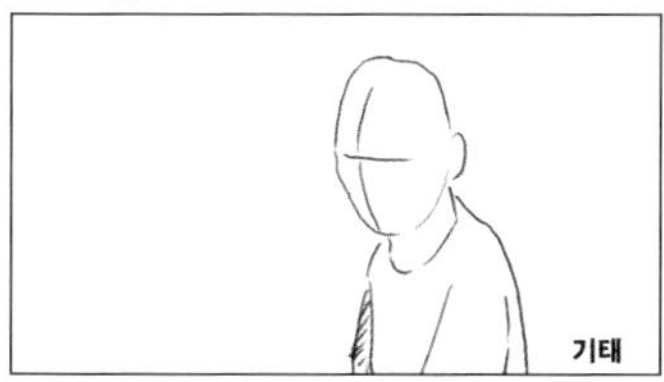

기태 : 결승에서 만루 홈런 치고 MVP 받으면서 인터뷰하고… 그럼, 세상이 날 볼 거 아니야?

C# 11

동윤 : (굳어가는 표정) ……

C# 12

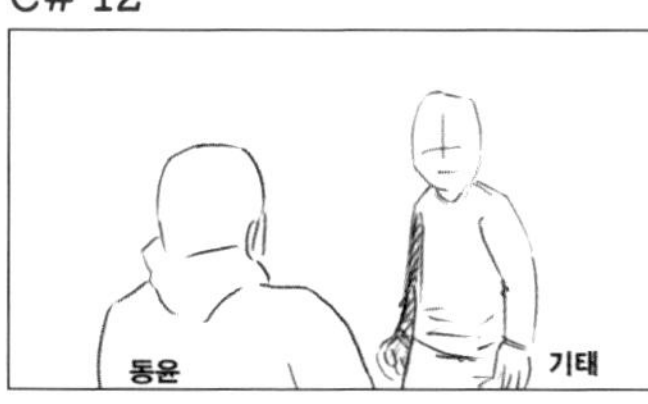

기태, 한 손을 번쩍 들고 홈런 치는 포즈를 취한다.

기태 : (홈런을 친 시늉을 하며) 깡! 장외 홈런. 야, 보이냐? 나를 향한 이 함성소리! 사람들이 모두 나를 향해서 환호하고, 열광하고… 모두가 나를 주목하고!

C# 13

동윤 : (기태를 보지 못하며) ……
기태 : 동윤아! 존나 보이냐고? 어? 봐봐!
동윤 : ……

S# 90	폐역사 기찻길	(D) (L) CUT : (18)
	폐역사에 들어온 동윤, 기태와 조우한다	

C# 14

기태 : 야, 누가 최고야? 어?
동윤 : ……
기태 : 동윤이! 야! 누가 최고야? 이 새끼, 계속 씹네!

C# 15

동윤 : ……

C# 16

기태 : 누가 최고냐고? 어!?

C# 17

동윤 : (어렵게 입을 때며) ……그래. 네가 최고다, 친구야…

슬픔을 억누르며 애써 미소를 짓는 동윤.

C# 18

활짝 웃는 기태.

Bleak Night 파수꾼 **Interview**

감독과 배우 대담 인터뷰

(윤성현 감독, 이제훈 배우, 박정민 배우, 이은선 영화 저널리스트)

한 소년의 죽음에 얽힌 미스터리를 추적하려는 시도처럼 보였던 〈파수꾼〉은 어느 순간 예상을 벗어나 뜻밖의 경로로 진입한다. 이 영화에서 우리가 목격하는 것은 진실이 아니다. 어디에서부터 어떻게 잘못된 것인지 모른 채 엉켜버린 감정의 실타래이며, 각자의 죄의식으로부터 생긴 파장이다. 관계 안에서 마음의 무게가 동등할 수 없다는 비극은 모든 균열의 시작이다. 조금씩 어긋났던 시선과 제때 전하지 못한 말들은 소리 없이 내리는 눈처럼 쌓이다가 결국 돌이킬 수 없는 결과를 만든다.

윤성현 감독은 이 영화를 통해 "평온한 호수 아래 소용돌이"를 보여주고픈 목표가 있었다고 말한다. 그의 말대로 〈파수꾼〉은 이미 존재했지만 제대로 발견되지 못하고 수면 아래 가려져 있던 영역을 건져 올린 영화다. 비장한 폭력성으로 둔탁하게 대변되던 남성 청소년들의 세계에도 섬세한 관계와 감정이 존재한다는 것. 이를 들여다본 영화적 시선은 좀처럼 저의를 읽을 수 없던 소년에게서 어느덧 바스러질 듯 연약한 아이의 얼굴을 발견하게 만든다.

크게 세 단락으로 나뉜 각본의 구조에서는 성장영화의 상투성을 벗어나려는 일종의 각오마저 느껴진다. 플롯의 시점은 여러 명의 화자가 거의 동등한 분량으로 나눠가지고, 시간은 선형적으로 흐르는 대신 과거와 현재를 넘나든다. 누구의 시점에서 풀어내는 이야기인지에 따라 미스터리의 국면은 뒤바뀐다. 뒤늦게 아들의 과거를 좇던 인식(조성하)과, 그에게 미스터리의 해결을 기대했던 관객은 끝내 동등한 실패를 맛본다. 기태(이제훈)의 죽음을 둘러싼 명확한 이유는 끝까지 말끔하게 설명되지 않는다. 애초에 그것이 각본의 목표가 아니기 때문이다. 〈파수꾼〉은 주인공인 기태와 동윤(서준영), 희준(박정민)이 자신들의 세계에서 재건되거나 앞으로 나아갈 새로운 동력을 얻지 못한 채 부서져 내리는 이야기다. 영화는 어쩌면 그 폐허의 풍경만이 그나마 진실에 가까운 그 무엇일지 모른다고 말한다.

독창성이 돋보이는 스토리텔링 방식, 회오리치는 인물들의 감정선을 잠시도 놓치지 않는 꼼꼼한 집중력을 보여준 연출, 연기인지 실제인지 구분이 되지 않을 정도로 탄탄한 배우들의 연기는 〈파수꾼〉의 힘이다. 정교하게 서로 영향을 주고받은 이 세 가지 항목은 〈파수꾼〉을 지금까지도 회자되는 한국 독립영화, 나아가 성장영화의 하나의 빛나는 이정표로 자리 잡게 만들었다. 무엇보다 윤성현이라는 재능 있는 연출가, 이제훈과 박정민이라는 보석 같은 배우들이 탄생한 요람과도 같은 작품이라는 측면에서 이 영화의 진가는 시간이 흐를수록 점점 더 발휘되는 중이다.

윤성현 감독과 이제훈, 박정민을 만난 건 여름의 열기보다 아직은 봄의 생기가 좀 더 푸릇하고 진하게 남아 있던 5월이다. 〈파수꾼〉이 극장 개봉을 한 지 12년 2개월 만의 일이었다. 모두가 모인 인터뷰 장소의 문은, 그곳을 통과하면 마치 〈파수꾼〉을 찍던 현장의 공기를 재현할 수 있는 장치라도 된 듯했다. 한껏 상기된 얼굴로 공간에 들어선 세 사람은 10년이 넘는 세월을 가뿐하게 가로질러 다시 그때로 돌아간 사람들처럼 천진했다. 배우들이 각본을 처음 받아들었던 때부터 이들이 현장에서 각자 치열한 자세로 버텼던 고민의 순간들을 천천히 재탐색할 요량으로 청한 이날의 인터뷰는, 총 두 번 중단됐다. 답변 도중 기태를 연기하던 그 순간으로 돌아가 버린 이제훈은 감정을 추스르다가 끝내 눈물을 보였다. 서로가 서로에게 어떤 의미인지를 묻는 질문에 윤성현 감독 역시 새빨개진 눈을 한 채 오래도록 말을 잇지 못했다. 오랜만에 목격한 순도 높은 진심이었다. 짐작대로 그것은 〈파수꾼〉의 요체이기도 하다. 이 영화에서 각자의 진심을 빼고 나면, 아무것도 남지 않을지 모른다.

다 함께 만나신 건 오랜만인가요?

이제훈(이하 '이') 두어 달쯤 됐으려나요?

윤성현(이하 '윤') 제가 새로운 작품 촬영차 미국에 다녀왔는데, 출국 전날 만났어요.

박정민(이하 '박') 그때가 꽤 오랜만에 다시 뭉친 거였어요.

세 분이서만 편하게 계실 때의 모습은 또 조금 다르겠지만, 오늘 인터뷰 장소로 한 분씩 들어오시는 걸 보면서 그런 생각을 했습니다. 끈끈한 작업을 함께 한 과거의 동료들을 만나면 모두 어쩔 수 없이 그때의 모습으로 돌아가는구나. 천진하고 즐거워 보여요.

윤 셋이 모이면 그때나 지금이나 늘 비슷해요. 변화가 있다면 정민이가 예전에는 전혀 좋아하지 않던 온라인 게임에 목숨을 건다는 것 정도? (웃음) 제훈이도 달라지긴 했네요. 촬영 당시에는, 그게 저 때문일 수도 있을 텐데, 늘 약간은 불안정했어요. 군대 가기 전까지도 어느 정도는 그랬던 것 같아요. 지금은 경직된 면이 거의 없고, 사람 자체가 유연해 보여요.

박 저도 제훈 형이 많이 달라졌다고 느껴요. 당시에 저는 형이 불안정하다기보다 부끄러움이 많은 사람이라고 느꼈는데, 어느 순간 내적으로 무언가 확 열리고 밝아진 느낌이에요.

이 인정하는 부분이에요. 누군가와 대화할 때는 질문에 답을 하고, 저도 또 다른 질문을 하면서 이야기를 이어가야 하잖아요. 저는 그냥 대답만 하고 가만히 있는 타입이었어요. 인터뷰마다 기자님들께서 곤란하셨을 거예요. MBTI로 치자면 과거에는 대문자 I였는데 지금은 E로 바뀐 것 같아요. 참고로 ENTP입니다. (웃음)

영화를 볼 때도 마찬가지였지만 극본을 읽으니 세 주인공의 관계가 한층 비극적이고 안타깝게 다가와요. 저는 〈파수꾼〉을 떠올릴 때마다 늘 '제발 셋이 만나서 한 번만이라도 솔직하게 이야기를 나누면 안 될까'라고 생각합니다.

이 그러게요. 만약 세 사람을 한데 모아서 서로 진솔하게 이야기를 나누게 했다면 어땠을까요? 하지만 생각해 보면, 설령 자리가 마련됐다 하더라도 기태는 자신의 속내를 편안하게 털어놓았을 것 같진 않아요. '너희보다 내게 더 발언권이 있어, 주도하는 사람은 나야'라는 태도를 어필하려고 하지 않았을까요.

박 예전에 주말 예능 프로그램에서 '주먹이 운다'라는 코너를 방영했던 게 갑자기 떠오르네요. 마치 그 프로그램처럼 셋 중 한 명이 '너 나와'라고 지목한 다음 링 위에서 한바탕 대화를 나눴다면 꼬인 마음들이 조금은 풀렸으려나…… 그런데 사실 저도 학창 시절에 누군가에게 사과하는 일이 제일 어려웠어요. 차분히 대화를 나누는 것은 서툴고, 감정이 마구 앞서는 나이니까요. 게다가 희준의 입장에선 한번 감정이 어긋난 이후 모든 말들을 친구 관계라기보다 상하관계의 그것으로 받아들이죠. 대화의 기회가 있었다 해도, 아마 희준 역시 솔직해지진 못했을 거예요.

윤 허심탄회한 대화라는 게 정말 어려운 영역 같아요. 비단 어릴 때만의 이야기가 아닌 것이, 마흔이 넘은 지금도 친구들 사이에 사소한 오해가 쌓인다고 느낄 때가 있어요. 어떤 때는 학창 시절에 비해 시야가 더 좁아진 것 같고요. 자존심 때문에 먼저 꺼내지 못하는 이야기도 많고, 그러다 보면 오해가 더 깊어지죠. 어떤 관계는 그렇게 와해되기도 하고요. 지금의 저도 어렵게 느껴지는데, 이 친구들에게는 더 어려웠겠죠.

〈파수꾼〉을 한 문장으로 압축한다면 아마 기태의 대사가 되지 않을까요. '뭐가 어디서부터 잘못된 걸까?' 그렇게 어디서부터, 무엇이 어떻게 잘못됐는지 모를 감정의 실타래들을 극의 동력으로 삼았다는 점은 이 영화의 멋진 성취 중 하나라고 생각합니다. 세 분에게 가장 강하게 남은 〈파수꾼〉의 인장은 무엇인가요?

박 〈파수꾼〉을 준비하며 연기했던 그 모든 과정과 방식만이 분명한 정답이라고 여긴 시간이 꽤 길었어요. '연기는 이렇게 해야만 해'라는 생각에 갇혔던 거죠. 그러다 혼란스러워지기 시작했어요. 모든 기준이 〈파수꾼〉에 맞춰져 있다 보니, 전혀 다른 장르의 영화에서 연기를 해야 할 때는 유연성이 떨어졌던 거죠. 〈파수꾼〉은 뭐랄까, 말하기엔 조금은 부끄러운 단어지만, 초심이라든가 고마운 고향 정도의 의미만을 남겨두고 나는 계속해서 변화해야겠다고 점점 마음을 먹게 됐어요. 어떤 작품과 인물을 만나든 특정한 기준에 갇히지 말고 나 자신을 자유로운 상태로 놓아두어야 조금 더 행복하게 오래 일하게 될 거라는 생각이 들기 시작하면서부터예요. 분명한 건, 〈파수꾼〉은 아직도 제게 큰 산이라는 점이에요.

배우 자신만이 직관적으로 이해하는 부분이라 구체적인 설명은 어렵겠지만, 〈파수꾼〉을 통해 배운 '이렇게 해야만 하는' 연기의 태도는 무엇이었나요?

이　윤성현 감독은 늘 '진짜 제대로 들었는지'를 물었어요. 그게 되지 않으면 연기가 아니라고 했죠. 진짜로 듣고, 그걸 느끼고 행동으로 표현하면 좋겠다고요. 저에겐 그게 연기의 본질로 한 단계 나아가는 중요한 계기였어요. 감히 말하자면 저라는 배우의 초석을 다지는 힘이 된 가르침이었죠. 저 역시 정민이처럼 한동안 그 입력 값만을 기준으로 모든 연기를 꺼내 보이려 했어요. 저에게도 강렬한 깨달음이었고 실제로 기태를 연기한 제 모습을 많은 사람들이 좋게 평가해 주니까, 그것만이 나의 진정한 무기라고 생각했던 것 같아요. 그러다 저 역시 조금씩 생각을 달리하게 됐어요. 리얼한 것도 좋지만, 다른 모습을 더 많이 시도해 보는 것도 필요하다고. 그러다 보니 다양한 장르와 캐릭터를 고르려고 의식적으로 노력하게 됐어요. 한동안 그렇게 또 한 시기를 보내고 나니, 지금은 다시 〈파수꾼〉을 만나고 임할 때의 태도가 필요한 시점이 아닌가 생각하게 되는 것 같기도 해요. 기태를 연기

EAST LONDON FOOD
NORDIC MOODS

했던 과거의 나를 또 한 번 뛰어넘고 싶은 마음이랄까요.

박 우리 모두 '자연스러움'에 대한 강박이 정말 컸던 것 같아. 자연스러워야 한다, 연기가 아니라 진짜 말하는 것처럼 리얼해야 한다는.

이 맞아. 그 순간 자체를 느끼고 표현하는 것 자체를 집요하게 추구했지.

당시엔 이제 막 본격적인 출발점에 선 배우들이기 때문에 습자지처럼 감독의 가르침을 흡수할 수밖에 없었을 거예요. 그런데 누군가 아무리 멋진 방법론을 제시하더라도, 자신에게 꼭 필요한 것이라는 생각이 들지 않으면 그렇게 오래 염두에 두진 못하죠. 배우들이 〈파수꾼〉에서의 연기 방식을 오래도록 기준 삼았다는 말은 연출가에게도 남다르게 들릴 것 같습니다.

윤 당시에는 두 배우 모두 학교에서 배운 연기 스타일에서 크게 벗어나지 못할 때였어요. 그래서 제가 정한 방법론이 '듣기'였죠. 듣는 건 연기의 기본인데, 잊기 쉬운 기본이에요. 집중하다 보면 자기가 해야 할 것만 생각하게 되거든요. 당시엔 두 사람이 거의 백지에 가까웠기 때문에 '액션을 하지 말고, 우선 잘 들은 다음 느끼고 리액션을 해라'라는 요구에 잘 흡수됐던 것 같아요. 〈파수꾼〉에서 배우들이 보여준 연기의 리얼함과 진정성이 이로부터 나왔죠. 저 역시 두 사람의 이후 작품들을 보면서 안타까운 순간들이 있었어요. 〈파수꾼〉의 연기 스타일에 갇혀 있는 게 보였거든요. '너희들은 이제 프로니까 진정성 없이도 테크닉을 쓸 줄 알아야 한다, 보는 사람에겐 그게 리얼리즘이다'라고 돌려서 조언한 적도 있어요. 배우가 매번 진정성으로만 연기하면 기복이 생길 수밖에 없거든요. 연출가마다 원하는 연기 스타일도 다를 테고요. 지금은 잘 듣고, 배우 각자가 자신만의 리액션을 창의적으로 만들어 낼 수 있다면 그게 가장 좋은 연기라고 생각해요.

〈파수꾼〉에서 가장 유명한 촬영 일화 중 하나는, 기태가 희준의 뺨을 때리는 장면에서 박정민 배우가 맞는 타이밍을 몰랐다는 사실이죠. 촬영 이후 이제훈 배우가 미안한 마음에 눈물을 터뜨렸다는 것도요. 어느 한쪽에만 정보를 주는 방식으로 촬영한 장면이 또 있나요?

박 아, 오랜만에 생각나네. 언제 맞을지 모른다는 그 공포!

윤 그 장면이 유일해요. 켄 로치의 연출법을 한번 써 보고 싶었어요. 제가 가장 존경하는 감독이에요. 현장에서 어떤 상황이 벌어질지 배우들에게 미리 세세히 공유하지 않고, 날것 그대로의 반응을 담는 것이 켄 로치의 방식 중 하나라고 알고 있어요. 비전문 연기자들을 데리고 항상 일정 수준 이상의 연기를 뽑아내는 게 너무 놀랍죠. 혹시나 해서 촬영 전 배우들을 모아놓고 즉흥 연기를 시도해 봤는데, 제가 원하는 느낌이 전혀 안 나왔어요.(웃음) 켄 로치의 연출법을 살짝 활용해서, 제훈에게만 동작의 타이밍을 알려주는 방법을 시도해 본 거죠.

박　　실제로 〈파수꾼〉에 즉흥 연기가 거의 없어요. 기찻길이나 월미도 가는 길에 걸으면서 우리끼리 장난치고 떠드는 장면 정도일 텐데, 그것마저 촬영 전에 툭 치면 대사가 나오도록, 그러니까 최대한 자연스러워 보이도록 연습한 거였죠.

이　　아, 기억난다. 감독은 아무 얘기나 해보라고 하는데 뭘 얘기해야 할지 아무도 몰랐지. (웃음)

박　　나한테는 그 와중에 말은 계속하면서 기태 눈을 피하래. (웃음)

〈파수꾼〉이 독립영화, 나아가 한국영화에 미친 영향력을 각자 체감하실 때도 많죠?

이　　아직까지도 후배 배우들이 연기 오디션에 〈파수꾼〉의 대사를 준비해 간다는 이야기를 종종 들어요. 이제는 대체할 만한 다른 작품이 있을 법도 한데 말이에요. 멋쩍기도 하고 고맙기도 하고, 한마디로 감개무량해요. 이제 막 시작하는 친구들에게 참고삼을 만한 연기로 또렷하게 인지된 작품이라는 점에서요. 한편으로는 〈파수꾼〉처럼 오디션에서 오래 단골로 회자되는 다른 작품이 또 나왔으면 좋겠다는 생각도 들고요.

박　　심지어 제가 한창 연기 오디션 볼 때 희준의 대사를 지정 대사로 받은 적도 있어요. 그때 들었던 생각은, '나 내가 연기했던 것보다 더 잘할 순 없는데 어떡하지.' (일

100 NATURE WALKS

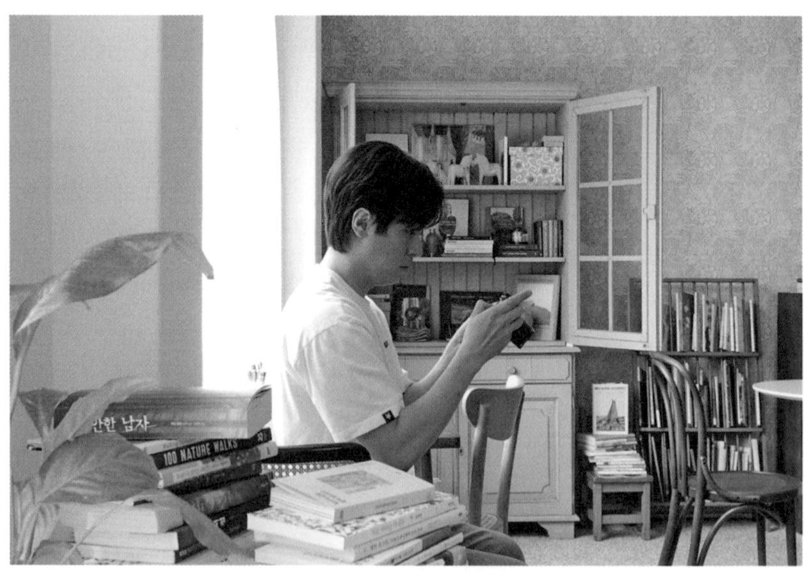
100 NATURE WALKS

동 폭소) 당시에 영화 만드는 친구들 사이에서 화제가 됐다는 사실도 자주 체감했던 것 같고요. 지금은 그저 〈파수꾼〉이 저를 지켜주는 것 같은 느낌을 받아요. 이 영화로 본격적인 경력 쌓기를 시작했다는 사실이, 내가 좀 부족한 순간에도 나를 실제보다 괜찮은 배우처럼 보이게 해주는 것 같거든요. 전 자신감이나 자기 확신이 부족해서 항상 심하게 괴로워하는 타입의 사람인데, 〈파수꾼〉이 그런 저를 오래도록 지켜주고 있다고 생각해요.

윤 오디션에서 신인 배우들이 하도 많이 대사를 가져와서 캐스팅 디렉터가 가장 싫어하는 영화가 〈파수꾼〉이라는 얘기도 들은 적 있어요. 저도 신기해요. 여전히 젊은 배우들에게 두고두고 언급되는 영화라는 점이요. 캐스팅 운이 좋았다고 생각해요. 이보다 더 잘할 수 있는 배우들은 없다는 생각을 그때도 했거든요. 긁지 않은 복권을 만난 기분이었다고 할까요. 긁는 역할은 제가 했지만, 성취는 전부 본인들 자신이 만든 거죠. 그때 모두가 치열하게 모든 것을 쏟아부었기 때문에, 아마 다시 찍으라고 하면 절대 못할 거예요.

박 절대 못하지. 좀 더 세련되게 연기할 수 있을지는 몰라도, 그때 그 느낌을 낼 순 없어요.

연기의 영역뿐 아니라 이후 영화들에 글쓰기와 연출에 미친 영향도 적지 않죠. 남성 청소년들 사이에도 섬세한 관계와 감정의 영역이 있다는 것을, 이미 있었지만 기존 영화들에서 애써 보여주지 않았거나 가렸던 부분을 수면 밖으로 건져 올린 작품이라는 생각입니다. 사건이 아닌 관계의 파장 자체를 동력 삼은 영화는 흔치 않았죠.

윤 목표는 분명했어요. 보기에는 평온한 호수인데, 밑에서는 소용돌이가 일고 있는 영화를 만들겠다. 저는 그게 삶이라고 생각했거든요.

당시 신문 기사와 뉴스에서, 청소년 자살을 늘 성적 비관이라는 단순한 이유로 설명하는 것에 반감을 느낀 것 역시 하나의 시작점이었다고 말씀하셨던 게 기억에 오래 남아 있습니다.

윤 '사람이 있는 영화'를 만들고 싶었어요. 그러려면 '사람은 무엇인가'라는 질문에서부터 출발해야 하잖아요. 사람은 결코 단순하지 않은, 복잡하게 살아 숨 쉬는 존재라는 걸 보여주고 싶었어요. 전 그걸 어릴 때부터 생각했어요. 초등학교 때 제일 친한 친구가 장난이 좀 지나쳤는데, 교실에서 그 친구 앞자리에 앉은 아이가 앉은 채로 똥을 싼 적이 있어요. 그때 친구는 모두가 들을 수 있게 큰 목소리로 놀리는 대신, 귓속말로 '너 똥 쌌지?'라고 묻더라고요. 그 어린 나이에도 고양이가 생쥐를 데리고 놀 듯이 교묘하게 심리전을 시작한 거예요. 그런데 막상 똥을 싼 아이가 당당한 표정으로 뒤를 돌아보면서 '근데?'라고 하더군요. 놀림당한 아이는 그 짧은 순간에 어떻게 대처하는 게 가장 현명한지를 계산한 거죠. 전 그때가 잊히질 않아요. 인간은 그래요. 매 순간 복잡하고 레이어가 많죠. 말하자면 저는, 그 레이어를 표현하는 영화를 만들고 싶었어요.

너무 오래된 기억이긴 하지만, 각본을 처음 읽었을 때 어떤 느낌이었는지 기억하세요?

이 EBS 청소년 드라마 같다고 생각했어요. (일동 폭소) 당시는 각본을 읽은 경험 자체가 부족했을 때죠. 글을 읽으면서 이것이 어떻게 영화화될 것인지 맥락을 상상하는 힘이 생기기 전이에요. '친구들 사이의 오해와 불균형, 소통의 부재가 담긴 안타까운 영화구나' 정도로만 단순하게 생각했던 것 같아요. 그 안에 담긴 수많은 소용돌이와 어마어마한 감정의 진폭까지는 채 읽어내지 못한 거죠.

그래서 부산국제영화제에서 처음 공개됐을 때 '내가 이런 영화를 찍었을 거라고는 상상도 못 했다'고 하셨던 거군요.

이 맞아요. 영화제에서 처음 보고 정말 놀랐어요.

윤 상상했던 EBS 청소년 드라마가 아니어서? (웃음)

이 연기할 때는 '이게 연기구나'라는 것에 흠뻑 취했었던 것 같아요. 가짜가 아니라 진심을 다하고 있다는 것 자체에. 그런데 영화는 내가 연기한 그 이상의 무언가가 있었어요. 그 어떤 작품을 봤을 때보다 충격과 여운이 강했어요. 그 순간을 아직도 잊을 수가 없어요.

윤 원래 제훈이는 서준영 배우가 연기한 동윤 역할로 캐스팅했어요. 그런데 실제로 보니 날카로운 느낌이 있어서 기태 역할을 맡기는 게 좋겠다고 판단했죠. 마침 기태 캐스팅이 난항이었는데, 제훈이를 만난 순간 '이거다' 싶었던 거예요. 촬영하면서는 제가 감정적으로 많이 몰아붙였어요. 이 사람 안에 있는 무언가를 끄집어낼 수 있을 것만 같아서요. 제훈이 첫 촬영 날이 아직도 생생하게 기억나는데, 하굣길에 희준과 동윤에게 엄마 얘기하는 장면(S# 34)을 찍었어요. 촬영에 들어가기 전 제훈이에게 '살면서 가장 X 같았던 기억을 끄집어내 줘. 그리고 그걸 지금부터 계속 곱씹고, 뭔가 준비된 것 같은 기분이 들 때 얘기해 줘'라고 따로 부탁했죠. 제훈이가 준비를 마치고 촬영을 시작했는데, 저는 모니터 뒤에서 눈물을 흘리고 있었어요. 내가 만든 캐릭터이지만, 내가 미처 몰랐던 기태를 그제야 더 정확하고 깊이 이해할 수 있을 것 같은 느낌이었어요. 그리곤 이후에 계속 이런 방식으로 배우를 밀어붙인 거죠. 예상치 못한 놀라운 것들이 튀어나오니까요. 그러다 보니 제훈 배우는 매 순간 거의 무당이 접신된 것처럼 촬영에 임하곤 했어요. 감정적으로는 계속 내몰리는 상태였고요.

현장에서 몰아붙여지는 것이 너무 버겁다고 느끼진 않았나요?

이 첫 촬영부터 감독님이 모니터 뒤에서 울고 있으니, 제게 분명한 감정적 동요가 일었어요. 난 아직 연기를 잘 모르지만 최대한 마음을 쏟겠다는 각오를 하게 됐죠. 감독님이 무엇을 위해 나를 몰아붙이고 있는지도 분명히 알 것 같아서 도망치지 않고 버틸 수 있었어요. 어떻게 연기해야 하는 건지 제 안에 명확한 계획과 방향성이 있었다면 모를까, 불안함의 소용돌이 안에서 뭔가를 어떻게든 표현하려 애쓰고 있었거든요. 그 마음의 상태가 기태라는 인물의 성향과 잘 맞아떨어지지 않았나 싶어요.

윤 그렇다고 제가 현장에서 배우를 폭력적이거나 비인간적으로 대한 것은 절대 아니고요. (웃음) 본인이 꽁꽁 싸매고 보여주지 않던 영역을 제가 조금씩 건드리면서 해체시킨 것 같아요. 그런가 하면 정민이는 다른 형태로 괴롭혔어요. 시간을 쏟아붓는 방식이었죠. 계속 리딩을 반복시키고, 여기저기 데리고 다니며 대화하고, 연습하는 모습을 녹화해 보기도 하고…… 당시에 두 사람 모두 할 수 있는 모든 걸 다 쏟아부은 걸 알기 때문에, 늘 마음 깊이 고마워요.

이 이건 정말 확실해요. 만약 그렇게 트레이닝한 〈파수꾼〉이 없었다면 지금의 저는 존재하지 않았을 거예요. 그만큼 저의 필모그래피에서 중요한 작품이고, 이게 없으면 다른 많은 것들을 설명하려고 해도 그 힘이 약할 거라고 확신해요.

박정민 배우는 각본에 어떤 인상을 가졌을까요?

박 제훈 형과 비슷한 의견이에요. 무엇이 좋은 글인지, 재미있는 글인지 아예 기준이 없었어요. 글을 처음 읽은 게 오디션 전날이었고, 나를 캐스팅할지 안 할지도 모르는 상태였기 때문에 사실 큰 임팩트는 못 느꼈던 것 같아요. 그런데 캐스팅 이후 본격적으로 분석을 하기 시작하는데 너무 어려운 거예요! 애초에 연기를 처음 해보는 거나 마찬가지이니 내가 할 것만 신경 쓰다가 시야가 점점 더 좁아지기도 했고요. 저도 영화제에서 처음 보고 '내가 이런 영화를 찍었구나'를 그제야 알게 됐어요. 이후에 많은 작품들을 찍었지만, 그와 비슷한 충격을 받아본 적은 한 번도 없어요.

반복됐던 리딩 연습은 좁아지는 배우의 시야를 다시 넓히기 위한 특단의 조치였겠네요.

박 캐스팅되고 감독님을 다시 만났던 날이 기억나요. 명동에 있는 중국집에서 만나 밥을 먹고 나와서 좀 걷는데, 저한테 이러시는 거예요. '정민 씨, 혹시 앞으로 시간이 어떻게 돼요?' 그때 친구가 찍는 단편영화 현장에 두 번 나가기로 약속한 것 말고는 아무런 일정이 없었거든요. 그 얘기를 드렸더니 '그것도 안 하시면 안 되나요?' 라고 묻더라고요. (일동 폭소) 물론 그렇게까지 하지는 않으셨어요. 이후에 거의 이틀에 한 번꼴로 상암동에 있던 사무실에 나가서 리딩 연습했어요. 급기야 감독님이 집에도 데려가고, 이런저런 영화도 보여주고, 틈만 나면 대사 읽어보자고 하고. 그때는 저를 툭 치기만 해도 대사가 바로 튀어나올 정도였어요.

오디션에서 보여준 연기는 좀 아쉽지만, 박정민 배우에게서 절

대 포기할 수 없는 어떤 이미지를 발견하셨던 모양인데요. (웃음)

윤 희준은 겉으론 제일 연약한 존재 같지만 내적으로는 가장 강해야 했어요. 정민이는 맨날 자기가 소심하고 불안전한 인간이라고 말하지만, 제가 볼 때는 강한 뚝심이 있어요. 그때도 그게 보였어요. 그리고 얼굴에서 풍기는 페이소스가 정말 특별했어요. 원래 희준 역에 저랑 단편 작업을 몇 번 했던 다른 배우를 염두에 두었다가, 정민이를 만나고 대화 나누면서 확신을 가지게 됐죠. 아, 이 '오라'는 포기할 수가 없다!

박 오디션 본 날 분위기는 진짜 최악이었어요. 곁눈질로 감독님과 촬영 감독님 표정만 봐도 이건 뭔가 단단히 잘못됐다 싶었죠. 오디션 끝나고 집에 가는 길에, 가양대교 넘어 강변북로 타기 직전인데 사무실로 다시 와 달라는 전화를 받았어요. 그리고 그길로 달려가서 오디션을 다시 봤어요.

윤 제가 무슨 용기로 그랬는지 모르겠네요. 명확히 기억나는 건, 오디션에서 보여준 연기로만 보자면 도무지 뽑을 수가 없는 상태였어요. 연기 경험이 너무 적었죠. 정민이가 돌아갔다가 다시 오는 시간 동안 제가 뭘 고민했는지는 정확하게 기억나지 않지만, 단편영화(세상의 끝)에서 내가 봤고 실제로 만났을 때 더 강하게 느꼈던 그 특유의 느낌을 믿어보고 싶었어요. 보이는 게 전부가 아니라, 그 너머 수많은 레이어가 있는 사람이라는 것을요.

감독의 직관이 여러 번 제대로 발휘된 것 같은데요? 제훈 배우를 기태 역에 바꿔 캐스팅한 것도, 정민 배우의 얼굴이 무언가 힘을 가졌다고 판단하신 것도요.

윤 설령 그렇다 하더라도 배우들의 성실함이 아니었다면 지금과 같은 결과가 안 나왔을 거예요. 제훈은 내면의 본질을 찾아 틀을 깨는 작업을, 정민은 차근차근 단계를 밟아가는 준비를 거쳤는데 둘 다 습득력이 어마어마했어요. 경이로운 수준이었죠.

박 지금 생각하면 그땐 정말 왜 그랬는지 모르겠어요. 이 영화가 대체 뭐라고! 〈파수꾼〉이 나의 인생을 바꿔줄 거라는 기대도 전혀 없었고, 그냥 또래 친구들하고 영화 한 편 찍는다고 가볍게 생각할 수도 있던 노릇인데 왜 그렇게까지 다들 치열하게 임했을까요? 영화가 무조건 흥행에 성공해야 한다는 압박을 느꼈다면 모를까 전혀 그런 게 아니었거든요. 저는 살면서 지금까지도 뭔가를 그렇게까지 열심히 해본 적이 없어요. 현장에 있는 모두가 그냥, 너무 간절했어요. 일단 감독님이 보여주는 작품에 대한 열의가 엄청났던 것으로 기억해요. 첫 촬영 날에는 우는 모습을 보여주시질 않나. (웃음) 모두 그 의지를 향한 무언의 동의를 했던 게 아닐까요. 솔직히 지금 그때 그만큼의 열의를 가지고 연기하면 돈도 많이 벌고, 더 크게 성공할 수도 있을 텐데…… 지금의 난 어떻게 하면 게임을 더 잘할 수 있을지 같은 것만 생각하고 있는데! (일동 폭소)

지금도 문득 생각나는 대사나 장면이 있나요?

박 저는 약간은 강박적이리만치 그 대사만 떠올라요. 네가 날 친구로 생각해 본 적, 한번이라도 있어?

툭 치면 나올 수 있도록 가장 많이 훈련한 대사였기 때문일까요?

박 그런 것도 있고요. 관객들도 많이 기억하시는 것 같아요. 실제로 제게 그 대사를 언급하시는 분들도 많아요. 꽤 직관적인 대사잖아요. 영화가 진행되면서 사람들이 한 번쯤은 듣고 싶었던 말이 아닌가 해요. 저에게도 특별한 장면이고요. 제 기억으로는 그 장면을 촬영한 때가, 원래 다른 장면을 찍기로 했던 날이었어요. 날씨가 따라주지 않았는지 아무튼 현장 상황상 스케줄이 급하게 바뀌었던 거죠. 제게는 정말 중요한 씬이었는데, 갑자기 이걸 찍어야 한다는 거예요. 엄청나게 혼란스럽고 걱정이 됐죠. 사전에 리딩을 많이 했기 때문인지 현장에서 윤 감독님은 대개 '뭔지 알지? 이거 뭔지 알지?'라는 말만 반복했는데, 솔직히 저는 뭐가 뭔지 모르는 상태에서 찍었어요. (웃음) 다행히 2~3 테이크 만에 오케이 컷이 나왔죠. 너무 다행이었어요.

이 저는 마지막 장면이 유독 많이 생각나요. 동윤과 기태가 기찻길에서 대화 나누는 씬이요. 그때 기태가 '누가 최고야?'라고 묻잖아요. 막상 촬영할 때는 그게 어떤 느낌인지 잘 몰랐거든요. 배우는 대사와 장면에 대한 정당성을 이해하고 표현해야 하는데, 그때는 왜 그 대사가 필요한지 명확하게 인식하지 못했던 것 같아요. 그러다 완성된 영화에서 그 장면을 보는데…… 주체할 수 없는 감정들이 밀려왔어요.

지금도 또 그때와 비슷한 감정이 느껴지시나 봅니다. 금세 눈에 눈물이 고였네요.

이 몇 씬 앞에서 기태가 과일 바구니를 사 들고 동윤이네 집에 찾아가잖아요. 사과하려고. 그리곤 기대와는 달리 모진 말들을 듣죠. 그 장면을 밤을 꼬박 새우며 찍었고, 아침에 해가 뜬 뒤에 곧바로 마지막 장면을 찍으러 기찻길로 갔어요. 잠을 못 자고 촬영이 길어지니 몽롱한 상태였죠. 감독님께서 동윤과 이런저런 말을 그냥 편하게 해보라고 하셔서, 조금은 시시껄렁한 느낌으로 주고받다가 툭 던지는 대사라고만 느꼈죠. 그런데 막상 영화를 볼 때는……

박 저는 영화 보면서 진짜 부러웠어요. 그 장면 속에 있는 두 사람이.

윤 원래 각본에서는 '누가 최고야?' 대신 다른 대사를 써뒀었어요. 마지막 장면은 동윤의 입장에서 기태를 추억하는 뉘앙스로만 마무리될 예정이라, 처음엔 기태의 대사에 크게 의미를 두지 않았던 것 같아요. 그런데 아까 말했듯이, 제훈이가 연기하는 모습이 순간적으로 제가 기태를 더 깊게 이해하게 만든 거예요. 창작자는 각본

을 쓸 때 어쩔 수 없이 자신의 일부분을 끄집어내고 떼어내서 캐릭터와 이야기를 만들 수밖에 없다고 생각해요. 기태도 아마 저의 일부분일 텐데, 배우가 연기하는 걸 보는 순간 뭔가 치유된다는 느낌이 있었어요. 그걸 느낀 뒤 그날 바로 기태의 대사를 수정했어요. '누가 최고야?'라는 기태의 한마디가 모든 것을 관통한다는 생각이 들어서요. 아직도 기억이 생생한데, 첫 촬영 날 점심 먹는 식탁에서 고쳐 쓴 대본은 저만 가지고 있었어요. 찍기 전까지 아무하고도 공유를 안 했어요. 그래서 제훈이가 현장에서 왜 그 대사를 해야 하는지 잘 몰랐던 거예요.

저는 완성된 영화로 이 작품을 먼저 접했잖아요. 그리고 오랜 시간이 흐른 뒤에야 각본을 천천히 읽어보는데, 글에 묘사된 것보다 영화 속 기태가 훨씬 연약하게 느껴졌어요. 연약함을 감추려고 위악을 떨지만 실은 눈에 물기가 자주 고이는 사람 같다고 할까요. 각본에는 그런 묘사가 딱히 없기에, 배우가 이해하고 표현한 영역이었겠다는 생각을 했습니다. 시간이 이렇게까지 오래 지난 지금에도 배우가 기태를 연기했던 순간으로 바로 돌아가 눈물을 흘리는 모습을 보고 있자니, 짐작만은 아니었구나 싶어요.

윤 평온한 물가의 소용돌이는 결국 연기를 통해서만 표현될 수밖에 없거든요. 저는 글 자체는 건조하게 쓰는 편이에요. 각본에 이런저런 주문이 많으면 배우들이 거기에 갇혀버리거든요. 눈물을 흘린다든가, 손을 어떻게 움직인다든가 하는 묘사가 있는 지문을 잘 쓰지 않죠. 특히 감정 설명이 많은 각본을 쓰는 걸 경계하는 편이에요. 일부러 여백을 만들고, 배우들이 채울 수 있도록 내버려 두죠.

이 〈파수꾼〉은 저의 팬들이 가장 아껴주시는 작품이에요. 최근에야 저를 알게 된 분들도 필모그래피를 죽 따라잡다가 〈파수꾼〉에서 좋은 의미의 충격을 받으시곤 하죠. 어디까지나 연기임에도 불구하고 '이게 진짜 이제훈인가'라며, 저라는 사람의 본질을 이해할 것만 같은 인상을 받으시나 봐요. 본격적인 배우의 길을 이런 작품으로 시작할 수 있었다는 건 너무 자랑스럽고 감사한 일이죠. 저는 이 영화를 통해 배우로서의 태도를 견고하게 다질 수 있었어요. 그렇게 뿌리내린 힘으로 지금도 버티고 있어요. 제 필모그래피에는 부침도 있고, 스스로 외부의 바람 때문에 휘청일 때도 많아요. 그런데 언제든 〈파수꾼〉을 떠올리면 꿋꿋하게 마음을 다지며 앞으로 나아갈 수 있는 힘이 생겨요. 이 작품을 만나지 않았다면 아마 저는 지금까지 계속 연기적으로 방황하고 있었을 거예요.

연민과 죄의식 사이에서

기태의 아버지 인식에 대한 이야기를 해볼까요. 처음에는 이야기를 이끌어갈 중심인물처럼 등장하고, 이후엔 역할이 점점 축소됩니다. 인식을 포함한 기성세대는 이 안에서 사실상 또렷한 존재감이 없어요. 진실에 가까이 다가가는 것도 실패하죠. 그럼에도 세 주인공의 사연을 추적하는 사람이 기태의 아버지여야 했던 이유는 무엇인가요?

윤 〈파수꾼〉의 각본은 애초에 총 세 겹의 레이어로 구성했어요. 기태의 죽음에 얽힌 본질에서 가장 먼 사람인 인식부터 시작해서 희준을 거치고, 가장 가까운 사람인 동윤으로 끝맺는 구조죠. 부모라 하더라도 자식의 죽음의 본질에 다다를 수는 없다고 생각했어요. 안타깝지만 그게 사실이죠.

각본집에 실린 버전의 각본에는 아버지와 기태가 함께 하는 장면이 없지만, 실제로는 촬영하신 분량이 있다고 들었습니다.

이 맞아요. 아버지와 아들 사이의 무뚝뚝한 대화 장면이었어요. 아버지가 밥은 먹었냐고 묻고, 기태가 짧게 답하는 장면이었던 것으로 기억해요. 아버지의 관점에서 찍은 장면이라 그런지 영화를 처음 볼 때는 편집된 줄도 몰랐어요.

윤 각본을 쓸 때는 그래도 아버지와 아들이 함께 하는 장면 하나는 있어야 하지 않나 싶었어요. 그런데 후반

작업에서 편집을 하면서 보니, 그게 너무 전형적인 접근이라는 생각이 들었어요. 기태와 인식의 관계성을 굳이 직접적으로 보여줘야 할 필요를 못 느낀 거죠.

어린 시절 야구선수가 꿈이었던 기태는 인식으로부터 받은 야구공을 소중히 여깁니다. 이 공은 인물들 사이에서 소통과 단절을 명확하게 표시하는 장치로 역할을 다하죠. 각본을 쓰면서 직관적으로 떠오른 장치인가요?

윤 네, 그렇긴 한데 쓰면서도 현실적이라고 생각하진 않았어요. 기찻길에서 공놀이하는 고등학생들이 어딘가에 실제로 있을진 모르지만 흔하진 않잖아요. 현실적으로는 PC방에 게임하러 가겠죠. 그렇게 표현했다면 리얼하긴 했겠지만 영화적 정서는 부족하다고 판단했어요. 그러다 보니 야구공이나 폐역사 기찻길 같은, 인물들의 정서를 함축적이고 효과적으로 담을 수 있는 장치를 떠올리게 됐죠.

희준은 영화를 곱씹을수록 속내가 가장 궁금한 사람이에요. 인식이 찾아왔을 때도 '전학을 가서 아는 게 없다'고 반응하고, 동윤과 재회했을 때도 자신의 행동이 기태에게 미친 영향에 대해 조금 둔감한 듯한 인상이죠. 기태가 준 야구공에도 크게 의미를 두지 않습니다. 아무렇지 않은 척하는 걸까요, 어떤 부분에서는 정말 아무것도 모르는 걸까요?

박 저는 희준이 모든 상황을 거부하는 거라고 생각했어요. 어쨌든 기태에게 괴롭힘을 당한 거잖아요. 희준

은 최대한 '나는 피해자'라는 입장을 견지하면서, 사태가 심각해지고 커지는 과정 자체를 의식하지 않으려 애쓰고 있다고 생각했어요.

각자 연기한 인물에게 가장 크게 느끼는 연민은 무엇인가요?

박 사실 저는 각본을 읽으면서 희준이가 안쓰럽기보다는 되게 미웠어요. 어느 순간 기태의 시선으로 글을 보게 됐거든요. 그런데 저는 그러면 안 되잖아요. 연기해야 할 인물은 희준이니까. 집중의 방식으로 택한 것이, 저와 희준 사이에 비슷한 면들을 찾아내는 일이었어요. 감독님은 세 사람 중 희준의 내면이 가장 단단하다고 말씀하셨지만, 저는 단단함과 비겁함이 한 끗 차이 같아요. 희준은 자기 자신을 지키려고 의식적으로 단단하게 구는 것과, 스스로만 아는 비겁함 사이에서 끊임없이 갈등하는 인물인 거죠.

이 기태가 동윤에게서 '우리가 한 번이라도 진정한 친구였다는 착각은 하지 말라'는 말을 듣잖아요. 저는 그게 너무 마음이 아팠어요. 표현은 서툴지만 기태에겐 친구들이 전부였을 거예요. 친구들이 전부 내가 최고라고 해주고, 관심을 가져주니까 어느 순간 우월감을 느꼈겠죠. 하지만 그것 역시 사랑의 한 형태라고 생각하며 충만한 기분이었을 거예요. 그러다 모두 하나둘씩 떠나고 외롭게 남겨졌을 때, 자존심을 접고 사과했지만 받아들여지지 않았을 때, 그때의 기태는 정말 안쓰럽죠.

윤 모든 캐릭터에게는 각자의 죄의식이 있어요. 모양은 조금씩 다른데, 희준의 경우는 '직감은 들지만 애써 피하는' 느낌을 요구했던 기억이 나요. 포장지를 뜯어 그 안에 자리한 진실을 마주할 용기가 없는 거죠. 실제로 살면서 가장 자주 마주하게 되는 종류의 죄의식이기도 하고요.

각본 단계에서부터 이미 각 공간을 바라보는 감독의 정확한 비전이 있다고 느꼈습니다. 예를 들어 기찻길이 친구들의 정서적인 공간이라면, 아파트는 건조하고도 위태로운 공간으로 묘사되죠.

윤 쓸 때는 단순한 생각이었어요. 『삼국지』 만화책을 보면, 절벽에 구멍을 낸 공간에서 사람들이 살아가는 모습을 묘사하는 대목이 있거든요. 그걸 보면서 '진짜 비인간적인 공간이다, 저런 데서 사람이 어떻게 살아가지?'라는 생각이 들었는데, 문득 제가 만화책을 보고 있는 장소인 아파트가 딱 그 모습인 거예요. 당시 저에게 아파트는 미학적이지도, 인간적이지도 않은 공간처럼 느껴졌어요. 어떤 때는 사람이 생활하는 곳이 아니라 수많은 묘비처럼 보이기도 했죠. 오로지 실용성과 부동산의 가치만 있는 공간이니까요. 저와 극 중 인물들을 포함한 수많은 '아파트 키즈'들이 소통에 익숙하지 않고, 삶의 다른 가치를 제대로 떠올리지 못하는 게 어릴 때부터 그런 공간에서 살았기 때문은 아니었을까 싶었죠. 지금은…… 명확하게 성수동에 있는 아파트에 살고 싶습니다. (일동 폭소)

이 〈파수꾼〉 인서트에 아파트 굴뚝에서 연기 나오는 모습이 담겨 있잖아요. 서울 시내 다니다 보면 가끔 볼 수 있는 풍경인데, 전 그걸 볼 때마다 늘 이 영화 생각이 나요.

굴뚝 연기를 언급하시니 기태의 흡연 장면들도 떠오릅니다. 결과적으로 캐릭터를 잘 설명하는 장치이긴 한데, 정작 현장에서는 배우가 담배를 피우다 쓰러졌다는 일화를 들었던 기억이 있는데요. 이제훈 배우가 담배를 문 얼굴을 특별히 좋아하시는 걸까요? 이후 세 분이 재회한 작품인 〈사냥의 시간〉에서도 이제훈 배우의 흡연 장면이 있었던 것으로 기억합니다.

윤 학창 시절을 생각하면, 속으로는 유약한 아이들이 겉으로 센 척하느라 고르는 게 늘 담배였어요. '일진의 조건'이라고 할까요. 〈사냥의 시간〉에서는 밑바닥 인생을 살았던 사람의 면들을 묘사하려다 보니 그렇게 됐네요.

이 저는 〈파수꾼〉 촬영하면서 담배를 처음 접했어요. 그래도 겉담배로 느낌만 내고 싶지는 않더라고요. 기태가 그렇지 않을 테니까요. 현장에서 정민이와 다른 배우들에게서 배웠어요. 당시 매니저가 따로 가르쳐주기도 하고요. 저는 촬영 끝나면 담배 생각이 전혀 안 날 줄 알았는데, 친한 사람들끼리 모이는 자리를 가지면 이따금씩 생각이 나더라고요. 말을 하다 보니 〈파수꾼〉이 제 인생 전반에 미친 영향이 정말 크다는 생각이 드네요.

윤 죄의식이 쌓이고 있어…… (일동 폭소)

이 이후에 정민이가 연출한 뮤직비디오(사라진 모든 것들에게)에 출연하면서 롱테이크로 흡연 장면을 찍은 적도 있어요.

박 아, 맞아. 형이 담배 피우는 모습이 멋있긴 해. (웃음)

기태와 동윤의 대화로 이뤄진 마지막 장면의 여운이 정말 짙은 영화이기도 합니다. 부득이한 경우를 제외하곤 각본의 흐름대로 순서를 지켜 촬영한 것으로 아는데, 실제로 전체 일정 막바지에 찍었나요?

윤 거의 순서대로 찍긴 했는데 그 장면만큼은 회차상의 이유로 중반에 찍었어요. 기찻길 장면을 하루에 전부 몰아서 찍어야 했거든요. 아침에 현장에 도착했는데 안개가 뿌옇게 껴 있는 거예요. 그래서 엔딩을 찍고, 기태와 동윤이 대화 나누던 다른 신을 찍고, 점심 때쯤엔 해가 쨍쨍하게 나서 셋이 공 던지고 노는 장면을 찍었어요. 그리고 해가 질 때쯤 희준이 혼자 찾아와 생각에 잠기는 장면을 찍었죠. 날씨가 도와준 날이었어요. 아침부터 점심, 해질 때까지 분위기가 계속 바뀌면서 매시간 완전히 다른 계절처럼 보였죠. 촬영을 겨우내 했는데 기찻길에 사철나무가 많아서 봄이나 가을처럼 보이도록 만드는 게 가능했어요. 의도적으로 나무가 있는 곳만 찍었죠.

박 아까도 얘기했지만 저는 마지막 장면을 보면서 정말 부러웠어요. 두 사람이 찍을 때 무슨 느낌이었을지 궁금하기도 하고요. 현장에 있던 제작진과 배우들 모두에게 특별한 순간이었겠다 싶었죠.

이 저는 사실 그날 기억이 하나도 안 나요.

윤 그날도 거의 접신한 상태로 찍고 있었지, 뭐.

이 저도 신기해요. 기태는 저와 다른 삶의 경험을 가진 사람이지만, 연기하면서 정말 깊게 빠져든 대상이에요. 내가 배우로 어떻게 살아가야 할지를 정립해 준 인물이기도 하고요. 그 이후에 더 많은 작품을 찍고 수많은 경험을 했잖아요. 그 안에서는 지워버리고 싶은 기억도 있고, 인상적이지 않은 기억도 많아요. 그런데 〈파수꾼〉은 늘 아주 명확하게 자리 잡고 있어요. 저는 제가 이때 펼쳤던 연기를 조금은 다른 형태로 표현할 만한 작품을 기다리고 있어요.

박 형, 우리 이제 기태 아버지 정도 연기할 수 있지 않을까?

이 하하, 그러려나. 맞네. 첫사랑에 실패하지 않았다면 지금쯤. (웃음)

〈파수꾼〉은 성장영화의 카테고리에 무심하게 분류하기에는 조금 망설여지는 작품이기도 합니다. 물론 큰 틀에서 보자면 맞지만, 인물들이 성장하는 게 아니라 모두 파괴되고 마는 이야기 같아서요. 각자 짊어져야 할 십자가가 너무 무겁게 주어지는 마무리죠.

이 맞아요. '네 몫까지 우리가 열심히 살게!'라고 외치는 영화는 전혀 아니죠. 인물들의 미래를 향한 기대를 품기보다는, 남겨진 사람들의 슬픔에 더 크게 물들게 되는 영화여서 그런 것 같아요.

윤 제가 워낙 죄의식을 자주 느껴요. 그건 상처와는 달라요. 상처는 아물기도 하고 시간이 지나면서 '그땐 그랬었지'라며 좀 더 여유를 가지고 바라보게 되기도 하는데, 죄의식은 버튼을 누르면 즉각적으로 다시 소환되는 감정이에요. 마치 어떤 향을 맡으면 특정한 기억이 확 살아나듯이. 당시에 저는 죄의식을 느낀다는 것이, 어두운 무게가 쌓이는 방식의 성장이라고 생각했어요. 한국 사회 안에서 어른이 되어가는 일은 크고 작은 죄의식을 쌓는 과정 같기도 하거든요. 미숙한 연애를 하거나, 부모 자식 사이에 서로 서툴게 상처 입히는 것도 마찬가지죠. 각본을 쓸 때는 그 생각이 확고했는데, 마흔이 넘고 보니 확신까지는 들진 않네요. 다만 지금까지도 성장이라는 말 자체가 판타지처럼 느껴지긴 해요.

모든 등장인물은 저마다의 이유로 안쓰럽습니다. 기태는 외롭고 연약해서, 희준은 마음을 차단한 만큼 제한된 정보를 가지고 살아갈 것이기에, 동윤의 죄책감이 너무 무거워서, 인식은 아들에 대해 끝내 아무것도 모르기 때문이죠. 그래서인지 영화를 볼 때마다 이입하게 되는 인물들도 달라져요. 이 시점에서 세 분은 누구에게 가장 마음이 쓰이나요?

박 정말 나이가 들긴 했는지, 저는 인식이 너무 안쓰럽네요. 아무것도 모르고 계속 살아가야 하잖아요. 심지어 가족도 아무도 없어!

이 저는 동윤 같아요. 세 친구 중 가장 두루뭉술한 성격이고, 오해를 풀고 관계를 되돌리려 노력했잖아요. 그러다 결국 가장 날카로운 비수를 꽂는 사람이 되죠. 살면서 동윤의 입장에 처할 일이 가장 흔하지 않을까요? 비록 나를 지키기 위해서였다고는 하지만, 누군가에게 상처를 입혔던 스스로의 행동은 떠올릴수록 너무 괴로우니까요.

윤 모두 안쓰러워요. 누구 한 명을 손꼽기가 어려울 정도로 다 이해돼요. 그래도 굳이 한 명을 고르자면, 저도 동윤이에요. 저와 비슷한 인물 같아서요. 스스로를 계속 속이잖아요.

지금에 와서는 〈파수꾼〉이라는 제목이 어떻게 느껴지세요?

윤 처음에는 『호밀밭의 파수꾼』을 워낙 좋아하기도 하고 작품 내적인 뉘앙스가 통하는 것 같기도 해서 붙인 가제였어요. 그러다 촬영하면서 알게 됐죠. 인물들 스스로 전부 자기 자신을 지키려고 하는구나. 그런 점에서 잘 맞는 제목이라고 생각해요.

그 역시 좋은 의미네요. 지금까지는 '이 인물들을 보듬고 아우를 (좋은) 파수꾼이 없다'의 의미에 가까운 제목이라고 생각해왔는데요.

윤 실제로 개봉 당시엔 그와 비슷하게 얘기했던 것 같아요. 그런데 이제야 얘기하자면 그건 의미를 좀 끼워 맞춘 설명에 가까웠죠. 가제를 그대로 써도 좋겠다고 판단한 진짜 이유는 모든 인물이 방어적이라고 느꼈기 때문이었어요. 그렇기 때문에 서로에게 공격적일 수밖에 없죠. 나를 지키고 싶었지만, 결과적으로는 그렇게 하지도 못하면서.

〈파수꾼〉 이후에도 세 분은 따로 또 같이 함께 하는 좋은 동료로 지내고 계십니다. 오늘 이야기를 나눠보니, 서로를 생각하는 마음이 각별할 수밖에 없다는 생각이 드네요.

이 저는 우리가 언젠가 다시 만나야 한다고 생각해요. 작품이 됐든, 조금 다른 형태가 됐든 함께 모여서 뭔가를 해보고 싶어요. 이것저것 쓸데없이 신경 쓰지 않고, 그게 무엇이든 마음 가는 대로 즐겁게 함께 할 수 있는 사람들이에요.

윤 형식적으로 하는 말이 아니라, 진심으로 이 두 사람은 저에게 너무 고마운 존재예요. 왜냐하면……

이런, 생각만 해도 눈물이 나세요?

윤 (한동안 말을 잇지 못하다가) 순간적으로 우리가 함께 한 시간 모두가 파노라마처럼 펼쳐지는 기분이었어요. 과거에 자주 맡았던 냄새가 나거나 좋아했던 음악을 들으면 순간적으로 그때로 돌아가 버리잖아요.

너무 부러운데요. 각자의 시작점에서 처음 만나 치열하게 시간을 함께 쌓고, 이후에도 떠올리거나 함께 하면 여전히 든든한 동료들로 서로를 바라보시는 거잖아요. 모두 같은 마음이긴 쉽지 않죠.

박 제게 두 사람은 이제 동료라는 의미도 넘어서 버린 것 같아요. 그냥 오래된 친구에 가깝고, 물론 그 이상의 의미가 있지만 말로 표현하긴 어렵네요. 무슨 말을 한다 한들 제 마음보다 가치가 덜한 것 같아요. 확실한 건, 전 이 사람들이 정말 좋아요. 함께 있으면 너무 편하고 시간 가는 줄 모르겠어요. 이들에게 내가 도울 수 있는 일이 있다면, 언제든지 모든 걸 다 내팽개치고서라도 가장 먼저 달려갈 수 있어요.

윤 저도 비슷해요. 낯부끄러워서 서로 '끝내준다', '잘했어' 이런 칭찬은 서로 안 해요. 다만 언제나 마음을 공유한다고 믿습니다. 10년이 넘는 세월 동안 함께 한 친구로서 자랑스럽고 늘 고마운 존재들이에요.

이 이하 동문입니다. (웃음) 그리고 오늘 이렇게 함께 할 수 있어서 정말 기뻐요. 개봉한 지 10년이 지나 각본집이 나오는 게 흔한 경우는 아니잖아요. 함께한 시절을

담을 수 있는 값진 표식이기도 하고요. 〈파수꾼〉을 좋아해 주신 분들이라면 '이런 글이었구나' 하며 각본을 봐주시면 좋을 것 같고, 저희의 시시콜콜한 수다도 즐겁게 읽어주시면 좋겠어요. 영화를 아직 보지 못한 분들에게도 좋은 선물이 됐으면 합니다.

PACIFIC COASTING
EAST LONDON FOOD

Bleak Night 파수꾼 **Stills**

스틸 컷

Bleak Night

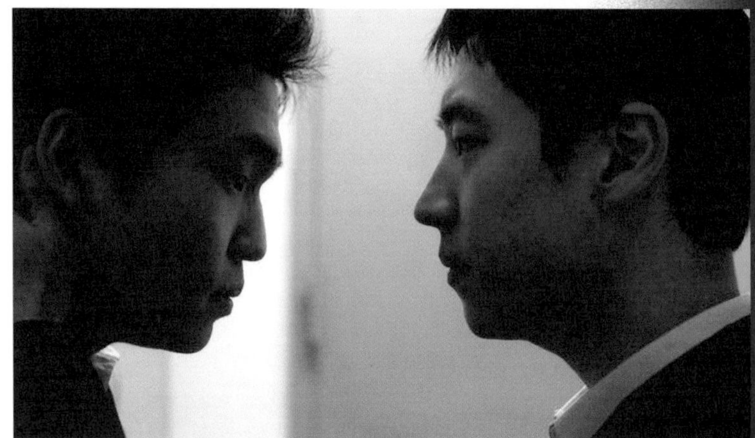

Bleak Night 파수꾼 **Behind the Scenes** 비하인드

Bleak Night

310
제4지구8차
310

신반포 21차
주차금지

SCENE
13
CUT
TAKE
DATE
10.02.12
PROD. 한국영화아카데미
DIRECTOR
연출 윤성현
ROLL
17A
촬영 변봉선
조명 송현석

1600-1615

Bleak Night 파수꾼 **Props**

소품 컷

Bleak Night

PRADA
Art. SGV126
Mat. 09W

파 수 꾼
Bleak Night

1판 1쇄 발행 2023년 9월 6일
1판 2쇄 발행 2023년 9월 27일

지은이 윤성현

발행인 양원석
편집장 차선화
책임편집 이슬기
표지 디자인 남미현
영업마케팅 윤우성, 박소정, 이현주, 정다은, 박윤하

도움 주신 분
(재)한국영화아카데미발전기금, 컴퍼니온, 샘컴퍼니

펴낸 곳 ㈜ 알에이치코리아
주소 서울시 금천구 가산디지털2로 53, 20층 (가산동, 한라시그마밸리)
편집문의 02-6443-8916 도서문의 02-6443-8800
홈페이지 http://rhk.co.kr 등록 2004년 1월 15일 제2-3726호

ISBN 978-89-255-7616-9 (03680)

제작 KAFA 한국영화아카데미 Korean Academy of Film Arts